21世纪高职高专经济管理

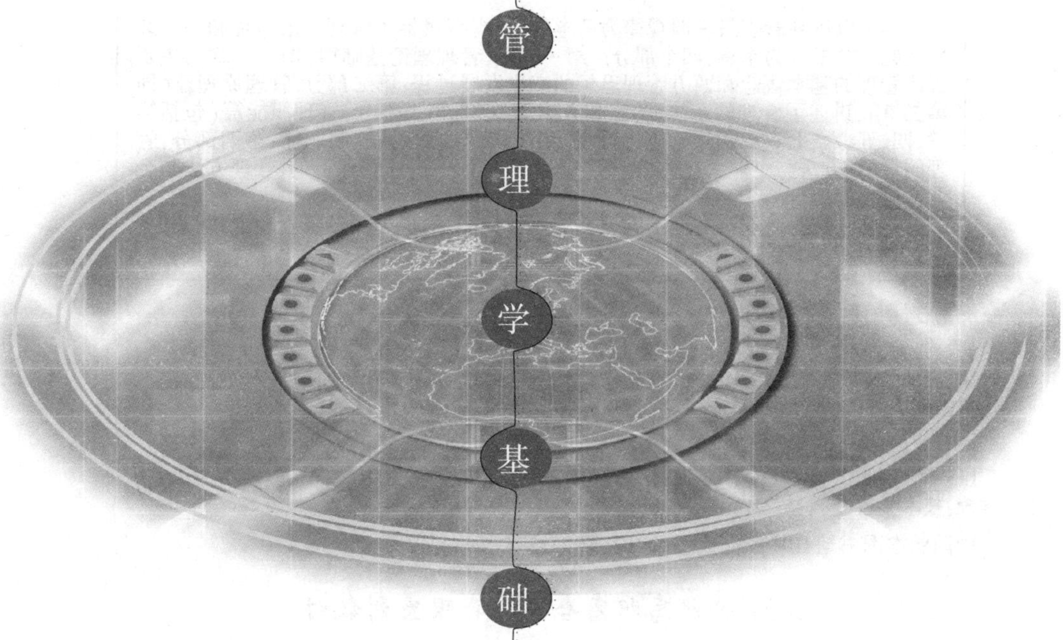

管理学基础 第3版

主　编　季　辉　林维柏
副主编　陈　晔　吴泽俊

重庆大学出版社

内容提要

本书以反映管理最一般规律为基本主线,高度概括了管理一般原理和一些共性问题。全书分为十章,四个部分。第一部分,管理理论基础篇(即第一章),主要讲述管理的基本概念和西方管理思想的产生发展过程;第二部分,管理原理篇(即第二章),讲述了管理的系统、动态和人本等原理;第三部分,管理职能篇(包括第三、四、五、六、七章),讲述管理的计划、组织、领导、激励、控制职能;第四部分,管理的目的、方法与企业文化篇(包括第八、九、十章),讲述管理目的、管理方法与企业文化建设。

本书主要为高职高专经济管理类专业教学编写,也可供经济管理干部和其他人员学习管理科学之用。

图书在版编目(CIP)数据

管理学基础/季辉,林维柏主编.—3版.—重庆:重庆大学出版社,2011.1(2017.9重印)
21世纪高职高专经济管理系列教材
ISBN 978-7-5624-3537-2

Ⅰ.①管…　Ⅱ.①季…②林…　Ⅲ.①管理学—高等学校:技术学校—教材　Ⅳ.①C93

中国版本图书馆CIP数据核字(2010)第231394号

21世纪高职高专经济管理系列教材
管理学基础(第3版)
主　编　季　辉　林维柏
副主编　陈　晔　吴泽俊
责任编辑:邱　敏　邱　慧　　版式设计:邱　慧
责任校对:任卓惠　　责任印制:赵　晟
*
重庆大学出版社出版发行
出版人:易树平
社址:重庆市沙坪坝区大学城西路21号
邮编:401331
电话:(023) 88617190　88617185(中小学)
传真:(023) 88617186　88617166
网址:http://www.cqup.com.cn
邮箱:fxk@cqup.com.cn (营销中心)
全国新华书店经销
重庆巍承印务有限公司印刷
*
开本:720mm×960mm　1/16　印张:18.25　字数:318千
2011年1月第3版　2017年9月第24次印刷
印数:68 001—70 500
ISBN 978-7-5624-3537-2　定价:29.00元

总序

总　序

经过近20年的改革开放,我国已基本建立了市场经济体系,加入了世界贸易组织,更加快了全球经济一体化的进程。因此,国外先进的管理方法和理念、新的经济理论和符合国际惯例的贸易规则,必须在经济管理教材中得到充分体现。

市场经济和管理科学的发展,需要一大批懂理论、善操作、面向一线的经济管理专门人才,这是高等职业教育的重要任务。根据高等职业教育应定位为"理论够用,注重实际操作"的精神,适应高等职业教育教材建设的需要,教育部已经在全国着手教材建设,重庆大学出版社《21世纪高职高专经济管理系列教材》便是在这种背景下产生的。

在教材方面,目前可供大学本科学生选用的较多,适合高等职业教育学生需要的教材极少。重庆大学出版社已经于2000年出版了高职高专信息类、公共课程类两套系列教材,本系列教材是在吸收前两套系列教材编写经验的基础上,联合全国二十多所相关院校编写出版的(该系列教材首期出版共20种,以后将陆续出齐专业基础课和专业课)。首期出版的教材是:《经济学原理》《经济法概论》《现代企业管理》《市场营销学》《市场营销案例与分析》《实用公共关系》《管理学基础》《管理信息系统》《审计理论与实务》《金融概论》《国际金融》《统计学基础》《应用写作》《会计学基础》《成本会计》《财务会计》《会计模拟实训教程》《财务管理》《经济数学基础(一)》《经济数学基础(二)》。

本系列教材的特点,一是紧扣教育部高等职业技术教育培养目标和对各门课程的基本要求,编写目的明确,针对性强;二是理论精当,繁简适度,内容取舍合理,注意了知识的系统性、实用性和先进性;三是将案例融入相关理论,既使理论讲述生动、形象，又体现了高等职业技术教育应用性人才的培养目标；四是反映了最新政策法规和制度，选用最新的数据资料，吸收了理论和实践的最新成果；五是各章末有小结并附有案例讨论题、复习思考题或习题，便于学生课后复习和练习。

经济管理类教材的编写涉及我国许多处于不断完善中的法规、政策和制度，各方面对这套教材的期望与要求又很高，尽管我们力求完美，但编写的难度较大，书中不免存在一些缺点和疏漏，恳请专家、读者批评指正，以便修订再版时进一步完善。

编委会

2002 年 1 月 5 日

第3版前言

F.A 第3版前言

本书第二版在2005年出版后，先后印刷了11次，得到社会普遍认可。我们根据在使用中存在的问题及管理学科的发展和高职高专学制改革的发展趋势，对原教材进行了再次修订（对部分章节进行了必要的合并，同时增加了新的章节），以使结构更加合理，内容更具有时代性和应用性。本教材共十章，分为四个部分。第一部分，管理理论基础篇，即第一章，主要讲述管理的基本概念和西方管理思想的产生发展过程；第二部分，管理原理篇，即第二章，讲述了管理的系统、动态和人本等原理；第三部分，管理职能篇，包括三、四、五、六、七章，讲述管理的计划、组织、领导、激励、控制职能；第四部分，管理的目的、方法与企业文化篇，包括八、九、十章，讲述管理的目的、管理方法与企业文化建设。

本书在参考国内外有关教材的基础上，融合我们多年的教学经验和成果，体现高职高专教学的特点，试图在本课程的内容、体系等方面进行新的尝试，力求突出特色。在编写中我们参考和吸收了前人和时贤的研究成果借以充实内容，谨在此表示感谢。

本教材编写分工是：季辉：第一、五章；陈晔：第三章；吴泽俊：第二、七章；林维柏：第四章；潘渝棱：第六章；牟晓莉：第八章；应海儿：第九章；刘青：第十章。修订大纲由季辉提出，在分工编写的基础上，最后由季辉负责统稿和定稿。

管理科学不断发展，本书的完善也没有止境。恳请读者对本书批评指正，以使我们的教材对教学更加有益。

编　者

2010年6月

前言

FA **前　　言**

管理学基础是对管理学最一般规律的高度抽象和概括。无论任何组织,只要存在集体活动,就有管理问题;而任何类型的组织管理都有相通之处,都要遵循共同的规律。管理学基础正是为各项专业管理奠定现代管理科学知识的一门管理理论基础课。

我国市场经济的深入发展和加入世界贸易组织以及经济的全球化,必然带来更为严峻的市场竞争。这就要求我们必须加强管理,练好内功,增强自身的实力。学好管理基础,对提高管理知识及技能将大有裨益。

本书共分为四部分十一章。第一部分,管理理论基础,包括第一、二两章,主要讲述管理的基本概念和西方管理思想的产生发展过程;第二部分,管理原理,包括第三、四、五章,讲述了管理的系统、动态和人本原理;第三部分,管理职能,包括第六、七、八、九章,讲述管理的计划、组织、领导、控制职能;第四部分,管理的目的与方法,包括第十、十一章,讲述管理的目的与管理方法。

本书在参考国内外有关教材的基础上,融合我们多年的教学经验和成果,突出高职高专教学的特点,试图在本课程的内容、体系等方面进行新的尝试,具有自己的特色。

本教材编写分工是:季辉(成都电子机械高等专科学校)第一、八章;陈晔(石家庄经济学院)第二、六章;吴泽俊(南昌水利水电高等专科学校)第三、五、九章;李光耀、罗崇清(四川省农业干部管理学院)第四章;林维柏(株州职业技术学院)第八章;牟晓莉(重庆工业高等专科学校)第十章;应海儿(浙江树人大学)第十一章。本书大纲先由季辉、林维柏、陈晔、吴泽俊讨论决定,在分工编写的基础上,初稿由季辉、林维柏讨论修改,最后由季辉负责统稿和定稿。

在编写中我们参考和吸收了前人和时贤的研究成果，借以充实内容，谨在此表示感谢。

编写高职教材是新的尝试，加之管理科学在不断发展，本书难免存在不完善之处，恳请读者批评指正，以便修订再版时进一步完善。

编　者

2002 年 1 月

目录

CA 目录

第一章 AS 概述

要提高一个组织的工作效率和效益，必须加强科学管理。管理科学是对古今中外管理经验和管理实践活动中带有普遍性和规律性的东西的总结、概括和抽象，是指导管理实践的理论基础。

学习管理科学必须对管理的一些基本范畴、理论知识有初步认识。

第一节 管理与管理职能

一、管理的概念

管理是人们为实现一定目的而进行的一种活动。它是共同劳动的产物。在集体劳动的前提下，为使劳动有序进行，获得人们期望的劳动成果，就必须对集体内各成员进行组织与协调，这就产生了管理。

对于管理的概念，管理学者从不同的角度出发有不同的认识：有的强调管理是由计划、组织、领导、控制等职能组成的作业过程；有的强调管理的核心环节，认为管理就是决策；有的强调对人的管理，认为管理就是通过别人把事情做成的行为；有的强调管理者个人的作用，认为管理就是领导；有的强调管理的本质，认为管理就是协调活动，等等。这些不同的观点，虽然在认识上有所差别，但都丰富和发展了管理理论，对人们加深对管理的认识大有裨益。

我们认为，管理就是管理者在特定的环境下对其所辖范围内组织资源，有目的地进行计划、组织、指挥、控制，通过组织资源的优化配置，以有效实现组织目

标的社会活动。具体讲,管理包括以下五个方面:

(一)管理的主体是管理者

在一个组织中,管理者是"首脑",一个组织的运行及其效果,很大程度上取决于管理者的素质、能力、经营理念与风格及其对组织的定位、发展战略的制定以及具体的管理。

(二)管理的客体是组织资源

组织资源是以人为中心的生产要素,在管理活动中一个很重要的内容是要搞好对人的管理。人是管理的核心要素,管理要最大限度地调动人的积极性和激发人的潜能。通过有效的管理,有效地配置组织资源,提高资源的利用率和产出效果。

(三)管理总是在特定环境下进行的

任何组织的活动都不能脱离特定的环境,管理者必须及时洞察环境的变化,分析环境变化给组织带来的是机遇还是威胁,以便抓住经营机会,避开或减轻环境变化对组织带来的威胁。

(四)管理手段是管理应有的职能活动

管理职能是在一定技术经济条件下,在管理过程中反复出现并带有共性的管理活动的理论抽象。一般认为,计划、组织、指挥、控制是管理的最基本职能,管理目标的实现必须以这些职能为手段。管理活动是一个动态过程,应将这些职能有机地整合与协调,贯穿于整个管理过程的始终。要使这些职能有效地实现,必须在组织内部形成一种合理的管理机制,采取恰当的管理方法。

(五)管理的目的是有效实现组织目标

管理是有目的的行为,任何有序的组织行为都是为了实现一定的目标而开展的。没有目标,组织的管理活动就失去了努力的方向与动力。一个组织的一切管理活动,都是为实现组织目标服务的。制定一个先进的、切合实际的组织目标,并使一个组织的所有活动都围绕目标的实现而有效运行,才能使组织各项职能管理活动既有效率,又有效益。一般而言,管理目标有两个方面:一是物质性的目标,即一个组织通过管理,在物质生产、劳务活动等方面所要达到的效益和效率;二是社会性的目标,即通过管理所要实现的、在维护生产关系或调整人们社会关系等方面的目的。

二、管理的性质与职能

(一)管理的二重性

社会再生产过程具有二重性,一方面是生产力的再生产过程,另一方面是生产关系的再生产过程,决定着管理具有组织生产力与协调生产关系两重功能,从而使管理具有二重性。

管理的二重性是指管理的自然属性和社会属性。管理既有与生产力和社会化大生产相联系的自然属性,又有与生产关系和社会制度相联系的社会属性。

管理的自然属性主要是指管理要处理好人与自然的关系,要合理组织生产力,故也称管理的生产力属性。因为管理是一切共同活动所要求的,是适应社会生产力和社会分工发展的要求而产生的,是社会协作过程本身的要求。在管理活动中,为了有效实现管理目标,需要对一个组织的资源进行合理配置,对社会再生产的各个环节及其职能活动进行协调,以促进生产力的科学组织。管理的自然属性是管理的共性,因为与生产力相联系的生产力配置、生产力诸要素的结合形式、手段和方法在任何社会制度下都没有本质区别。它决定于生产力发展的水平和劳动社会化程度,不取决于生产关系的性质。

管理的社会属性是指在管理过程中要处理人与人之间的关系,维护一定社会的生产关系的属性,表现为管理的特殊职能。管理实际上是通过别人把事情做成的行为。管理过程必然涉及人与人之间的关系,涉及经济利益的调节。所以,管理体现着阶级、社会集团、劳动者之间的经济利益,与生产关系的性质相联系。管理或多或少是为了实现生产资料所有者的特殊利益而进行的,生产关系性质不同,管理的社会性质、目的就不同。

学习管理的二重性理论,有利于我们全面认识管理的内容与作用:既要合理组织生产力,又要适时调整生产关系,避免片面性;有利于正确对待资本主义的管理理论,结合我国国情,对于资本主义企业一切可为我所用的现代化管理理论、方法与技术,加以批判地接受。

(二)管理的职能

管理的职能,就是指管理活动的职责和功能。它是管理主体对管理客体在管理过程中施加影响的具体体现,是涉及管理者职务和管理机构功能的依据。管理的二重性,决定了管理具有两个基本职能,即合理组织生产力,维护社会生产关系。而这一基本职能的实现,必须有赖于管理的一些具体职能。有关管理的具体职能目前管理学界普遍接受的观点是,管理具有四大具体职能,包括:计划、组织、领导和控制。

1. 计划

计划职能是指对未来发展目标及实现目标的活动所进行的具体设计、谋划及具体的部署安排。“凡事预则立,不预则废”,人们在进行某项活动之前,都首先有个计划,预先决定干什么(what)、为什么去干(why)、如何去干(how)、什么时候去干(when)以及由谁去干(who)等问题,这样才能保证活动有条不紊地进行。计划职能是管理的首要职能。

2. 组织

组织职能是管理者为实现组织目标而建立与协调组织结构的工作过程。组织职能一般包括:组织结构的设计与建立、职权的分配与职责的落实、人员的选拔与配置、组织的协调与变革等。组织职能是保证组织目标的实现和计划有效执行的一种功能。任何一项决策、计划,只有建立一个高效的组织并得力地组织实施,才能取得预期的效果。

3. 领导

领导职能是管理者依据组织所赋予的行政权力和非行政权力影响力去指挥、命令、引导和激励下属,以有效实现组织目标的行为。领导职能一般包括:领导方式的选择、领导影响力的综合运用、员工的激励、有效沟通的实现等。一个组织的管理者都要进行有效的管理,当然不同管理层次、不同职能部门的管理者领导的内容及其侧重点有所差异,管理者必须具有与其从事领导工作相应的素质和领导艺术。

4. 控制

控制职能是管理者为保证实际工作与计划目标一致而采取的一切活动。控制是一个包括制定标准、衡量成效与纠正偏差的动态过程。管理者在管理活动中,总是希望管理对象的经济活动过程产生合乎目的的变化,为此,管理者需要采取必要的手段对管理对象进行动态监控。

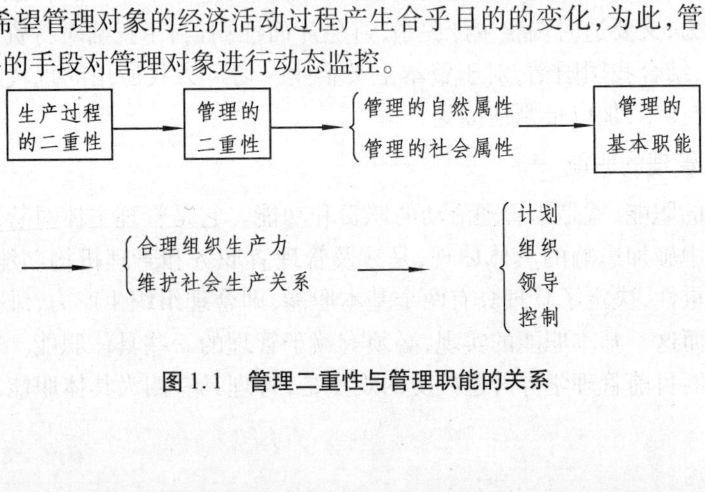

图 1.1 管理二重性与管理职能的关系

三、管理既是一门科学,又是一门艺术

管理是一门科学。它是对社会生产实践中管理活动规律的总结。管理科学揭示管理的规律性,以形成原则、程序和方法,对管理者的管理活动予以普遍性指导,使管理成为规范化的理性行为。承认管理的科学性,就是要求人们在管理活动中不断发现与摸索管理的规律性,按照管理的规律办事,在科学的管理理论与原则的指导下,搞好管理,提高管理效率。

管理又是一门艺术。所谓管理艺术,是指管理者在管理活动中,针对管理对象,为实现管理目的,在管理原理、原则指导下所掌握和运用的富有创造性的各种管理技能、技巧、才能和方法。强调管理的艺术性,也就是管理不能照搬教条,管理理论作为普遍适用的原理、原则,必须结合实际应用才能有效。管理者要在管理实践中提高自己的判断力与管理的技巧,掌握应用艺术,在管理组织、管理制度、管理技术与方法等方面不断创新。

管理是科学与艺术的结合,决定了管理者不只是需要管理知识,掌握管理理论,还需要依靠人的经验、才识、思维力和创造能力,提倡管理的灵活性与创造性,通过两者的结合,促进管理目标的实现。

第二节　管理系统

任何管理,都是一个科学的系统。管理者必须从系统的观念出发,整体并联系地观察、分析和解决管理问题。管理系统,是指有相互联系、相互作用的若干要素和子系统,按照管理的整体功能和目标结合而成的有机整体。管理系统是一个人造系统,是由若干要素(也称为管理要素)构成的。要对管理行为进行分析,首先要从系统的角度来考虑影响管理行为的要素。有哪些管理要素呢?管理是在一定的环境条件下,为实现既定目标,对所属的组织、人员的活动施加影响的过程。要形成一种管理活动,除了管理行为本身之外,首先要有管理主体,即由谁来进行管理;其次要有管理客体,即说明管理的对象或管理什么;再次要有管理目的或目标,即说明为何而进行管理。管理主体要作用于管理对象还必须借助于一定的机制与方法;同时,任何管理都不是孤立的活动,它必须在一定的环境和条件下进行,不考虑管理的环境和条件,难以解决“如何进行管理”的问题。因此,管理作为动态过程,包括管理目标、管理主体、管理对象、管理机制

与方法、组织环境五个要素,离开任何一个要素,管理行为便无法产生。

一、管理目标

(一)组织目的决定组织目标

组织目标由管理主体根据组织目的制定,组织目的需要通过具体化为一定的目标才能成为组织行动的指南。管理目标就是管理者在预定的时期内组织活动所预期达到的目的或水平。管理目标为组织的前进指明了方向,从而也为组织的活动确定了发展路线。确定目标是组织的战略、计划和其他各项工作安排的基础,只有把笼统的目的化为具体的目标,组织实现预期的效益才有可能。对管理者来说,目标就好比路标,它指明了组织努力的方向,确定了组织应在哪些领域取得成就的标准,管理者在管理实践中要想得到满意的效益,就不能停留在目的性阶段,而应上升到自觉追求目标的阶段。

(二)组织必须有明确的既定目标

任何管理系统都应有明确的目标,目标不确定,或者混淆了不同的目标,都必然会导致管理的混乱。任何管理活动都必须把制定目标作为首要任务。首先,管理目标为对组织与成员的考核提供了主要依据,根据这些依据又反过来使各部门、各个人都有了正确的工作方向与准绳。管理目标对组织与成员具有激励和鞭策作用。组织中各部门和各个人能否积极向上的工作,要看其目标是否正确、明确并具有挑战性;否则,就会像大海中的一叶孤舟,迷失航向。组织的管理目标确立以后,各部门和各个人都有了工作的依据,并能根据目标来自我控制、自我引导,使整个组织自动地运转起来。其次,组织目标可以为管理者运用人、财、物等资源提供依据和标准。对一个组织进行管理,离不开计划和控制。组织目标和计划与控制工作有着紧密的关系,计划是为了达到既定的组织目标而制定的,而控制过程则是以计划为依据的。一旦失去组织目标,两者都不可能存在。组织中各单位、各部门之间往往存在着本位主义,这种现象的发生主要是由于组织的目标不够明确。只有确立组织目标之后,才能把有关的单位和一些分散的力量组成一个有机系统。如果组织能够确立目标,并合理地分解目标,各部门、各个人则可自动配合起来,协调工作的步伐,形成一个统一的整体。

管理目标就是管理者在预定的时期内组织活动所预期达到的目的或水平。管理目标是管理系统建立与运行的出发点和归宿。管理者必须根据外部环境、企业经营存在的问题及上级主管部门的要求、企业内部条件的改变,确立组织在计划期内的管理目标。一般而言,管理目标有定性与定量之分,为了便于考核,管理的目标应尽可能定量化,改变经验管理。管理的目标从内容上将有两个方面:一是物质性的目标,即一个组织通过管理,在物质生产、劳务活动等方面所要达到的效益和效率;二是社会性的目标,即通过管理所要实现的、在维护生产关系或调整人们社会关系等方面的目的。

管理的物质性目标就是创造物质文明,以尽量少的投入,实现尽可能大的产出,在生产(工作)上讲求效益与效率。社会性目标就是一个组织必须搞好精神文明建设,企业必须承担一定的社会责任,创造具有企业个性或特色的组织文化。

二、管理者

所谓管理者,就是履行管理职能并对实现组织目标负有贡献责任和影响力的人。管理者是管理的主体,对管理活动的顺利进行和组织活动及其目标的实现起着十分重要的作用。

(一)管理者的类型

一个组织有各种类型的管理人员,可以根据不同的标准进行划分。

1. 按管理层次,可分为高、中和基层管理人员

(1)高层管理人员　高层管理人员是指站在组织整体的立场上,对整个组织实行综合指挥和统一管理的人员。高层管理人员所考虑的管理问题和所从事的管理活动,都是与组织的总体发展和长远发展密切相关的。高层管理人员的主要职责是制订组织长远发展的战略目标和发展的总体战略,制定政策、用人、分配资源、评价组织的活动成效和业绩等。

(2)中层管理人员　中层管理人员的职责主要是执行高层管理人员所做出的决策和大政方针,并使高层管理者制定的目标、战略付诸实行。他们或者对组织的某个部分(如车间)负责,或者领导某个职能部门。中层管理人员要为他们负责的部分或职能部门制定旨在达到组织总目标的次一级的管理目标;筹划和选择达到目标的实施方案;组织利用好自己的资源;协调管辖范围内的活动;采取措施确保目标的实现。中层管理人员在高层管理人员和低层管理人员之间起到上情下达和下情上达的作用。

(3)基层管理人员　基层管理人员是在一个组织活动第一线的管理人员。如企业的工段长、班组长。他们的主要职责是按中层管理人员指示的程序,去组织、指挥和从事组织的具体管理活动,使决策在基层得以落实。

2. 按管理工作的范围与管理者职责领域,可分为综合管理者和职能管理者

(1)综合管理者　综合管理者是指负责整个组织或部门全部管理工作的管

理人员。他们是一个组织或部门的主管,对实现整个组织或该部门目标负有全部责任;拥有这个组织或部门所必需的权力,有权指挥和支配该组织或该部门的全部资源与职能活动,而不是只对单一资源或职能负责。

(2)职能管理者　职能管理者是指在组织内只负责某种职能的管理人员。这类管理者只对组织中某一职能或专业领域的工作目标负责,只在本职能或专业领域内行使职权、指导工作。职能管理者大多具有某种专业或技术专长。

3. 按职权关系的性质,可分为直线管理人员和参谋人员

(1)直线管理人员　直线管理人员是指有权对下级进行直接指挥的管理者。他们与下级之间存在着领导隶属关系,是一种命令与服从的职权关系。这种命令式的职权关系自上而下,从组织的最高层,经过中间层,一直延伸到最基层,形成一种等级链。直线管理人员的主要职能是决策和指挥。直线人员主要指组织等级链中的各级主管,即综合管理者。

(2)参谋人员　参谋人员是指对上级提供咨询、建议,对下级进行专业指导的管理者。他们与直线管理人员的关系是一种服务和协助的关系,上级直线管理者通常授予参谋人员的是思考、谋划和建议的权力。参谋人员通常是指各级职能管理者。

(二)管理者的群体结构

管理者的群体结构是指两个或两个以上的管理者在各种素质要素方面的构成比例和组合状况。现代组织的发展和现代管理涉及较多的领域和较多的管理要素,面对复杂多变的外部环境,个人管理越来越不适应管理活动日益复杂的局面,需要现代管理者形成一个管理者团队,出现了管理集团化倾向。其目的是为了克服个人管理能力不足,以集思广益,发挥集体智慧。要实现管理者的优化组合,提高管理的整体效应,就需要分析管理者的群体结构是否合理。

管理者群体结构的形成包括年龄结构、性格结构、智能结构、知识结构和专业结构五个方面。

1. 年龄结构

年龄不仅是人的生理功能的标志,也在很大程度上决定着人的知识和经验的丰厚与否。它关系到个体和群体的创造力、生命力以及继承和发展的重要因素。一个合理的管理者群体结构,应当由老年、中年和青年组成,合理搭配,形成管理者梯形的年龄结构,充分发挥各年龄段管理者的优点,克服各自的缺点,发挥集体的整合效能,产生一种新的高效率的管理整合体,发挥不同管理者各自的最优效能。

2. 性格结构

性格组合对管理者群体结构合理化有着十分重要的意义。性格不合,往往造成管理者之间摩擦不断、内耗严重,影响管理效能的发挥。一般来讲,人的性格有意志型、情绪型、理智型、外向型、内向型、顺从型和独立型七种。上级领导应根据管理者的不同性格进行组合。一个较为理想的管理者群体,应当是不同性格互补和配合,总体上具备多方面的良好性格。要根据性格决定管理的岗位职务,充分利用一个人的优良性格特点。

3. 知识结构

现代管理涉及的科学知识面很广,需要管理者具备相当深度和广度的合理知识结构。一般来讲管理者应具备三个方面的知识:

(1)基础知识　即具有一定的文化水平,有较丰富的哲学、心理学、社会学、领导学、法学、系统论、信息论等方面的文化科学知识。对这方面的知识,要求主要在于广度,而不是深度。

(2)管理知识　包括管理原理、行业管理学、专业管理学等三方面的知识。

(3)专业知识　管理者应当是自己主管行业范围内的专业技术内行。使自己成为既懂技术,又懂管理的管理者。当然,对于不同层次、不同专业职能的管理者,其知识内容和结构的要求是不同的。对高层管理者而言,要求更多的管理知识,而对于基层管理者则要求更多的技术性、专业性知识。

4. 智能结构

智能是指人运用知识的能力,包括创新能力、思维能力、表达能力、组织能力、研究能力等,在这几项智能中作为高级管理人员来讲创新能力是最核心的部分。一般情况下,一个管理者很难同时具备上述所有的能力。因此,有必要使管理者在智能上合理搭配,构成一个完整的智能团队。一个理想的管理者群体智能结构,应该包括具有高超创造能力的思想家、具有高度组织能力的组织家、具有出谋划策的智囊家和具有实干精神的实干家。一般而言,“思想型”和“组织型”的管理者适宜担任组织的主要领导人,而“智囊型”和“实干型”的管理者较适合当副手。

5. 专业结构

专业结构是指管理群体中成员的专业知识和技术分布和构成。专业结构是由管理业务的专业分工所决定的。现代组织中各项工作的专业性和技术性都很强,为了进行有效的管理,管理层的成员必须具备专业知识。这就需要按照专业互补的原则,对管理人员进行合理选配。

三、管理对象

管理对象是管理者为实现管理目标,通过管理行为作用其上的客体。任何管理活动都是针对一定的管理对象而展开的,它要解决的是“管什么”的问题。对于管理对象包括哪些要素,不同的管理学者从不同的角度、在不同的时期看法有差异。大家普遍接受的观点认为管理对象包括:

(一)人员

人是管理的主要对象。人在管理中具有双重地位:既是管理者又是被管理者。管理过程是一种社会行为,是人们相互之间发生复杂作用的过程。管理过程各个环节的主体是人,各个环节的工作都由人去做的。因此,人与人的行为是管理过程的核心。

(二)财和物

财和物(如组织中的资金、设备、原材料等)是一个组织赖以实现其目标的重要物质基础。财是组织所拥有的货币资金,资金是组织经营活动的“粘合剂”,资金管理就必须对资金筹措、资金运用、资金耗费与经济核算等过程加强管理,以降低成本,提高资金使用效益。对物资的管理,必须制订好物资采购计划,搞好定额管理,加强库存管理,降低库存,提高物资利用率。

(三)信息

在信息社会时代,信息已成为重要的管理对象。信息是能够反映管理内容并可以传递和加工处理的文字、数据、图表等。信息系统是管理过程中的“神经系统”。管理中的人流、物流,都要通过信息来反映和实现的。管理职能要发挥作用,也需要信息的支持。只有通过信息的不断交换、传递,把各要素有机地结合起来,才能形成现实的管理活动。

(四)时间

任何管理活动都是在特定时空条件下进行的,管理离不开时间。现代社会的一个重要特点是时效性日益突出。管理活动处在不同的时间区域,就会产生不同的管理效果。管理效率的提高主要表现为时间的节约。管理活动及其要素的分配,都有一个时序性问题。管理者应加强时间管理,科学地运筹时间,提高工作的效率。

(五)技术

科学技术是第一生产力。在知识经济时代,科学技术在一个组织的发展中起着十分重要的作用。现代组织尤其是现代企业必须加大科技投入,加强科技开发的力度,搞好技术改造,推进科技进步,建立自己的科技研发体系,搞好技术创新,形成企业的核心竞争力,才能促进一个组织可持续发展。

四、管理机制和方法

管理的机制和方法是管理主体作用于管理对象过程中的一些运作原理与实施方式、手段。管理机制是指管理系统的结构及其运行机理。对于一般管理系统,管理机制主要包括运行机制、动力机制和约束机制。

在市场经济条件下,企业必须形成以生产为导向的企业运行机制,根据生产计划组织商品生产,根据市场搞好营销组合方案、制订合理的营销政策。组织的发展和人的行为的产生必须依靠动力。动力机制是一种极为重要的管理机制,缺乏动力,一个组织、一个人都不会有所作为。动力有三种:物质动力、精神动力和信息动力。在日常的管理中应将这三种动力组合并适量地采用。约束机制是对管理系统行为进行修正的机制,其功能是保证管理系统正确运行以实现管理目标。在管理中约束因素包括:权力约束、利益约束、责任约束、社会心理约束。管理者应根据不同的管理环境、不同的管理对象、不同的时期采用恰当的约束方法。

管理主体要作用于管理对象必须采取一定的方法,包括行政方法、经济方法、法律方法等。管理者应根据具体对象采取恰当的管理方法,以产生应有的效果。

五、管理环境

管理环境是指影响一个组织生存和发展的所有各种外部因素的总和。任何一个组织都是在特定环境中进行的,环境的变化会对组织的发展产生有利或不利的影响。作为管理者必须加强对外部环境的分析,使组织的目标、内部条件与外部环境动态平衡。从企业的角度看,影响一个企业的生存和发展的因素主要包括:人口环境、经济环境、政治法律环境、社会文化环境、竞争环境、科学技术、自然环境、供货环境等。

(一)人口环境

具有购买欲望和购买力的购买者,他们既是市场的构成要素,又是企业经营的最终对象。构成人口环境的人口规模、消费者的消费需求及购买动机、家庭规模及寿命周期阶段、年龄、性别、人口增长率、人口密度和集中度、人口的地域分布及地区间流动等因素,都会给企业服务的市场带来整体性和长远的影响。

（二）经济环境

市场不仅由人口构成，而且还由经济收入构成。没有经济收入的人口并不形成实际的市场。所以，经济收入状况是决定市场规模及其质量的一个指标。构成经济环境的因素主要包括宏观经济发展状况、国家的产业政策及政策的倾向性、经济发展周期、人均收入和家庭收入、消费结构及恩格尔定律、居民储蓄及消费信贷政策等。

（三）政治法律环境

政治法律环境主要包括国家的政治体制、基本路线、基本方针、国家的产业发展政策、法律、法规、群众利益团体的发展情况。其中，与企业经营活动密切相关的经济立法对企业经营活动尤其重要，因为市场经济是法制经济，服务企业必须对国家及所在地的有关法律、法规进行认真分析，才能做到守法经营，避免给企业带来不必要的损失。

（四）社会文化环境

社会文化环境是影响消费需求与购买行为的重要因素。人们社会文化背景的不同会对人们的消费观念和模式产生不同的影响。在文化环境分析中应主要分析人们的价值和消费观念、生活准则、民族风情和民间习俗、宗教信仰等方面。通过对社会文化环境的了解使企业经营的产品、提供的服务有针对性，更好地适应消费需求，也可为企业进行促销策划提供主题。在中国改革开放、与世界经济日益接轨、消费主流年轻化的情况下，还必须对国外尤其是西方文化有必要的了解。如商业企业、酒店要以节日文化为主题进行促销活动，发展假日经济，就必须熟知中国的传统节日如元旦、春节、中秋节及一些民族节日，还必须对国外流行的父亲节、母亲节、情人节、圣诞节等有所了解。

（五）竞争环境

竞争环境是由不同类型的竞争者以及竞争对手对企业营销策略所做出的回应而形成的环境。竞争环境分析要了解竞争者的数量及经营规模、营业环境设施等、所经营或提供的商品（或服务）、企业市场定位、区位经营环境、可服务的半径、服务的对象、促销策划的方案及所采取的营销策略、与供货商的关系等。

（六）科学技术环境

科学技术对企业的经营活动会产生较大影响。现代科技和现代管理是现代企业腾飞的“两翼”。企业必须分析科学技术的发展趋势，新材料、新能源等的出现及其应用会对本行业产生的影响，紧跟科技潮流，使本企业始终站在国际、国内本行业发展的前列,在竞争中保持自己的优势。在现代信息技术迅猛发展的今天,要用信息技术改造传统工业,通过信息化推动现代工业的发展。

(七)自然环境

自然环境分析主要了解自然气候条件、地形地貌、气候条件、资源分布状况等。自然环境条件的不同会对企业原料来源、经营或出售的商品种类、经营设施安排等产生影响。

(八)供货者环境

向企业供应原材料、商品、能源、劳动力和资金等资源的企业和组织构成了供货者环境。企业必须了解各种不同类型资源供货者的数量、分布和地理位置、经济实力、资信状况、与其他企业的关系及供货政策、资源供应者生产经营水平和服务能力、供货者对企业的依赖程度等。

第三节 管理思想与理论的发展

管理理论以企业管理为基础,是以往企业管理经验的概括和总结。因此,了解管理思想的发展过程对学好管理学是十分重要的,有助于对管理学的形成及演变有一个概括的了解。管理思想的发展大致可以分为传统管理、科学管理、行为科学管理和现代管理四个阶段。

一、传统管理阶段

这一阶段从18世纪后期资本主义制度的兴起到20世纪初资本主义自由竞争的发展,其间约百年时间。这一阶段的管理思想有以下几个特点:

(一)由资本家直接担任企业管理者

资本家凭借手中的资本,将劳动者、劳动资料和劳动对象集中到一起在资本家的工厂进行商品生产,资本的所有权与经营权高度统一,产权单一。

(二)靠个人经验从事生产和管理

工人凭自己的经验来操作,没有统一的操作规程。产品也缺乏严格的规格、性能要求,生产出来的产品往往是各不相同,缺乏互换性。管理人员凭借自己的经验来管理,没有统一的管理方法,管理工作的成效取决于管理者个人的经验、个性、特点和作风。工人和管理人员的培养主要采取师傅带徒弟传授个人经验的办法。

(三)管理的重点是解决分工与协作问题

这一阶段的管理主要着眼于解决企业内部生产过程中如何分工、如何协作配合,以保证生产过程的顺利进行;如何减少资金消耗、如何提高工人的日产量,以赚取更多的利润。因此,管理的内容,仅局限于生产管理、工资管理和成本管理。

在此阶段有许多代表人物对管理理论的发展起到了推动作用,最主要的代表人物是英国著名古典经济学的创始人亚当·斯密。他被后人称为“改变历史方向的人”。这是因为他对古典经济学说做出了主要贡献。其主要观点包括:

1. 劳动是国民财富的源泉

他认为只有减少非生产性劳动,增加生产性劳动,同时提高劳动技能,才能增加国民财富。

2. 劳动分工的理论

亚当·斯密对管理理论发展的一个贡献就是分工观点。劳动分工,即将工作分解成一些单一的和重复性的作业。劳动分工之所以能提高效率,是因为它提高了每个工人的技巧和熟练程度,节约了由于变换工作浪费的时间,并且有利于机器的发明和应用。亚当·斯密的分工观点适应了当时社会对迅速扩大劳动分工以促进工业革命发展的要求,成为资本主义管理的一条基本原理。

3. 经济人观点

他认为,人们在经济行为中,追求的完全是私人利益。“……人类几乎随时随地都需要同胞的协助,要想仅仅依赖他人的恩惠,那是一定不行的。但如果能够刺激他们的利己心,有利于他,并告诉他们,给他事做,是对他们自己有利的,他要达到目的就容易多了。不论是谁,如果他要与旁人做买卖,他首先就要这样提议,请给我所要的东西吧,同时,你也可以获得你所要的东西。这句话是交易的通义。我们所需要的互相帮助,大部分是按照这个方法取得的。”亚当·斯密的经济人观点对于资本主义管理的实践和理论都有重要影响。

二、科学管理阶段

自工业革命建立了工厂制度以来,人们对科学管理的探索就一直没有停止过。管理实践的这种不断积累,使人们对管理的认识终于在19世纪末20世纪初,由感性认识上升到理性认识。这一阶段的管理思想具有以下特点:

(1)资本所有者和企业管理者的分离　随着资本主义生产的迅速发展,企业规模的扩大,企业生产技术、协作关系与内部管理日趋复杂,一些资本家越来越感到由自己来管理企业力所不及，于是聘请受过专门训练的经营管理专家代替自己，按照资本家的意志来经营管理企业，从而在社会上出现了一个经营管理基层，形成了所谓的“经理制”。

(2)用科学管理来代替单纯的经验管理 由于长期的管理实践，人们对过去的管理经验不断地加以总结提高，使之系统化、理论化，用以更好地指导管理实践活动。

(3)强调了组织形式而忽视了人的社会性 在该阶段，管理思想的缺点表现在把人看成单纯的“经济人”、会说话的机器，认为工人只有服从而没有主动性；在组织结构上是独裁式的管理，强调了组织形式而忽视了对人格的尊重；等级层次和规章制度过于僵硬，缺乏灵活性等。

科学管理阶段在管理理论的形成过程中做出了开创性贡献，其中有影响的主要有三人：一是泰罗及其提出的科学管理理论，他是从如何改进组织作业人员生产率的角度看待管理；二是法约尔与一般管理，这一理论关注的焦点是如何使整个组织的管理有效；三是韦伯的理想行政管理体系，其思想就是分析何种类型的组织结构形式更为有效。

(一)泰罗的科学管理理论

佛雷德里克·泰罗(Frederick·Winslow Taylor，1856—1915)出生在美国费城一个富裕的律师家庭，他父亲一心指望子继父业，成为一个有成就的律师。年轻的泰罗确实不负众望，考入哈佛大学法学院。但因患眼疾和神经性头痛无法学习，中途辍学。1875 年进入一小型工厂当徒工，三年后转到米德维尔钢铁公司，先后当过技工—工长—总机械师—总绘图师。于 28 岁晋升为总工程师。泰罗的大部分工作生涯就是在此公司度过的。最后，在 1898 年独立开业，从事工厂管理咨询工作。他的代表作是 1911 年出版的《科学管理原理》。他的技术革新和发明创造先后有一百多项获专利。因此，他被宾夕法尼亚大学授予名誉科学博士学位。

19 世纪末，提高劳动生产率是美国工业生产中的一个突出的问题，当时，作为机械工程师的泰罗始终对工人的低效率感到震惊：工人们采用各种不同的方法做同一件工作，他们倾向于以“磨洋工”的方式工作。泰罗确信工人的生产率只达到应有水平的 1/3，于是，他开始在车间里用科学方法来改变这种状况。他花了 20 年的时间寻求从事每一项工作的“最佳方法”。

泰罗提出用建立科学管理制度的办法解决提高劳动生产率的问题。建立科学管理有两个绝对需要具备的要素，即：①劳资双方要在思想上进行一次完全的革命，在观念上来一次重大转变，把注意力从原来的分配盈余转到盈余的增加上,从而使工人的工资和雇主的利润在分配比例不变的情况下,也能显著增加,这就是"经济大饼原理";②必须用科学知识代替个人的经验,不管是工人还是管理者,沿用个人的经验行事,劳动效率自然很难提高。要想提高生产率和管理效率,必须用科学知识代替个人经验。泰罗科学管理理论的主要内容包括以下几个方面:

1. 确定合理的工作标准

泰罗认为,提高效率的首要问题是合理安排每日工作量,以解决消极怠工问题。这样就必须进行动作和时间研究。方法是把工人的操作分解为基本动作,再对尽可能多的工人测定完成这些基本动作所需要的时间;同时选择最适合的工具、机器,确定最适当的操作程序,消除错误的和不必要的动作,得出最有效的操作方法作为标准;然后累计完成这些基本动作的时间,加上必要的休息时间和其他延误时间,而得出完成这些操作的标准时间,据此制订一个工人"合理的日工作量"。这就是所谓的工作定额原理。通过选择合适的工人,使用正确的工具,通过严格的作业标准以及提高日工资的激励手段以达到管理的目标值。

2. 工作方法标准化

要使工人掌握标准化的操作方法,使用标准化的工具、机器和材料,并使作业环境标准化,这就是标准化管理。这样才能使工人能够完成工作标准。这实质上同上面是一致的,工作标准的制订必定是方法的标准化,否则不会有一套科学的统一的操作程序。

3. 合理配备工人

泰罗主张科学地选择工人,应据工人的具体能力安排恰当的工作,使其能胜任自己的工作。为了提高劳动生产率,必须为工作挑选第一流的工人(第一流的工人就是指他的能力最适合做这种工作且他愿意去做)。要根据人的能力把他们分配到相应的工作岗位上并进行培训,教会他们科学的学习方法,鼓励他们努力工作,使他们成为一流的工人。

4. 差别计件工资制

为了激励工人努力工作,完成定额,泰罗提出了这一工作制。泰罗认为,工人"磨洋工"的一个主要原因是报酬制度不合理。当时的计时工资不能体现劳动的数量。计件工资虽能体现劳动的数量,但工人担心劳动效率的提高会导致雇主降低工资率,从而等同于劳动强度的加大。针对这种情况,泰罗提出了这种新的报酬制度——有差别的计件工资制。其内容包括三点:①即通过工时研究和分析,制订出一个定额或标准。②据工人完成工作定额的不同,采用不同的工资率。如工人完成定额的 80%,则只按 80% 付酬,超定额完成了 120%,则按

120%付酬。这就是所谓的“差别计件工资制”。③工资支付的对象是工人而不是职位。即应根据工人的实际表现而非工作类别来支付工资。泰罗认为,实行差别计件工资制会大大提高工人的积极性,从而大大提高劳动生产率,这不仅对工人有利,对工厂更有利。这就是泰罗提出的劳资双方进行“精神革命”,从事双方协调合作的基础。

5. 实行职能工长制

泰罗主张把计划职能从工长的职责中分离出来,设立专门的计划部门。由计划部门制订计划,工长负责执行。工长之间按职能分工,一个工长只能承担一项管理职能,每个工长在其业务范围内有权监督和指导工人的工作。计划部门的具体工作包括:①进行时间和动作研究;②制订科学的工作定额和标准化的操作方法,选用标准化的工具;③拟订计划,发布指示和命令;④比较标准与实际的执行情况,进行有效的控制等。工长负责计划的执行。泰罗设计出了用八个智能工长代替原来的一个智能工长的方案,以期减少管理人员的培训费,明确职能,有利于提高劳动生产率。但这存在着各职能工长间的协调问题,会产生一个工人同时接受几个职能工长领导的弊端。

6. 例外管理

泰罗认为,小规模的企业可采用上述职能管理,规模大的企业就不能只依据职能管理,还须运用例外管理。他认为,企业的高级管理人员把例行的一般的日常事务授权给下级管理人员去处理,自己只保留对例外事项的决定和监督权。泰罗认为,如果一个大企业的经理几乎被办公桌上的大量信件和报告淹没,而且每一种信件和报告都被认为要签字或盖章,他就会在日常事物中疲于奔命。按照例外管理原理,“经理只接受那些经过压缩、总结了的,而且总是属于对照性的报告,但这些报告要包括管理上的一切要素在内。即使是总结性的资料,在上呈给经理之前,也要先经助手仔细看过,将与标准不相符的地方指出来,包括特别好的和特别坏的情况。这样,只要几分钟时间就可以使经理全面了解事态是前进还是后退,并盈出时间来考虑更为广泛的大政方针,以及研究手下重要人物的性格和是否称职。”

(二)法约尔与一般管理理论

亨利·法约尔(Henry·Fayol,1841—1952)出生于法国的一个小资产阶级家庭。1860年毕业于法国国立采矿学院,毕业后进入康门塔里·福尔香堡采矿冶金公司,成为一名采矿工程师。25岁任矿井经理,40岁被晋升为公司总经理,任职三十多年,77岁退休后继任董事长。当他被任命为公司总经理时,公司因财政困难而濒临破产,法约尔运用他的管理才干挽救了公司。在他的管理下,该公司成为法国南部最大采矿和冶金公司之一。法约尔博览群书,知识渊博。他的管理理论是以一个整体的大企业为研究对象的,而且还涉及工商企业、军队、机关、宗教、慈善团体等的管理问题。法约尔一生著述很多,其中较有影响的有《论管理的一般原则》,代表作《工业管理与一般管理》(1916)。

法约尔与泰罗的不同之处在于他们所站的角度不同,法约尔从一个高层管理者的角度出发,认为对一个高层管理者而言,其重要的才能不再是技术而是管理的技能,从而认识到管理理论和管理教育的普遍性的重要。他的主要贡献在于首次提出管理职能,并确立了管理基本原则。

1. 企业的基本活动和管理的五种职能

法约尔认为,任何企业都存在着六种基本的活动,而这些活动统称为经营。经营是指导或引导一个组织趋向一个目标。这六种经营活动是技术活动、商业活动、财务活动、安全活动、会计活动和管理活动。

法约尔对管理的上述描述便于明确管理与经营的关系。法约尔在《工业管理与一般管理》一书中给经营下的定义是:"经营就是努力确保六种固有活动的顺利运转,以便把企业拥有的资源变成最大的成果,从而促成企业实现它的目标。"而管理只是六种活动中的一种。

2. 管理的十四项原则

法约尔认为,正如宗教需要教规约束教徒的行为一样,管理也需要有"管理原则"作为管理者行动的指南。法约尔根据自己的管理经验总结了十四条原则。这十四条原则是分工、权责相等、纪律、统一指挥、统一领导、个人利益服从整体利益、报酬合理、集权与分权(集中化)、等级链、秩序、公平、人员稳定、首创精神、团结精神。

这十四条原则在管理中有非常重要的意义,但在管理工作中不是一成不变的教条,关键在于了解其真正的本质,掌握好"度"的问题,并能灵活地应用于实践。

(三)韦伯的理想行政组织体系

马克斯·韦伯(Max·weber,1864—1920)出生于德国一个有着广泛的社会和政治关系的富裕家庭,从小受到良好的教育,对经济学、社会学、政治学、宗教学有着广泛的兴趣。他先后在柏林、佛赖堡、海得尔堡和慕尼黑等大学担任过教授。韦伯在管理思想上的主要贡献是提出了所谓的理想的行政组织机构模式。其主要著作有《经济史》、《社会和经济组织的理论》。

1. 韦伯的行政组织机构概念

行政组织机构的德文原文可译为"官僚政治,官僚主义"。韦伯所用"官僚"

这一概念，并非带感情色彩的那样效率低下之意，是指通过职务或职位而不是通过个人或世袭地位来管理，这样的行政组织机构对于任何组织形式都是“理想”的。在他看来，所谓“理想的”并不是最合乎需要的，而是指组织的“纯粹形态”。在实践中出现的可能是各种组织形态或混合，这个理想的行政组织机构只是便于进行理论分析的一种标准模式，它便于说明从小规模的企业过渡到大规模的专业管理的转变过程。正如美籍日裔的管理学者大内说：“官僚组织是组织与个人分开，迫使人员的专业化。”

2. 韦伯的权力论

韦伯认为：任何社会组织的管理都必须以某种形式的权力为基础。在分析组织形式的过程中，韦伯分析了作为组织运行基础的权力。将社会所存在的权力分为三种类型：

(1)合法合理的权力　由社会公认的、法律规定的，对这种权力的服从是绝对的，没有普通百姓和领袖官员之分。这种权力是由依照一定法律而建立的一套等级制度赋予的，对这种权力的服从就等于对确认的职务或职位的权力的服从。

(2)传统的权力　这是由历史沿袭下来的惯例、习俗而规定的权利。对这种权力的服从体现在绝对地服从于统治者，因为他具有沿袭的、神圣不可侵犯的权力地位（犹如帝王之位的权力一样）。

(3)神授的权力（个人崇拜式的权力）　这种权力指的是以对某人的特殊和神圣的、英雄主义或模范品质的忠诚热爱与崇拜为依据而规定的权力。

总而言之，对各种权力的服从是由于追随者对领袖人物权力的信仰和信任。据对权力的分类，韦伯在描述其理想行政组织体系时使用的是合法合理的权力。

3. 韦伯的理想行政组织体系

韦伯将理想行政组织体系的特征归纳为以下几个方面：

(1)实行劳动分工　把为实现组织目标所需进行的全部活动分解成各种具体的任务，再把这些任务分配给组织的成员或各个职位，同时明确每个人或职位的职责和权力，并使之合理化、合法化。

(2)自上而下的等级系统　按照一定的权力等级将组织中的各种职务和职位形成责权分明、层层控制的指挥体系。在这个体系中，各级管理人员不仅要对上级负责，而且也要对自己的下级负责。下级接受上级的控制和监督，对上级的命令必须服从。

(3)正式的选拔　通过正式考试或教育训练，公正地选拔组织成员，使之与相应的职务相称。组织中的任免要有一定的程序。

(4)除了按规定必须通过选举产生的公职外,官员是上级委任而不是选举的。

(5)组织内部的管理人员不是所管理单位的所有者,而只是其中的工作人员。

(6)组织中人员之间的关系是一种不受个人情感影响的关系,完全以理性准则为指导。这种公正不倚的态度,不仅存在于组织内部人际关系方面,而且也适用于组织同顾客之间的关系——非人格化。

(7)职业管理人员　实行管理人员专职化。他们按期领取固定薪金,组织内有明文规定的升迁制度,按照年资、工作成绩或两者综合考虑升迁。但最终升迁与否完全由上级决定,下级没有发言权,以免破坏指挥系统。

(8)管理人员必须严格遵守组织中规定的规则和纪律。执行规则和纪律时不讲个人情感。

总而言之,韦伯认为,他所描述的这个理想行政组织结构和其他组织形式相比较效率最高,因为它的结构最符合理性原则,具有精确性、纪律性、稳定性和可靠性等特点。这一形式适应于任何种类的管理工作。韦伯设计的理想行政组织结构为后来组织结构理论的发展勾勒出了基本的框架。韦伯的理论对泰罗及法约尔的理论是一种补充。通常把以上三位学者为代表的理论称之为古典管理理论。

三、行为科学阶段

(一)行为科学的由来

行为科学基本上可分为两大时期,前期叫人际关系学说(或人群关系学);后期叫行为科学。

科学发展到20世纪,学科愈分愈细,学科之间的联系也愈加广泛,因而相继出现了不少边缘学科,在此基础上,科学家们开始考虑如何利用相关的各科科学知识来研究人的行为。1949年在美国芝加哥大学召开了一次有哲学家、精神病学家、心理学家、生物学家和社会学家等参加的跨学科科学会议,讨论了应用现代科学知识来研究人类行为的一般理论。会议给这门综合性的学科定名为"行为科学"。1953年,芝加哥大学成立了行为科学研究所。

以泰罗为代表的科学管理理论广泛流传和实际应用,大大提高了效率。但这些理论多着重于生产过程和组织控制方面的研究,较多地强调科学性、精密性、纪律性,而对人的因素关注较少,仅仅把工人当作机器的附属品(不是人在使用机器,而是机器在使用人),因而激起了工人的强烈不满。20世纪20年代前后,一方面,工人对工作的单调性及自己“活机器”的“身份”不满;另一方面,经济的发展和经济危机的加剧,使得人们意识到再按传统的管理理论和方法已不可能有效地控制工人来达到提高生产效率的目的。于是导致了生理、心理、社会学方面的专家对人的工作动机、情绪、行为与工作之间关系,以及如何按照人的心理发展规律去激发人们的积极性和创造性的研究。这是继古典管理理论之后管理学发展的一个重要阶段。这些管理理论的共同特点是:力图克服科学管理理论的弱点,从社会学、心理学、人类学的角度出发,强调人的需要和人的相互关系对生产经营活动的影响。

(二)行为科学的早期理论——人际关系学说

行为科学的发展是从人际关系学说开始的,人际关系理论最主要的代表人物是乔治·埃尔顿·梅奥(George·Elton Mayo,1880—1949)。他是澳大利亚籍的美国行为科学家,1922年移居美国,曾在宾夕法尼亚大学沃顿财政商业学院任教,1926年进入哈佛大学从事工商管理问题研究。他的主要著作有《工业文明的人类问题》(1938)、《工业文明的社会问题》(1945)。

梅奥对人际关系的研究主要来自于霍桑实验。1924—1932年间,在美国芝加哥郊外的霍桑工厂进行了一系列实验。这是一家拥有2.5万名工人的大型企业,专营电话机和其他电器设备。在当时的人们看来,霍桑工厂具有较完善的娱乐设施、医疗制度和养老金制度,劳动生产率应该比较高,但事实却是工人们有强烈的不满情绪,致使生产率很低。为了探究原因,美国国家研究委员会组织了一个由多方面专家组成的小组进驻工厂,开始实验。起初实验的目的是研究工作条件与生产率之间是否存在直接的因果关系,这个实验的后期工作由梅奥负责。通过四个阶段历时近8年的试验,梅奥等人认识到:人们的生产效率不仅要受到生理方面、物理方面等因素的影响,更重要的是会受到社会环境、社会心理等方面的影响。这个结论的获得有很重要的意义,它对“科学管理”只重视物质条件,忽视社会环境、社会心理对工人的影响的理论,是一个重大修正。梅奥人际关系理论的主要内容:

1.职工是社会人的假设

古典管理理论把人假设为“经济人”,即认为人都是追求最大经济利益的理性动物,工人工作是为了追求最高的工资收入。梅奥则把人假设为“社会人”,认为工人并非单纯追求金钱收入,还有社会心理方面的需求,如追求人与人之间的友情、安全感、归属感和受人尊重等。

2. 满足工人的社会欲望、提高工人士气是提高生产效率的关键

古典管理理论认为,良好的物质条件一定能够促进生产效率的提高。梅奥认为,提高生产效率的首要因素并不是包括经济刺激在内的物质条件的变化,而是由于工人的共同态度即士气的变化。士气是工人满足度的函数,工人的满足度越高,士气越高;而士气越高,生产效率也越高。

3. 企业存在非正式组织

古典管理理论只承认正式组织,并把正式组织看作是达到最高效率的唯一保证。梅奥认为,在企业中除正式组织外,还存在着非正式组织。非正式组织与正式组织有重大的差别。在正式组织中以效率的逻辑为重要标准,而在非正式组织中则以感情的逻辑为重要标准。梅奥认为,非正式组织的存在并不是一件坏事,它同正式组织相互依存,对生产率的提高有很大影响。

4. 存在霍桑效应

对于新环境的好奇与兴趣,会带来较佳的成绩,至少在最初阶段是如此。如何保持霍桑效应,也是管理学和每个管理者应重视和研究的问题。

梅奥的贡献在于推动了对工作场所中人的因素问题的研究,开辟了管理学发展的新领域。梅奥的人际关系学说虽然在纠正古典管理理论忽视人的因素方面有贡献,在管理实践中也取得了一定的成效,但它也有偏颇之处:主要是在重视非正式组织的作用时忽视了正式组织,在强调感情和社会因素时忽视了理性和经济因素。实际上,构成社会的基本单位是正式组织而不是非正式组织。人的感情和社会因素虽然重要,但理性和经济因素也是不可忽视的。

很明显,在古典管理理论和人际关系学说之间有一道鸿沟:古典管理理论只承认理性和经济因素,只承认正式组织,把正式组织看作是达到最高效率的唯一保证;人际关系学说则强调人性和感情因素,偏重非正式组织。填补这道鸿沟的是切斯特·巴纳德。

(三)行为科学的主要理论

行为科学是以梅奥等人创立的人际关系理论为基础发展起来的,通过研究人们在生产过程中的行为以及这些行为产生的原因,寻求有效的办法,以便创造一种和谐的人际关系,提高生产效率。它研究的主要内容包括以下三个方面:

1. 有关需求、动机和激励问题及人性的研究

行为科学认为:提高效率的关键在于提高士气。要提高士气和激励士气就要研究人的行为是由什么决定的。人们研究认为,人的各种行为都出自一定的动机,而动机又产生于人们本身存在的各种需要。人们的需要或动机确定了人们行为的目标,人们的行为都是为了达到一定的目标。这种从人们内在需要出发，推动人们采取某种有目标的行为，最终达到需要的满足的过程，就是激励的过程。管理者若根据被管理者的需要和动机进行激励，就能促使人们更好地完成任务。在这方面有代表性的理论主要有：马斯洛的需求层次理论，他把人的需求分为生理、安全、社交、尊重和自我实现五个层次；赫兹伯格的双因素理论，他认为影响人们积极性的因素有两类，即保健因素和激励因素，前者可以维持职工的满意，后者才能对职工的积极性产生激励作用。除此之外，还有格拉斯·麦格雷氏的X-Y理论、威廉·大内的Z理论、佛鲁姆的期望理论等。有关详细内容将在第六章中介绍。

2. 关于领导及领导行为的理论

领导是一种影响力，是一个动态地影响下属行为的行为过程。领导者通过实施领导行为去引导和激励下属去努力实现组织目标。因此，领导者的个人品质、行为方式、领导方式对管理的成败有重要影响。有关领导方面的理论主要有坦南鲍姆和施米特的领导行为统一体理论、布莱克和穆顿的管理方格论以及费特勒和赫塞提出的权变领导方式等。

3. 关于企业群体行为的研究

在管理过程中，人与人之间的关系、群体行为及其对个人行为的影响也是研究的重要领域之一。在一个组织中面对许多相互联系和作用的群体，领导者必须正确掌握和处理群体间的关系，充分发挥群体的作用。群体行为理论研究主要包括群体动力、信息交流和群体及成员的相互关系三个方面。

（四）行为科学思想阶段的特点

1. 提出以人为中心来研究管理问题

科学管理思想阶段强调了组织形式而忽视了人，行为科学思想阶段则主张以人为中心来研究管理问题，这是管理科学思想的一个重大转变。行为科学思想阶段尽管有各种各样的学说，但其共同的特点是重视人在组织中的关键作用，认为人是组织中最重要的资源；管理者要善于激励和领导他人，必须学会理解和处理人际关系。

2. 否定了“经济人”的观点，肯定了人的社会性和复杂性

行为科学注意吸取心理学、社会学、人类学、经济学等多学科的研究成果，对人的行为规律进行了多方面的剖析，认为人们工作不仅仅是为了物质利益，也不仅是为了建立社会关系，人的行为的动机和需要是复杂多变的，行为科学研究的重点就是人的动机、人的需求、人的行为的激励和领导方式等问题。行为科学重视发挥人的主动性、创造性，强调民主型、参与式的领导方式。

四、现代管理阶段

(一)现代管理理论“丛林”的出现

自第二次世界大战后,随着现代科学技术的发展,生产和组织规模日益扩大,生产力迅速发展,生产社会化程度日益提高,引起人们对管理理论的普遍重视。不仅从事管理和研究管理学的人,而且一些心理、社会、人类、经济、生物、哲学、数学等科学家们也从各自不同的角度,用不同的方法对管理问题进行研究,从而出现了各种各样的学派。这一现象带来了管理理论的空前繁荣。

20世纪50年代以来,在已有的古典管理理论、行为科学理论和管理科学理论的基础上,又出现了许多新的理论和学说,形成了百余个学派。美国著名管理学家哈罗德·孔茨把这一现象形象地描述为管理理论的“丛林”。由于这些学派都是从各自的背景出发,以不同的理论为依据来研究同一对象——管理过程,因此,随之而来的是出现了一些在管理的概念、原理和方法上众说纷纭、莫衷一是的混乱局面。近年来,许多学者都在力求将各派的观点兼容合并,为走出“丛林”,建立统一的管理理论寻求新的出路。

西方现代管理理论形成的标志是美国管理学家哈罗德·孔茨(Harkld·Koonts,1908—1984)于1961年12月发表于美国《管理学杂志》上的《管理理论的丛林》。与古典理论的“经济人”假设和行为科学的“社会人”假设的前提不同,西方现代管理理论是建立在“决策人”假设基础上的。这一假设认为,人是决策的主体,但由于个人所掌握信息的局限,限制了人们进行正确决策的能力。在这一假设基础上,各学派大都以决策作为管理的主题来研究。为了克服个人决策的局限性,现代管理理论主张用大量的数学模型来定量描述和评价管理活动,使用电子计算机作为管理的主要技术手段。

(二)现代管理理论的主要学派及观点

1961年,哈罗德把各种管理理论划分为六大主要学派:管理过程学派(以法约尔为代表)、经验学派(以比德·德鲁克为代表)、人类行为学派(以梅奥为代表)、社会系统学派(以巴纳德为代表)、决策理论学派、数理学派。到1980年,哈罗德·孔茨认为管理学派已不止六个学派所能概括,故又在原有六个大学派的基础上增至十一个学派,新增加的五个学派是:组织行为学派、社会技术系统学派、权变理论学派、管理者工作学派、经营管理理论学派。

尽管管理学术界还有其他划分方法,但纵观主要观点,国内外多数学者同意把诸家观点归纳为八大学派:管理过程学派、权变理论学派、经验主义学派、行为科学学派、系统管理学派、决策理论学派、管理科学学派、企业战略学派。学派的划分主要便于理论上的归纳和研究,并非意味着彼此独立、截然分开。它们在内容上都相互影响,彼此交叉融合。现将主要管理学派的代表人物及主要观点列于表1-1中。

表1-1 主要管理学派的代表人物与观点

学派名称	代表人物及其代表作或突出贡献	学派的理论观点
管理过程学派	孔茨(Harold · Koontz)、奥唐奈(CyrilO'Donnell)《管理学》	①管理是由相互关联的职能所构成的一种程序;②管理的职能与程序是有共性的;③对管理职能的分析可归纳出管理原则,它们可指导实践
权变理论学派	伍德沃德(Joan · WoodWard)《工业组织:理论和实践》;劳伦斯(Paul · Lawrence)、洛希(Jay · Lorsch)《企业分类研究法》	①组织和成员的行为是复杂的、变化的,因此管理不可能存在着一种通用程序,它完全依环境、自身的变化而变化;②管理的规律性和方法应建立在调查、分类基础上
经验主义学派	德鲁克(Peter · Drucker)《管理的实践》、《管理:任务、责任、实践》;戴尔(Ernest · Dale)《伟大的组织者》;彼德斯(Thomas · Peters)等	①管理的理论知识解决不了现实问题,充其量是过时的经验;②管理的科学应建立在目前成功或失败的企业管理经验之上,对它们进行调查、概括、抽象,提供建议
行为科学学派	马斯洛(Abrahan · Maslow):需要层次论;赫兹伯格(Frederick · Herzberg):双因素理论;麦格雷戈(Douglas · Mcgregor):人性假设;布莱克(Robert · Blake):领导方格理论	①管理之本在于人,要探索人类的行为规律,善于用人、善于激励人;②强调个人目标与组织目标的一致性,调动积极性要考虑人的需求;③企业中要恢复人的尊严,实行民主参与管理,启发职工的创业、自主精神;④改进工作设计
系统管理学派	卡斯特(F. E. Kast):《系统理论和管理》;约翰逊(Richard · Johnson)、罗森茨韦克(James · Rosexweig)	①企业是一个人造的开放系统,由多个职能子系统构成,并与环境保持协调;②企业组织是一个完整的系统、结构与运行机制;③管理靠系统性实现

续表

学派名称	代表人物及其代表作或突出贡献	学派的理论观点
决策理论学派	西蒙(Herbert · Simon):《管理决策新学科》;马奇(J. G. March)	①管理的关键在决策;②决策是一个复杂的过程;③决策分程序化决策和非程序化决策;④决策的满意行为准则;⑤管理是设计决策系统
管理科学学派	伯法(E. S. Buffa):《现代生产管理》;布莱克特(Blacket),丹齐克(G. Dantzig);丘奇曼(Churchman)等	①尽量减少决策中的个人艺术成分,尽量以数量方法客观描述;②决策依据尽量以经济效果为准;③尽量使用数理方法和计算机
企业战略学派	安索夫(H. Ansoff):公司战略;波特(M. Porter):竞争战略;欧迈(K. Ohmae):制胜要素 KSF	①企业经营之魂在于正确的战略,战略是一种指导思想和行为准则;②战略是一个协调环境和自身能力的全局性决策过程

(三)现代管理思想的主要特点

管理学各学派各有所长而其共性可概括如下:

1. 强调系统化

即运用系统思想和系统分析方法来指导管理的实践活动,解决和处理管理的实际问题。系统化就是要求人们既要认识到一个组织就是一个系统,同时也是另一个更大系统中的子系统。所以,应用系统分析的方法,就是从整体角度来认识问题,以防止片面性和受局部的影响。

2. 重视人的因素

由于管理的主要内容是管人,而人又是生活在客观环境中,虽然他们也在一个组织或部门中工作,但是,他们在其思想、行为等诸方面,可能与组织不一致。重视人的因素,就是要注意人的社会性,对人的需要予以研究和探索,在一定的环境条件下,尽最大可能满足人的需要,以保证组织中全体成员齐心协力地自觉完成组织目标。

3. 重视"非正式组织"的作用

非正式组织是人们以感情为基础而结成的集体,这个集体有约定俗成的信念,人们彼此感情融洽。利用非正式组织,就是在不违背组织原则的前提下,发挥非正式群体在正式组织中的积极作用,从而有助于组织目标的实现。

4. 广泛地运用先进的管理理论和方法

随着社会的发展,科学技术水平的迅速提高,先进的科学技术和方法在管理中的应用愈来愈重要。所以,各级管理人员必须利用现代的科学技术和方法,以促进管理水平的提高。

5. 加强信息工作

由于普遍强调通讯设备和控制系统在管理中的作用,所以对信息的采集、分析、反馈等的要求愈来愈高。主管人员必须利用现代技术,建立信息系统,以便有效、及时、准确地传递信息和使用信息,促进管理的现代化。

6. 把"效率"(Efficiency)和"效果"(Effectiveness)结合起来

作为一个组织,管理工作不仅仅是追求效率,更重要的是要从整个组织的角度来考虑组织的整体效果以及对社会的贡献。因此,要把效率和效果有机地给合起来,从而使管理的目的体现在效率和效果之中,也即通常所说的绩效(Performance)。

7. 重视理论联系实际

追踪管理学在理论上的研究和发展,进行管理实践,并善于把实践归纳总结,找出规律性的东西,是每个主管人员应尽的责任。现代管理理论来自众多人们的实践,并将随着实践的丰富而不断发展,管理人员要乐于接受新思想、新技术,并运用于自己的管理实践,把诸如质量管理、目标管理、价值分析、项目管理等新成果用于实践,并在实践中创造出新的方法,形成新的理论,促进管理学的发展。

8. 强调"预见"能力

强调要有很强的"预见"能力来进行管理活动。社会是迅速发展的,客观环境在不断变化,这就要求人们要用科学的方法进行预测,以"一开始就不出差错"为基点,进行前馈控制,从而保证管理活动的顺利进行。

9. 强调不断创新

要积极促变,不断创新。管理就意味着创新,就是在保证"惯性运行"的状态下,不满足于现状,利用一切可能的机会进行变革,从而使组织更加适应社会条件的变化。

10. 强调权力集中

在管理中,应使组织中的权力趋向集中,以便进行有效的管理。由于计算机和现代通讯设备的应用,使组织的结构趋向平面化,即减少了层次。由于权力统一集中,使最高主管人员担负的任务更加艰巨。因此,主管人员必须通过有效的集权,把组织管理统一化,以达到统一指挥、统一管理的目的。

第四节　管理现代化与信息化

一、管理的基础工作

要实现管理的现代化与信息化,必须要加强管理的基础工作。没有管理的基础工作,就如大厦没有地基一样。

(一)管理基础工作的内容

管理的基础工作是一个组织为实现组织的目标和管理职能而必须提前作好的各项基础性保障工作。包括以下内容:

1. 标准化工作

主要是针对企业技术标准、管理标准和工作标准的制定、贯彻执行和管理工作。通过"标准"的提供,可以大大减少企业在运行中具体的经营协调、技术协调和管理协调工作,有助于提高企业的经营效益。

2. 定额工作

主要是指各项技术经济定额的制定、执行和日常管理工作。比如劳动定额、物资消耗定额、资金使用定额等。定额工作是制定实施计划并进行考核的重要依据。

3. 计量工作

主要是指测试,检查,化验,分析等方面的计量技术、器具、规则、要求和计量管理工作。

4. 信息工作

是指为企业的经营管理需要进行的信息收集、处理、存储、分析、利用等工作。如市场信息、经营环境信息、客户信息、各种原始记录、台账、统计报表和档案工作。信息是企业经营管理的重要资源,信息管理是企业经营决策和绩效评价的重要依据。

5. 规章制度

是企业各类责任制度、管理制度和工作制度的制定、完善、执行和考核工作。制度约束就是"内部法治",对规范管理过程、规范活动行为有十分重要的作用。

6. 员工的基础教育

主要是指以提高素质为目的而对全体员工进行的工作基础常识和基本技能培训。之所以成为基础工作,是因为提高员工素质能有效促进企业经营管理工作。

管理标准化有利于使各项管理工作达到合理化、规范化和高效化,信息则是沟通企业内外上下左右各方面联系的重要工具,而建立健全组织内部责任者,是使组织有序有节奏地整体行动的制度保障,基础教育则有利于通过提高员工素质以增强组织的竞争力。

(二)管理基础工作的特点

(1)科学性　它要体现和反映企业生产经营活动的客观规律。

(2)群众性　它涉及的面较广,工作量也比较大,既需要全员参与,又必须持之以恒。

(3)先行性　它要为各项专业管理提供资料、准则、条件和手段,是搞好企业管理的一项先行性、前提性的工作。

二、管理现代化

(一)管理现代化的含义及必然性

管理现代化是指逐步运用现代社会学和自然科学的理论和新技术成果进行管理的过程,或者说是用当代世界先进的管理理论和方法来代替传统的管理理论和方法的过程。管理现代化既是一个动态的概念,又是一个世界性概念。管理现代化是一个动态的概念,即指在不同的社会发展阶段,衡量现代化实现的标准是不同的。

随着科学技术和生产力的高速发展,生产社会化、经济现代化、全球经济一体化及社会的进步,都必然要求管理现代化。因为科技进步和生产力的提高,使生产结构日益复杂、技术手段日益先进、专业化分工和社会化协作愈加广泛,现代化大生产的方方面面都处于复杂的技术和社会联系之中。因此无论是对生产要素的合理配置,还是生产关系的调整和完善,都需要管理紧跟现代化的步伐而不断革新,以实现管理的现代化。没有管理的现代化,就不能适应新技术发展的需要去有效组织现代化生产过程,就不能适应新技术激烈的市场竞争去促进经济活动的顺利进行,就不能在更广阔的空间范围组织生产要素的合理配置和进行有效的宏观调控,促进经济持续稳定地发展。实践证明,先进的技术不能弥补落后的管理,因为落后的管理很难使先进技术发挥应有的效能;但是,在一定条件下,先进的管理却有弥补落后技术的特殊功能,因为先进的管理能够促进各种技术条件和手段实现最有效的组合,获得最大的整体效应。可见,管理的现代化和经济的现代化是息息相关、不可分割的。从某种意义上讲,没有管理的现代化,就不可能有经济的现代化。

(二)管理现代化的基本内容

管理现代化实际上是一个随着新技术革命、信息技术的发展和经济现代化进程引起的管理变革过程,其内容是十分广泛的。从基本方面看,管理现代化是要适应未来现代经济管理的特点和需要,在管理的思想、组织、方法、手段和人员几方面实现现代化,因而这些方面的变革反映了管理现代化的重点和基本内容,管理的创新也需要从这些方面入手。

1. 管理思想现代化

管理思想现代化是指用现代化的管理思想和理论武装人们的头脑,并用以指导管理实践。管理思想是随时代的发展,随科学技术、生产力的发展而发展的,在社会变革过程中也要实现管理思想的不断创新。因此,现代经济客观上要求与之相适应的现代化管理思想;否则,思想落后必将延滞经济社会化的进程。在市场经济体制下,管理思想一般应包括战略思想、改革和创新思想、智力开发思想、系统思想、竞争思想和全球经济一体化发展等思想。

2. 管理组织高效化

管理组织高效化是指现代化管理必须建立起精干、高效、统一的组织体系,并保证组织体系内政令畅通,使经济活动达到上下协调、左右配合,便于有效地实现管理目标。因此,结构设置、权责划分、人事安排以及物质利益的合理调节,都是实现组织高效化的重要环节。管理组织的高效化,要求建立一种符合现代化生产和市场经济运行的管理体制,各管理层次联系紧密、顺畅,各部门的分工及权责明确。

3. 管理方法的科学化、定量化

管理现代化,就是把现代自然科学和社会科学的最新理论和方法运用于管理。管理方法的科学化、定量化,就是这一过程的集中体现。管理方法的科学化,实质是按客观规律办事,用现代化的科学方法去研究、揭示现代化管理过程的本质联系或规律性,借以达到管理的标准化、程序化、制度化,减少管理中的盲目性和主观性。而经济过程的联系性,既有质的联系,又有量的联系。因此,在定性分析的基础上达到对经济过程的量化表达,是准确把握经济过程的联系性的重要条件,也是实现管理科学化的基本要求。现代化管理要求运用多种数学和定量分析的方法建立相应的决策和分析模型,借以提高决策的科学水平。

4. 管理手段信息化

管理手段信息化,就是把电子计算机等先进的信息技术手段广泛用于管理。管理过程离不开对信息的处理,而且随着科技和经济的发展,信息处理的工作量和复杂程度已大大提高,对信息处理的要求也大大提高,因而传统的信息处理手段远不能适应现代经济的需要,这就必然要求实现管理手段的信息化。管理手段的信息化,有利于提高管理的时效性、准确性和经济性。

5. 管理人才专业化、知识化

管理人才专业化、知识化是指由具有专门知识的职业管理人才进行现代经济管理工作。管理劳动的职业化是现代化管理的必然趋势。而专职从事管理的人必须是具有现代管理知识和技能的专业化智能人才。因此管理现代化必然包括管理人才的专业化、知识化,而管理人才必须具备现代管理知识和技能。

三、企业信息化

(一)企业信息化的概念

企业信息化是指企业在生产和经营、管理和决策、研究和开发、市场和销售等各个方面全面运用信息技术,建设应用系统和网络,通过对信息和知识资源的有效开发利用,调整或重构企业组织结构和业务模式,服务企业发展目标,提高企业竞争力的过程。企业信息化实质上是将企业的生产过程、物料移动、事务处理、现金流动、客户交互等业务过程数字化,通过各种信息系统网络加工生成新的信息资源,提供给各层次的人们洞悉、观察各类动态业务中的一切信息,以做出有利于生产要素组合优化的决策,合理配置企业资源,以使企业能适应瞬息万变的市场经济竞争环境,获得最大的经济效益。

这一定义从范围、内容、本质、目的、过程五个方面界定了企业信息化。

(1)从范围看,本定义界定为各种企业和企业的各个方面:生产和经营、管理和决策、研究和开发、市场和销售等。

(2)从内容看,本定义界定为三个主要内容:运用信息技术,建设信息系统和网络;开发信息和知识资源;调整或重构组织结构、管理体制和业务模式。

(3)从本质看,本定义明确为在各类企业的各个环节,通过信息和知识资源的利用,提高人和设施的效率及决策质量,降低成本,加快对外部变化的反应,从而提高企业的整体竞争力,服务企业的发展战略和目标。

(4)从目标看,企业信息化不是信息技术和产品的展示场,不是为了装点门面,不是与企业业务和发展脱离的附着物,而是与企业各项工作、所有的发展目标结合为一体的有机组成部分。

(5)从过程看,企业信息化建设是一个渐进的过程,是一个从小到大,从简单到复杂,从内部到外部,从技术、信息到管理的发展过程。不能指望企业信息化在一夜之间大功告成,一劳永逸。

(二)企业信息化的作用

随着信息时代的来临,信息技术在企业中的作用日益明显。国内著名信息化咨询机构 CCID(赛迪顾问)最近的一份调查显示:有 70.4% 的企业认为进行信息化建设有助于宣传产品,有 67.7% 的企业认为可以提高企业知名度,有33.6% 的企业认为能够降低生产、销售和运营成本。随市场经济体制的形成,市场竞争不断加剧,当前企业的规模、经济实力、技术能力已经不再是判断企业在市场竞争中取胜的主要条件,信息化的应用能力更成为企业在市场竞争中的一个取胜的武器。海尔、海信、创维等大型企业在信息化发展初期已开始发展信息化,并在企业信息化开展当中获得本身经营利润、内部经营管理、产业技术优化等综合能力的提高,同时,这些大型企业已经把循序渐进的开展信息化提高到企业固定日程上来。在当前,尤其是中小企业,其企业规模、资金能力、技术水平与大型企业相比不占任何优势的情况下,更应该借助信息化这一工具去在市场中"驰骋",使企业的综合水平提高到一个新层次。企业开展信息化有以下实际作用:

1. 是实现企业快速发展的前提条件

企业开展信息化可以实现企业自身的快速发展。我们看到无论是大型企业,还是中小型企业,虽然本身所处的行业生态环境不尽相同,并造成发展阶段目标的差异,但每个企业终究有存在的社会价值和自我价值。企业存在的目标就是追求利润最大化,它们都渴望自身快速发展。企业在开展信息化中,利用它得到行业信息、竞争对手信息、产品信息、技术信息、销售信息等,同时及时对这些信息进行分析,做出积极的市场反应,达到企业迅速发展的效果。

2. 有助于实现传统经营方式的转变

传统的加工业离不开生产和销售,传统的零售业也离不开供、销、存。但是在信息化发展的今天,这些关键环节都可以借助信息化去实现,同时企业开展信息化可以派生其他新型的销售手段。比较明显的例子是美国的亚马逊书店(www. amazon. com),它首先尝试在网上销售图书并获得成功,并成为带动全球 B2C 电子商务(企业与个人交易)发展的风向标。在国内也有一些网站开展网上零售成功的企业,比如被许多人青睐的当当书店(www. dangdang. com),读者可以在网上不限时间地随意挑选喜爱的书籍,从中体会信息化给生活带来的"现代气息"。书籍的销售方式是对传统经营方式的挑战最成功的例子,国内越来越多的企业也逐步开展网上经营的方式,在传统经营的基础上开辟了一种企业营销新模式。

3. 可节约营运中的各项业务成本,极大提高工作效率

企业信息化使传统经营方式发生了转变,主要表现在节约成本和提高工作效率两个方面。一些企业现在已经开始提倡"无纸化办公",这种办公方式大大节约了企业的成本。当前,最直观体现利用信息化节约成本的企业部门是财务部门,这也是一些财务软件流行和国家财务制度所决定的。在信息化可以节约成本的同时,企业信息化的应用还给企业内部各个环节上的沟通创造了条件,有助于改变企业内部的低效体制。如企业实现管理系统信息化后,上级管理者可随时跟踪、监控下级的工作状况,提高了工作效率。

4. 可以使内部管理结构更加扁平化

企业开展信息化不仅节约了业务成本、提高工作效率,更使企业内部管理结构趋于扁平化。首先,企业信息化的开展使信息资源在企业内部得到共享,以及原始信息从传递到决策过程中反馈的时间大大缩短,决策层与基层、各部门之间的沟通更加快捷,管理更加直接。其次,由于信息化在管理上所起的积极作用,使管理层与各基层之间的关系更融洽。

(三)企业信息化应具备的条件

1. 企业信息化的需求欲望

企业信息化的首要条件是企业真正具有信息化的需求欲望。企业信息化尤其是开发管理信息系统,投资巨大,技术要求高,社会关系复杂(有管理、体制、机构和人的习惯观念、利益机制等社会因素),难度很大。很明显,一个要求信息化的企业领导不仅要有开发、应用信息系统的勇气和决心,而且还应有高瞻远瞩的眼光。即企业领导真切地感到必须实现信息化,才能满足企业当前以及未来战略性发展的需要,从而以百折不回的决心和恒心实现企业的信息化。

2. 有自己的技术和管理人才

企业信息化是充分利用高新技术的过程,而所使用的高新技术不是一次购买、一直使用的技术。从项目立项、开发,到投入使用以及以后的维护,技术总在变化、升级和更新,信息系统也就不得不升级和更新。管理本身及人员使用要求的变化,也会影响到信息系统的建设。那么,用户如何适应这种变化,如何处理和应对这种变化?当然,开发单位应当考虑这种变化因素,以便使 MIS 在设计时就具有应变性。但无论怎么考虑,它总不能代替用户的逻辑(包括用户的思想),用户既不能幻想购买一个一劳永逸的 MIS,也不能幻想开发单位会无穷无尽地为您维护服务。由于 MIS 客观上或者本质上是一个“不完整产品”,它的功能可能随着管理体制的变化而增减,它的应用可能随着用户的思维变化而产生新的要求,它的技术由于时间的推移需要更新,它的某些缺陷可能在日后暴露,等等。这个“不完全产品”总需要人维护,且维护次数有时可能很多,技术要求也很大。所以企业必须有自己的技术力量,在开发、应用和维护阶段都必须有自己的技术人才。

3. 技术和管理基础

企业信息化是建立在工业化基础上的,因此,企业首先应有一定的工业现代化和自动化基础。如果企业技术基础很落后,机械化和自动化水平很低,就不可能实现信息化,这时应当在机械化和自动化上下功夫,而不是侈谈信息化管理。信息系统的建立不仅要有技术基础,还要有管理基础。首先是企业管理人员,尤其是主要领导人员,应该有现代化管理的意识和需求欲望;其次是管理制度应该比较完善,管理机构应该比较稳定和合理,管理数据应该比较完整、科学。如果当前的管理很混乱,则谈不上现代化管理。否则,即使勉强进行管理信息系统,也不可能顺利开发;即使开发成功,也不可能有效运行。

(四)企业信息化的主要策略

根据企业面对的新的建设环境,全面认识信息挑战、制定完整的信息化对策、取得战略主动是高层企业领导的重要职责。企业信息化对策主要包括三个方面:①在生产、服务、市场及其他主营业务方面,广泛应用先进的信息技术来提高效率、质量,减少能耗、物耗,加快新产品开发速度;②在经营管理方面,建立满足管理决策所需信息的信息体系结构,并逐步采用先进的信息网络;③确立企业的信息管理体制。

1. 在企业的各项主营业务和研究开发中的信息技术应用

对生产型企业,主要是产品研制中的计算机辅助技术应用、生产线的自动控制、以网络为基础重构供应链。计算机辅助设计(CAD)、计算机辅助测试(CAT)、计算机辅助制造(CAM)、计算机集成制造系统(CIMS)、制造资源规划系统(MRPⅡ)、企业资源规划(ERP)等代表了不同发展阶段和不同领域应用的主要成果。

对服务型企业,主要是服务业务的计算机化、数字化、网络化,如金融电子化、航空管理和控制系统、铁路调试系统、零售POS系统、订票系统等。主营业务的信息化是企业竞争力的直接来源之一,企业应该根据自身的基础和发展战略,制定一个切实可行、面向未来的对策。

2. 经营管理中的信息化

经营管理中的信息化战略包括信息技术应用两个内容。在我国的实际情况下,更应重视信息这一内容。从面向21世纪的信息资源开发利用战略看,对每一个企业来说,最重要的是构造本企业的信息体系结构。

建立信息体系结构是信息管理发展的必然趋势,没有完整明确的、动态维护的信息体系结构,信息这一组织机构中最重要的资源管理、新信息技术的应用、维护原有的信息系统、开发新信息系统等一系列工作就失去了基础。建立信息体系结构也是一项长期的任务,绝不可像建一个信息系统的分析设计那样,一个系统建成,那项工作也就结束了;而要像会计账目、人事档案那样不断地投入力量,真正作为基本资源来管理。在信息技术应用方面,就是各种信息系统和网络的建设。从三十多年信息系统网络的发展过程中,我们可以清晰地看到发展轨迹:信息系统支持的管理功能从结构化程度高的低层事务到结构化程度低的高层决策，从支持局部经营管理事务到完整的企业业务，采用的信息技术从单一到多样、从简单到复杂；从纵向看，总是在应用最新的、性能价格比最高的信息技术。分析信息技术应用于经营管理的过程，可以越来越清楚地看出一种自然的发展过程，这一过程受信息、管理、信息技术三方面的资源条件和内在规律的制约。企业应根据自身的资源条件、生产经营的实际情况来确定信息系统的发展战略。

3. 确定信息管理体制

生产和经营管理的信息化进程实际上决定着企业的发展速度，同时也触及了企业的一切方面，如果没有适当的信息管理体制，这一过程必然会出现许多不符合规律的振荡，从而浪费了资源，错过了时机，影响了企业的生存和发展。正因为如此，世界范围内企业信息管理的模式正在发生深刻的变化。目前较为流行的是 CIO 体制。CIO 体制，即信息主管领导体制，其要点是由组织机构中的一位高级主管（第一把手或第二把手）任信息化建设的最高领导，由一个专门的办事机构或者由本机构的信息中心（或类似部门）负责信息建设管理的日常业务，由技术部负责信息系统和网络管理，由信息中心协调企业各分支机构信息的收集、交流和利用，支持用户使用新的信息技术和系统。这个体制在 20 世纪 80 年代中期确立以来，发展速度很快，得到普遍认同。

【小　结】

管理就是管理者在特定的环境下对其所辖范围内的组织资源，有目的地进行计划、组织、指挥、协调、控制，通过组织资源的优化配置，以有效实现组织目标的社会活动。社会再生产过程具有二重性，一方面是生产力的再生产过程，另一方面是生产关系的再生产过程，决定着管理具有组织生产力与协调生产关系两重功能，从而使管理具有二重性。管理的二重性是指管理的自然属性和社会属性。由于管理具有二重性决定了管理具有合理组织生产力，维护社会生产关系的基本职能，而这一基本职能的实现，有赖于管理的计划、组织、指挥、控制等基本职能的实现。

任何管理都是一个科学的系统。管理者必须从系统观念出发，整体地，联系地观察、分析和解决管理问题。管理系统一般由管理目标、管理主体、管理对象、管理的机制与方法、管理环境构成。

要实现管理现代化和信息化必须加强管理的基础工作。管理基础工作包括标准化、定额工作、计量工作、信息工作、以责任者为核心的规章制度、员工的基础教育等工作。管理现代化实际上是一个随着新技术革命、信息技术的发展和经济现代化进程引起的管理变革过程，其内容是十分广泛的。从基本方面看，管理现代化是要适应未来现代经济管理的特点和需要，在管理的思想、组织、方法、手段和人员几方面实现现代化。企业信息化是指企业在生产和经营、管理和决策、研究和开发、市场和销售等各个方面全面应用信息技术，建设应用系统和网络，通过对信息和知识资源的有效开发利用，调整或重构企业组织结构和业务模式，服务企业发展目标，提高企业竞争力的过程。

【复习思考题】

一、什么是管理？管理有哪些职能？
二、管理为什么是一门科学，又是一门艺术？
三、管理系统由哪些要素构成？
四、什么是管理的基础工作？有哪些内容？
五、管理现代化包括哪些内容？
六、为什么要实现管理的信息化？
七、案例分析题

经理何以专拣废纸条

日本九洲地区的大分县有一家大百货公司——常馨百货公司。每天，来这里购物的顾客络绎不绝，营业大厅内熙熙攘攘。在这中间，人们常常能看到一位职员模样的人——一张一张地拣起被顾客丢弃的废纸条——他就是这家百货公司的经理。人们不禁要问：他拣废纸条做什么？

原来，这里的顾客大都来自大分县内各地，许多远道而来的家庭主妇为了防止忘事，一般都要把购买的商品名单先写在纸条上，买完便扔掉。这家百货公司的经理就专门拣这类废纸条。他把这些废纸条集中起来通过分析研究，很快便知道了顾客需要什么商品；对某类商品的需要集中在什么季节；顾客在挑选商品时是如何相互搭配的。此外，这位经理还经常乘顾客专用的电梯，通过听顾客的谈话来了解他们对商品的评价和对商品的意见。

在这位经理的带动下，常馨百货公司的职工也很注意了解顾客的需要，并编制合理的订货计划，因而生意越做越兴隆。

问题 此案例说明管理者应重视什么？

第二章 管理的基本原理

【学习目的与要求】

● 知识点

要求掌握管理的各种基本原理的含义及相应原则。

● 技能点

能够应用管理的基本理论对管理实践活动进行剖析，识别组织中哪些管理行为不符合管理理念的要求，在此基础上用正确的管理理念指导管理实践活动。

【案例导入】

海尔的80/20原则

1995年，海尔集团某公司公布了一则处理意见：某质检员由于责任心不强，造成洗衣机选择开关插头插错和漏检，因而被罚款50元。这位质检员作为最基层的直接肇事者，承担了其应当承担的工作责任。但是，海尔管理层从这件事上看出了质保体系方面更深一层的问题：质检员是否经过严格的培训？其上级是否进行了复审？是否进行了检查？如何防止漏检的不合格产品流入市场？这些问题，究竟该由谁来负责？海尔管理层进而认为：这位质检员所犯错误的背后，还存在着更大的隐患：错误的产生，并非单纯的个人能力问题，而是体系上的漏洞使“偶然行为”变成了“必然”。

为此，海尔上下进行了一场大讨论，结果产生了“80/20原则”，即关键的少数人制约着次要的多数人。管理人员是少数，但属于关键性人物；员工是多数，但从管理角度看，即处于从属地位。从战略目标的确定到计划的制定再到实施控制,都是管理人员的职责。员工干得不好,主要是管理人员指挥得不好;员工的水平,反映了管理人员的素质。因此,出了问题就把责任推给下属,是违背管理学基本原则的行为。

1999年,海尔某公司财务处一位实习员工在下发通知时漏发了一个部门,被审核部门发现。由于该员工系实习生,没有受到任何处罚,但对于作为责任领导的财务处处长则根据“80/20原则”而罚款50元。继“80/20原则”之后,海尔管理层进一步提出了“员工的素质就是领导的素质”的观点。董事长张瑞敏对公司中层领导讲过这样一句话:“部下的素质低,不是你的责任;但是,不能提高部下的素质,就是你的责任。”

海尔集团下属各公司都实施“一把手”负责制,无论发生什么事,集团都拿一把手是问。1997年10月的一个例会上,销售公司按照例行管理制度复审冷柜电热本部对某地区用户回访的电话记录,发现记录上许多页都仅写着“占线”两字。销售公司由此认为,张瑞敏曾多次批评的“说了不等于做了,做了不等于做到位了”的大企业病现象,在冷柜电热本部严重存在。对此,冷柜电热本部的本部长回答:“回去查一查下面是怎样干的?”这一认识,显然与集团的管理理念不相符合。张瑞敏当即指出:“你现在最要抓的就是你自己的思想作风、工作作风问题。你的下级不认真,是因为你没有要求他们认真。”

在海尔集团,各管理层干部一致认为,作为领导,没有抓好员工,就不能抱怨员工的素质低。如果领导没有制定一套提高员工素质的培训机制和激励机制,那么,素质低的员工永远不会自发地提高,素质高的员工也会因为没有激励的氛围而渐渐变得素质低。

如今,“只有落后的干部,没有落后的群众”这句话,在海尔已经成为经典。

现代管理必须根据管理的基本原理,建立处理各种管理活动的基本原则,只有这样才能保证管理活动有序进行。

管理原理是对管理工作的实际内容进行科学分析总结而形成的基本真理,它是实现对各种管理现象、各项管理制度和管理方法的高度综合和概括,因而对一切管理活动具有普遍的指导意义。本章介绍系统原理、人本原理、责任原理、效益原理等管理的基本原理。

第一节 系统原理

管理的对象并不是众多个体的简单集合体,而是一个彼此相互关联的系统。在管理过程中,必须用系统的思想和方法去驾驭整个管理系统。

一、系统的基本概念

任何管理都是对一个系统的管理,所以,我们只有对系统的概念、系统的普遍规律充分理解后,才能在管理活动中运筹帷幄、得心应手。

系统是指若干要素按一定结构方式相互联系成具有特定功能的统一体。这个概念包含着三层意思:第一,系统是由多部分、多因素构成的,否则不成其为系统;第二,诸成分间按一定的结构方式相互联系,具有共同的目的;第三,每个系统都具有特定的功能。例如教学系统,至少要有教师、学生、教材、课堂,通过讲授、评价、提问、解答等相互联系相互作用,没有这些因素就谈不上教学系统。管理实践中人们所关心的任何事物,遇到的任何问题,都是一个系统,大至世界,小到一个单位、一个家庭、一切琐事。

(一)系统的要素

我们把系统内相互作用的部分、单元称作要素。要素是系统的基本构成,它决定着系统的联系、结构、功能等一系列范畴的存在,因此决定着系统的本质。

系统与要素的划分是相对的。任何一个系统都是较高一级系统的一个要素,任何一个要素本身,又是一个低一级的系统。例如,一个企业对下属的车间来讲它是一个系统,而对某一类型部门系统来讲,它只是其中的一个要素。同样,这个车间对企业来讲它是一个要素,但对下面的班组来讲,它又是一个系统。因此,系统只有相对于构成它的要素而言才是系统。

(二)系统的结构和功能

系统的结构与功能是对立而又统一的,要素不能直接形成系统的属性和功能,它必须处在一定的结构中,方能构成系统的特定属性和功能。

1.系统的结构

系统的结构是指诸要素在该系统范围内的秩序,也就是诸要素间相互联系、相互作用的内在方式。诸要素间相互联系的方式可以是单向的,也可以是交互的,还可以是网络的。这些关系的总和表现为系统内部的组织、机制、序列和层次。系统的整体功能就是由系统的结构来实现的。

2. 系统的功能

系统的功能是指系统对环境影响做出反应的能力。从本质上说,功能是由系统的运动表现出来的,如物质生产系统的功能是接受外部送来信息(计划、指令)、能量、物质(原材料或半成品),按规定完成一定的操作处理过程,然后再送出另一种信息、能量和物质。如果我们将系统的功能进一步抽象,那么,复杂系统的运动都可以简化为输入、处理、输出三个环节。系统的功能与系统的运动过程是联系在一起的,如果说结构能说明系统的存在方式,即系统中各要素相互联系的性质,那么,功能则表达有目的地组织起来的系统的运动,即表达系统对其外部环境作用的反应。

二、系统的特征

(一)集合性

系统是由两个或两个以上的相互区别的要素或部分组成,这就是系统的集合性。但要说明的是,两个相同的要素不能构成一个系统。如两台同样的机床,显然不能构成一个系统,但一台机床、一个工人,就可以构成一个简单的操作系统。

(二)相关性

1. 组织系统各要素或部分,既相互区别,又相互联系、相互影响、相互制约

系统中某一要素或变量发生变化时,就会引起另一些要素或变量的变化。这就是系统的相关性。例如:

在美国开巴高原森林中,生活着鹿、狼和狮三种动物,1907 年时约有 4 000 只鹿,人们希望有更多的鹿,于是便大量捕杀食鹿的狼和狮。到 1924 年,后两种动物濒临灭绝,鹿的数量猛增至 10 万只,但随之而来的是草皮几乎被鹿吃光,大批鹿群饿死,其数量降到了比 1907 年还要少的地步。这充分说明了系统内各要素之间是相互影响、相互制约的。

2. 要素和部门之间的联系和制约关系,使其与系统联系在一起

例如,在植物生长系统中,如果根不吸收土壤中的水分和养料,或叶子不进行光合作用,植物都会死去,根叶均不复存在。我们说“根深叶茂”,实际上就蕴含着植物的系统与根叶之间的依存和制约关系,也反映了系统的整体生死关系。

如果要素与要素之间没有任何联系,就不能成为一个系统。

3. 根据要素与要素之间联系的确定性,可分为三种基本方式

(1)肯定因果联系　系统中某一要素作为原因存在或变化,必然会引起另一要素作为结果出现或变化,并且作为结果的要素,随着作为原因的要素的不断变化而变化。

(2)统计因果联系　指系统中某一要素的变化有时会引起另一要素的变化,有时又不会引起变化,有时会引起另一要素较大的变化,有时只引起较小的变化。但总体来看,它们之间存在着一种统计变化概率。例如,国际市场波动对某市外贸出口来讲,有时影响较大,有时又没有多大影响。因为国际市场波动的原因很多,影响出口的因素也很多,其中有许多情况无法预计。尽管我们无法肯定到底会有什么结果,但经过长期观察,却可以根据多次出口变化的实际情况,经概率统计,能够大概推算出它们之间的相互关联。

(3)模糊因果联系　实际管理活动中,人们常常会遇到这样一类事物,即它们的边界条件不很明确。比如,环境清洁与不清洁、秩序改善与没有改善、思想认识提高与没有提高等等。这类事物作为系统的要素,与系统内其他要素之间的因果联系,就是模糊因果联系。

(三)目的性

人造系统都具有目的性,只是不同的系统具有不同的目的。拿管理系统来说,没有无目的的管理系统,凡是管理系统都是有目的的。没有目的的管理系统犹如一个杂乱无章的堆积物,更称不上系统。管理系统不仅有目的,而且目的必须十分明确,这是系统管理中一个非常重要的问题。目的不明确的系统,工作就不会有头绪,反应就必然比较迟钝,系统功能也就肯定比较差。

(四)整体性

系统理论的基本思想是整体性、综合性。整体效益是系统理论中最重要的观点,系统的整体性有两层含义:第一,要素与系统不能分割,只能协调和统一于系统的整体之中;第二,“整体功能大于部分功能之和”,这是亚里士多德提出的哲学命题,现已被现代系统管理的研究所证实。系统的整体布局是部分功能的多倍,而且具有组成部分在孤立状态中所没有的新特征和新功能。

系统的整体性告诉我们,对任何一个要素都不能离开整体去孤立地研究它们之间的联系和相互作用,也不能脱离了整体的协调去考虑,否则便会失去意义。一般说来,系统内要素或部分的性能较好,则整体的性能也会比较好。但也不尽然,系统内局部与整体有着复杂的关系和交叉效应,要素或部分的效益最佳,不一定能够保证系统整体效益最佳。当然,系统的整体性理论,并不抹煞组成要素或部分的性能对整体性能的影响和作用,而只是强调要从提高整个性能的角度,去考虑要素和部分性能的改善。

(五)层次性

1. 层次性是系统的本质属性

复杂的大系统都可以分解出一系列子系统,各个子系统本身又是由若干个更小的子系统组成,如此不断分解下去,直到得出不能或不必分解的要素。

2. 层次本身具有相对的独立性和有效性

在系统的层次结构中,子系统的功能目的尽管是大系统功能和目的的一部分,但它本身具有相对的独立性和不可替代的有效性。如果各层次的相对独立性和有效性遭到破坏,最终会降低整个系统的效能。

现实的管理活动已验证了这一理论。上一级领导对下一级领导下达指令,如果干涉到下级领导对更下一级工作的具体管理,那么,久而久之,就会严重挫伤下级的积极性、主动性和责任性。我们可以设想一下:如果上级领导越级指定某项工作由谁做、什么时候做、应该怎么做,那么,总有一天下级领导会把一切问题统统交上来,使上一级领导整天忙于应付下级领导该管的具体事务。

3. 系统的层次形成了整个大系统的结构和秩序

系统的层次性决定了系统中一些子系统处于高层次,而另一些子系统处于低层次;一些子系统居于支配地位,而另一些子系统处于从属地位。正是各个子系统在整个大系统中所处的地位不同、任务不同,决定了系统中物资、信息、能量的流通秩序,构成了整个大系统的结构。

(六)动态性

这是指系统状态与时间的关系,反映系统的运动变化与发展的特征。

1. 任何系统都是运动着的综合体

根据系统论的观点,一切系统都只有在运动中得以生存。因为,所有系统都存在于一定的物质环境中,并不断与外界环境发生交换。物质、能量和信息由环境输入,经系统加工处理后,再输出到环境中去。如果环境停止了输入,系统将会因人力、物力和财力耗尽后得不到补偿而无法生存;如果系统停止输出,也将会因系统得不到环境的承认而无法维持。系统的动态性与耗散结构论具有异曲同工之妙。

2. **凡是系统都处于发展变化中**

辩证唯物主义告诉我们:世界是不断发展变化的。那么,处于世界变化发展中的系统怎能不发生变化呢。有时我们把它看作静止状态来看待,那是为了理论教学和研究问题简便,利用了其相对性。现实中的系统只有变化快与慢的区别,比如,一般来讲,铁路系统、水利系统变化发展比较缓慢,而运输系统、市场系统则变化发展比较快。

三、系统管理的原则

系统管理的原则是人们对无数次管理实践进行科学分析后得出的带有规律性的认识,它反映系统管理的一般规律。

(一)整分合原则

整分合原则是系统管理中必须遵循的第一原则,它主要规范了从整体到局部,再由局部到整体的思维协调过程,这是系统管理的管理哲学。

"整"就是整体把握。首先必须对整体任务有充分的认识,对局部又有宏观的分析和了解,了解各要素、各部分与整体目标的关系,了解各要素、各部分之间在完成整体任务中的逻辑关系和协调关系。没有整体概念,不明确整体目标,管理工作就会像瞎子摸象,以偏概全、一叶障目。因此,"整"是系统管理的基础。

"分"就是科学分解。在整体把握的基础上,将总目标和任务给予科学的分解,使各部分各要素之间分工合理、指标科学、要求明确、责任清楚,这是系统管理的关键。许多管理学家一致认为,"分"是系统管理的重要标志之一。任务分解得越科学,分工就越合理;每项工作越规范化,责任制就越明确,那么,管理也就越有效。所谓的科学分解,就是指分工要适度,在既定条件下,分工都有一个合理的界限,它有一个最佳点,并非分工越细越好。下图 2.1 所示中,a,b,d,e 因分工不够或过度,都会影响系统的效率。

"合"就是综合的意思。有分必然有合,分工只是科学管理的一个步骤,并不是系统管理的终结。管理系统既然是一个相互关联的系统,那么,只有"分",没有"合",分工后的各个环节就会产生脱节,反而会给系统带来许多新的矛盾、新的干扰、新的问题。比如,一个大而全的企业,把部分零件的生产任务分解出去,给小厂进行专业化生产,这种"分"有利于提高劳动生产率,是科学管理的表现。但如果没有切实的控制和有效的协调,零部件供应的数量、质量、时间得不到保证,反而会影响整体效率。其道理很简单,离散状态的管理只剩下了形式。因此,系统管理十分强调有力的组织指挥和控制协调,以保证分工后的各个环节步调一致,创造出新的合力,这种新的合力也称为系统力。它的作用表现在两个方面:一是新功能的产生,可以完成原先无法完成的任务;二是效益的提高,可以达到原先达不到的水平。可见,分工后进行严密的组织和有效的协调综合,是系统管理中的一个重要课题。

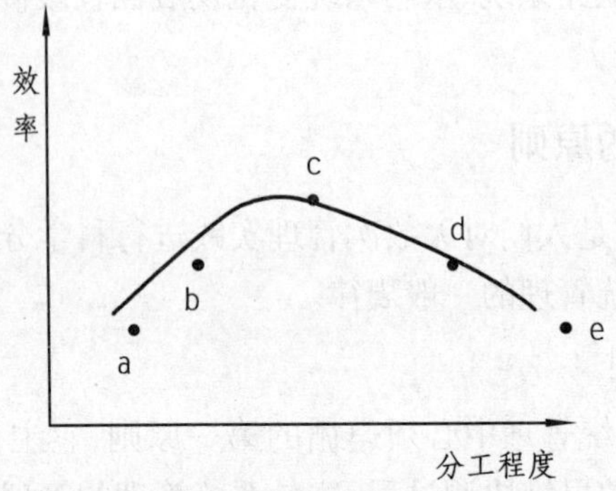

图 2.1　分工与效率

综上所述,整体把握、科学分工、有效综合是系统管理的管理哲学。尤其应该注意的是,在整分合的运作中,管理本身的功能是不能分解的。

(二)封闭原则

封闭原则是指任何一个管理系统内,其管理手段必须构成一个连续封闭的回路。管理的口敞开,管理就没有效率。它好比电路不封闭,便不能形成回路一样,不管电源有多强、电线有多粗,电路中的电流总是零。

1. 管理机构必须能构成封闭回路

管理机构必须能构成封闭回路,如图 2.2 所示。

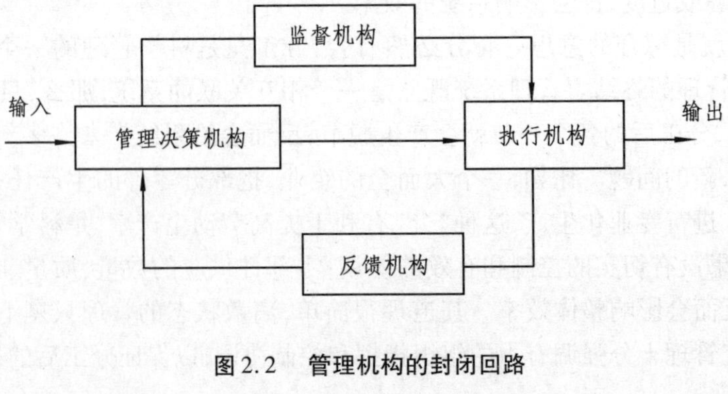

图 2.2　管理机构的封闭回路

当决策机构发出指令后，为了保证执行机构准确无误地贯彻执行指令，应有监督机构监督执行机构去实施决策机构的指令。除此以外，还应有将执行情况反馈回来的反馈机构。我们设想：如果只有单向输出，决策机构就不知道执行机构实施了指令没有，也不知道执行机构贯彻指令打折扣了没有，更不知道执行结果与决策目标有没有偏差，有多少偏差。这样的管理是不可能有效率的。

不仅仅是管理机构，其实管理制度、管理法规、管理方法同样应构成封闭回路。就法规而言，不仅要有尽可能完整的执行法，而且还要有针对执行的监督法，掌握情况的反馈法，甚至还有执行过程中产生矛盾后的仲裁法，对错误执行的处理法，等等。法不封闭，法也会无力。可以设想一下：企业有了"破产法"，如果没有"社会保障法"、"社会救济法"等封闭的配套法规，企业破产就很难普遍实行。只有构成了封闭的法规环，才能实施有效的管理。

2. 管理方法要形成封闭回路

这是保证管理系统稳定的重要方法。在具体管理活动中有哪些封闭管理方法呢？一般来说有以下几种方法：

（1）评估封闭　评就是对执行后果的质进行评议，估就是对这些后果的量做出尽可能的估算。从评估要求来说，对质评议得越明确，对量估算得越精确，管理就越有效，封闭的效果也就越好。评估封闭按时序可以分为三种类型：事前评估、事中评估、事后评估。

（2）选择封闭　在管理活动中，执行结果与预期目标出现偏差，究其原因常常不止一个，在这种情况下，管理者企图消除所有的诱因是不现实的，有时也没有这样的必要。那么，最好的办法是进行选择封闭，即针对最主要的原因，采取相应的矫正措施和纠偏对策，这样做往往能取得事半功倍的效果。

（3）追踪封闭　执行结果预期目标出现偏差的主要原因找到了，但人们常常发现出现偏差的直接主要原因又是另一个原因引起的，也许另一个原因又是由其他原因造成的，于是管理者需要循迹追踪，从根本原因上开始采取措施，促进封闭，这就是追踪封闭。比如某个企业经济效益不好，直接的主要原因是企业没有活力，而没有活力的原因又是企业没有自主权造成的。于是需要采取一系列扩大企业自主权的措施，包括自主用工、自主分配、自负盈亏等，最终实现提高企业经济效益的目标。

在阐述封闭管理的方法时，有两点需要说明：

①封闭是相对的。任何一个管理系统内部各部分、各要素之间的联系千丝万缕，一环扣一环以至无穷，因此，任何"封闭模式"、"封闭方法"都是相对的，不

可能天衣无缝、十全十美;②封闭管理不是一劳永逸的。既然管理系统是不断变化发展的,那么原来已经形成的封闭管理,随着时间的推移就会不断被打破,因此,这就要求管理者动态地设计封闭方案,不断地实施管理封闭。

【观念应用】

不动的炮兵

一位年轻的炮兵军官上任后,到下属部队视察操练情况,发现有几个部队操练时有一个共同的情况:在操练中,总有一个士兵自始至终站在大炮的炮筒下,纹丝不动。经过询问,得到的答案是:操练条例就是这样规定的。

原来,条例因循的是用马拉大炮时代的规则,当时站在炮筒下的士兵的任务是拉住马的缰绳,防止大炮发射后因后座力产生的距离偏差,减少再次瞄准的时间。现在大炮不再需要这一角色了。但条例没有及时调整,出现了不拉马的士兵。这位军官的发现使他受到了国防部的表彰。

管理的首要工作就是科学分工。只有每个员工都明确自己的岗位职责,才不会产生推委、扯皮等不良现象。但时代是发展的,管理者应当根据实际动态情况对制度及分工及时做出相应调整。否则,队伍中就会出现“不拉马的士兵”。而之所以出现了“不拉马的士兵”,是我们对一些身边常见事务习以为常,缺乏反馈机制造成的。

第二节　人本原理

一、人本管理的概念

所谓人本管理就是以人为本的管理。人本管理的概念是建立在对人的基本假设之上的,实际上就是把人看作是一个追求自我实现、能够自我管理的自动人。人本管理认为:管理的核心对象是人,要求管理者要将管理工作的重点放在激发被管理者的积极性和创造性上,努力为被管理者实现自我需要的满足创造各种机会。因此,人本管理是指:以人的全面自由的发展为核心,创造相应的环境、条件,以个人自我管理为基础,以组织共同愿望为指导的一整套管理模式。具体包括以下四个方面。

(一)人的全面自由发展

人的全面发展包含两个内容:即人的素质的全面提高和人的解放。无论是人的素质全面提高还是人的解放,只有当人们不再受制于自然,不再受制于技术和物质财富,人可以掌握自己的发展时才有可能。应该说这样一个状况目前并未达到,但社会进步、技术发展、经济增长正在为人的全面自由发展创造条件。作为社会中的一个经济组织,在追求自己的功利目标时,应为本组织的员工创造全面发展的条件和空间,这不仅仅是对员工素质的培养和提高,也是对社会的责任和贡献。

(二)组织创造相应的环境和条件

通过创设相应的环境和条件,包括设定工作岗位及任务,为员工的全面发展提供帮助,这是人本管理的重要方面。现时的企业在生产经营运作过程中,要创造出完全理想化的符合人们全面发展的环境和条件是不大可能的,因为企业本身尚未完全脱离功利目的。但在这方面做一些尽可能的工作来推动员工在个人素质及其他方面的发展却是可能的,也是可行的。

(三)个人的自我管理是人本管理的本质特征

事实上,过去所谓的人力资源管理、对人的管理,都将人当作一种经济资源来看待。人在这些管理过程中是管理的接受者,受制于企业的制度、规章,受制于生产过程和技术条件,受制于给定的薪金酬劳。在这样的条件下,人是不自由的,形如一件会说话的工具,供他人驱使。当人成为自由的人,能够决定自己的发展时,在工作中就应该是自我管理,即根据企业总目标要求,自己组织完成好给定岗位上的工作任务,在工作中获得其他的享受。所以,人本管理的关键是员工的自我管理。一般的组织可能很难做到这一点,因为人们自我管理与人本身的素质相关,人的素质不高时让其自我管理势必会乱了分寸。

(四)对自我管理加强引导

对于一个组织来说,如果不对自我管理加强引导,可能会导致组织内目标的冲突,从而使组织的目标难以实现。个人的自我管理只有建立在共同愿望的基础之上,才能使员工在自我管理时有方向、有一定的约束、有内在的激励力量。共同的愿望是组织成员都认同的,是个人的愿望与之统一的结果。人本管理需要组织内部有良好的共同愿望,而这一共同的愿望中必然要有人的全面发展的内涵。

二、人本管理的原则

(一)个性化发展准则

组织中以人为本的管理从根本上说应该是以组织成员的全面自由的发展为出发点。尽管人的个性化发展仅仅是人的全面自由发展的起步,但比起过去组织仅将员工看作是某一岗位的"螺丝钉"和"操作工",只培养完成这一岗位要求的技能,只按照完成岗位任务优劣给予激励,要进了一大步。因为个性化发展至少已承认了组织应允许它的成员在发展组织合理要求的技能时,可在组织中选择其自己愿意发展的方向进行发展。

一般的组织均有自己功利性的目标。在功利性目标的引导和约束下,组织对成员们为实现组织目标而进行的投入是可以有直接回报的,而为成员个性化发展的投入很难有直接的回报,这样就使得一般的组织尤其是经济组织在这方面投入时举棋不定。

个性化发展的准则要求组织在成员的岗位安排、教育培训、工作环境、文化氛围、资源配置过程等诸多方面均应以是否有利于当事人按其本意、特性、潜质以及长远的发展来考虑,决不能简单地处置,更不能仅仅从组织功利性目标出发。

(二)引导性管理准则

由于组织中以人为本的管理实质上可以说是组织中成员的自我管理,因此,以人为本的管理可以说是不需要权威和命令的管理。组织中人与人之间的协作配合、资源的配置、投入与产出全过程等方面,原来是由领导者的权威和命令来组织、协调与监控的管理方式,在以人为本的管理思路下应该改变为引导性管理,即以引导来代替权威和命令,以引导来协调自我管理的组织成员的行为,最终有效地完成组织既定的目标。引导性管理与过去的权威命令式管理的最大区别在于:前者所要求的组织领导者是一个顾问式的人物,而不是一个铁腕式的人物,仅提供参考的意见。

引导性管理准则要求原来的管理主体要改变它在决策方面的角色,因为在以人为本管理的条件下,决策是组织成员共同的责任。管理主体不仅仅将管理作用于其他人和物,而且更要将管理作用于自己,特别是在作用于他人时不是像过去那样命令、指挥,而是建议和引导。

引导性管理准则在组织运作中要求组织中的所有成员放弃由岗位带来的特

权，平等地友好地相互建议、互相协调，使组织成员凝聚在一起，共同努力完成组织最终的目标，并在此过程中谋求各自的个性化发展。

(三)环境创设准则

组织中以人为本的管理在本质上是自我管理，它引导组织成员走上自我管理之路，使组织成为个性化发展的场所。所以，作为整体的组织就只能创设与上述要求相符合的环境，使组织成员在此环境中能够个性化发展，能够自我管理。从某种意义上说，以人为本的管理就是创设一个能让人全面发展的场所，间接地引导他们自由地发展自己的潜能。这样的环境对组织内部而言主要有两方面：一是物质环境，包括工作条件、设施、设备、文化娱乐条件、生活空间安排等；二是文化环境，即组织拥有特别的文化氛围。因此，创设环境的准则就是说组织要努力创设良好的物质环境和文化环境，以利于组织成员的个性化发展和学会自我管理。

物质环境的创设与组织拥有的资源有关，虽然物质环境与人的个性化全面发展并非绝对正相关，但良好的物质条件是发展人的潜质、潜能，训练技能的重要前提。凡组织资源充裕的，则物质环境的创设可能会优越一些。组织文化环境的创设不像物质环境的创设那样只要方向明确、有资源支持便可很快做到，它的创设是一个漫长的过程，需要不懈的努力，一旦创设成功，其效用就非常大。

(四)个人与组织共同成长准则

在希望组织成员在组织中可以个性化发展和能够自我管理的同时，也希望组织能够与组织成员一起发展。因为组织本身的发展应与以人为本管理方式相适应，即组织体系、架构以及运作功能都要逐步显示出人本主义理念，从而极大地激发人的潜能并使之成为组织发展的内在动力。

组织与个人共同成长的准则要求组织的发展不能脱离个人的发展，不能单方面地要求组织成员修正自己的行为模式、价值观念等来适应组织，而是要求组织的发展来适应成员个性发展而产生的价值理念、行为模式。组织与个人共同成长的最终目标实质上是在个人的个性化全面发展的基础上，建立一个真正的以人为本的管理组织。

三、人本管理的核心内容

人本管理的核心是通过自我管理来使员工驾驭自己、发展自己，进而达到全面自由的发展。现代组织创设自己的人本管理，需要创造一个良好的环境，以便于组织的员工在完成组织既定目标的要求下，能够自己开展工作，进行自我管理。

(一)人本管理对人的假设

人本管理的核心是人能够自我有效地管理，因此人本管理对人性的假设是追求“自我实现”的社会人。正因为人们追求自我实现，才可能自己对自己进行约束和激励。“自我实现的人”的假设是最新的价值观念。这一假设依赖于心理学家马斯洛的“需要层次理论”(详细介绍见第六章第一节)。“需要层次理论”认为:人的行为动机首先来自基本的需要，如果基本需要得到满足，又会激发更高一层即第二层次的需要，其余依次类推。因此，自我实现的人是其他需要都基本得到满足后而追求自我实现需要的人。

既然现代组织中的员工可以假定是追求自我实现需求的人，那么现代组织在对员工的管理方面就必须设计全新的组织体系，创设全新的机制，给予良好的环境，允许员工在组织工作中获得成就，发挥自己的潜力，实现自己的价值。有人可能要问，要实行这样的变革，组织成本会不会很大，是不是合算。实际上，心理学、行为学早已证明，当人们在做感兴趣的事时，其投入和效率才是真正一流的。然而，组织毕竟是一个投入产出的有机整体，在组织既定目标下，组织员工的自我实现并不是海阔天空漫无边际的，而是有一定约束的。

(二)自我管理的前提

在现代组织中，员工的自我管理一定是在组织任务分工的条件下进行的，通过员工在各自的工作岗位上自主地做好工作，进行相互间的协调，最终使组织的目标更有效地达成。然而分工本身并不一定导致接受分工的员工可以开展自主管理，因为假定组织并未授权给你，任何自主的运作、自主的管理都可能被视为违规，并要承担相应责任。因此，自主管理的一个重要前提就是授权，即组织在给你工作任务时给予你完成任务的相应权力，你可在权力范围内自主管理、自我管理，以便恰当地完成所交给的任务。

事实上，授权并不简单，按照日本学者小林裕的看法，执行授权本身也有四项基本前提。

1. 价值观共识化

这实际上就是一个共同愿望的问题，即在执行授权时、组织与员工均要有一个共同的价值观和共同愿望。因为共同的价值观和共同愿望给了每个员工一个自主判断的依据，一个自主管理、自我管理的方向，使得大家在各自岗位上自我管理之后,不至于导致组织内协调上的混乱。

2. 资讯共有化

因为,即便有了目标,有了相应的权力,但并不知道组织的状况,并不知道完整的信息,并不知道别人怎么做,做到什么程度,等等。这一方面可能导致自我管理的人失去做出正确判断的依据;另一方面也无法有效地决定如何使自己的工作更有效地与他人的工作相配合。所以,现代组织需要建有完备的信息,并向所有员工及时公开。惟有这样,自我管理才可能成功。

3. 教育训练

教育实际上是改变人们心智模式的重要手段。当组织的员工并非都具备良好的自我管理素质和技能时,及时的教育训练就显得非常必要。自我管理的人,有坚强的自信心,有相应的能力和素质,有百折不挠的精神,这些并不是所有的员工都具备的,即便组织给了其自我管理的空间,如果自己不能驾驭也是枉然。所以在授权之前,进行教育训练,让员工们有自我管理的意识,有自我管理的自信心,是现代组织实施人本管理的重要前提之一。

4. 授权的示范

所谓授权的示范是指在全面授权之前,先进行个别部门、团队或个人的授权试点,使之在授权作为典型进行推广授权的示范实际上就是试点、总结与推广,这对于以前并未分权、并未进行过自我管理的组织来说,值得先做一做。尤其是在示范过程中,让其他人明确现代组织在现在条件下自我管理并不是“各自只扫门前雪,莫管他人瓦上霜”的自私性管理,而是一种创造性的、时刻注意与他人配合的、以组织利益为重的管理。

(三)自我管理的形式与组织

自我管理在现代组织中有两种表现形式,即个人的自我管理和团队的自我管理。

1. 个人的自我管理

是指个人可以在组织共同愿望或共同的价值观指引下,在所授权的范围内自我决定工作内容、工作方式,实施自我激励,并不断地用共同愿望来修正自己的行为,以使个人能够更出色地完成既定目标。使自己在过程中得到充分的发展,在工作中获得最大的享受。

个人自我管理是实现个人“自我愿望”的一种方式,它要在一定的个人素养以及相应的物质环境下才可能有效地展开。从理论上说,只有当人们把劳动或工作当作生活的第一需要时才可能真正实现有效的自我管理,才能把工作或劳动当作一种事业来尽心地完成。

2. 团队的自我管理

团队的自我管理是指组织中的小工作团队的成员，在没有指定团队领导人的条件下自己管理团队工作，进行自我协调，共同决定团队的工作方向、路径，大家均尽自己所能为完成团队的任务而努力。团队自我管理在某种条件下比个人自我管理更困难，因为团队中即便只有极少数人缺乏合作精神，也会在团队中造成很大的矛盾和冲突。所以，成功的团队自我管理不仅需要每个团队成员均有良好的素质和责任，还需要有团队精神，以此凝聚众人。

实施团队自我管理需要对组织现有的科层制组织机构加以改造。从传统的工作小组到自我管理的团队需要组织形态上有两个阶段的重大变化：一是从职能取向或职能纵向分工为主的组织机构形态向职能横向分工为主的组织机构变化，使原来高高在上的领导者变为团队或工作小组的中心；二是从职能横向分工为主的组织机构形态向流程取向的组织机构转变，这样才有自我管理的可能，因为此时管理者成为工作小组的工作成员，与其他成员是平等的。

四、人本管理的方式

如果组织中的员工均能够自我管理，这本身就是一种对人的管理，或者说是一种不需要他人进行管理的管理。但此处所指对人的管理是指如何帮助或引导组织中的人成为能够自我管理的人，从而实施真正的人本管理。

(一) 塑造人的价值观

由于人的思想认识水平和价值观对人的心理状态、行为均有引导、强化和约束等效用，因此塑造一个能够自我管理的人，首先要塑造拥有此种价值的人，提高其思想认识和思辨的能力。塑造人的价值观最基本的方法是教育，当人们正处于思想空白的时候，强制性的教育对形成相应的价值观有很大的好处。我们常可以看到日本一些优秀企业每天都会让员工在上班前做一件事，即大声地背诵公司的信条、观念、行为准则。有些人不太相信如此做会有什么效果，但亲自问这些企业的领导以及观察员工行为后，才了解到的确有效果。因为，久而久之，这些东西就成为员工自然而然的语言，最后又成了他们自然而然的思维用语和判断事物的依据。

塑造这样的价值观除了教育之外，还要求组织形成相应的文化氛围，用文化的功效把组织所提倡的价值观、道德标准浸润到每个员工的工作生活中，使之不知不觉接受这种文化，接受这种价值观。我们常常可以看到从某些优秀大公司出来的员工,其思维方式、言谈举止的确非比寻常,带有那些公司的文化特点,显示出一种优秀的判断力和品质;而那些从缺乏文化氛围的企业里出来的人却大部分缺乏良好的修养和判断力。价值观是现代组织文化的核心。组织文化是采用一种渐进的、潜移默化的方式塑造人们的价值观,提高人们的素养,因此效果显现较慢,但易使人们在不知不觉中塑造自己的价值观。

(二)培养健康的心理状态

1.健康心理状态的特征

一个能够自我管理的人一定拥有健康的心理状态。心理健康主要包括如下特征。

(1)智力正常　智力是人的认识与行动所达到的水平,它主要由观察力、记忆力、思维能力、想像力和实践活动能力所组成。智力是与周围环境取得动态平衡最重要的心理保障,智力超常和智力一般是心理健康的表现,而智力落后则是心理不健康的表现,属于心理或生理疾病。但智力超常与智力一般的人若不注意心理卫生,也会导致心理不健康。

(2)健康的情绪　健康的情绪是心理健康很重要的标志。一般认为情绪稳定和心情愉快是人的情绪健康的主要标志。情绪稳定表示人的中枢神经系统活动比较协调,说明人的心理活动比较协调。心理愉快表示人的身心活动和谐、满意,表示人的身心处于积极的健康状态。

(3)行为协调反应适度　心理健康的人其思想、心理、行为以及反应是一致的、适度的,行为举止可以为社会上大多数人接受(人的反应存在着个体的差异。有的人反应敏捷绝不是过敏,反应迟钝也不是不反应,重要的是其反应能力为大家所接受)。

从心理健康的标志来看,能够自我管理的人一定拥有健康的心理、正常的智力、稳定的情绪、良好的行为反应程序,经受得起大起大落的心理考验,始终有着对信念的执着追求。

2.如何培养健康的心理状态

(1)塑造自信心　一个能够自我管理的人一定具有坚定的自信心,相信自己的学识和能力可以胜任自己范围的工作和任务;如果没有自信心,做事要依赖别人,也就谈不上自我管理。自信心不是凭空产生的,它根源于人们的学识、过去工作的经验、工作能力和良好的心理素质之中。因此,塑造员工的自信心,除了教导和鼓励员工要有自信心之外,还要从提高他们的学识水平、能力和技能水平等方面着手,从工作中逐步培养其自信心。这样得到的自信心,才是持久的真正的自信心。

(2)自我心理调节　自我心理调节是指人们在内外条件的刺激下保持心理因素平衡、情绪安定愉快。一个自我管理的人必须学会自我心理调节的方法,因为在进行自我管理的过程中任何困难都可能产生。例如失败挫折导致心情变坏、情绪恶劣。若自我不能调节,在那种心理状态下再继续工作,只能把事情做坏,自我管理就成了一句空话。因此,组织必须教会或培养员工能够自我调节心理状态,使之经常能拥有积极向上、愉快的情绪和心态。

(三)行为引导

人的行为一般可分为有目的的行为和无目的的行为两类,其中大部分时间都是有目的的行为。无论是吃饭、穿衣、工作、学习、恋爱、运动等都有一定目的。有时看上去很简单的行为,本人也未必很注意其目的性,但这些行为仍有其目的。无目的的行为对一个身心健康的人来说是不可思议的。我们常说某人没有理想,没有树立奋斗目标。其实此人并不是没有行为目标,只是没有符合组织要求的比较远大的目标而已。下图是一张典型的人的行为一般构成图。

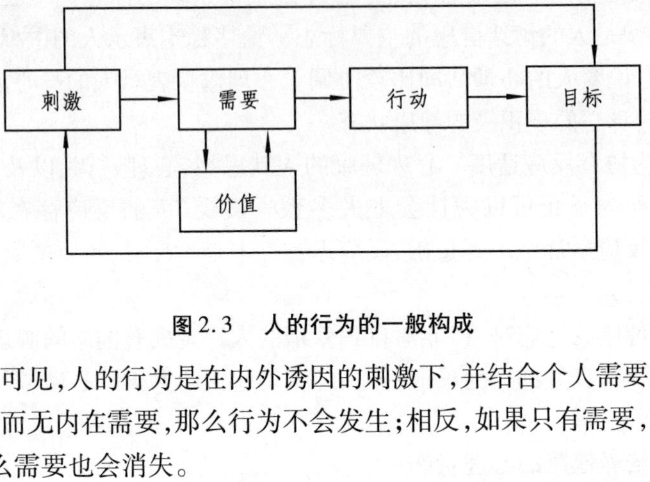

图 2.3　人的行为的一般构成

从图中可见,人的行为是在内外诱因的刺激下,并结合个人需要发生的。如果只有刺激而无内在需要,那么行为不会发生;相反,如果只有需要,而不具备外界条件,那么需要也会消失。

根据人们行为的构成状态,从以下三个方面对员工进行自我管理行为的引导:

1. 价值体系变换

由于人的价值体系主要起着对个人需要、内外资源、目标价值、行为方式等做出一定判断和选择的作用,因此,人的价值体系的完整与否、正确与否,对人的行为有重要的影响。变换人的价值观念,使之树立自我管理的价值观念,从广义上说应是人们行为引导的重要方式之一。

2. 给予合适的内外刺激

所谓合适的内外刺激是指给人适当的能够激发其自我管理的条件、变化、任务、工作等。例如给其一个工作领域,同时对其授权,这便是一种外部环境变化给其自主管理的一个激励。又如用精神、思想等改变员工的内在需要,或用某一个强刺激使之觉醒,使之开始采取自我管理的行为。诱导性的刺激是一种良好的行为引导方式,能够使人们在不知不觉中使自己的行为规范化、有序化、有效化。

3. 目标激励

所谓目标就是未来时期预定达到的结果。对于一个人来说,其并不只有一个目标,而是有一个目标体系:有学习上的目标,也有工作上的目标,有爱情上的目标,也有娱乐方面的目标,等等。人总是在这个目标体系中根据目标的价值以及现实可能,做出比较判断,最后做出选择。目标也是一种行为引导的重要方式,合适的目标能够诱发人的动机,引导人们的行为方向。现代组织中可以运用目标管理的方式来逐步引导员工学会自我管理。

【课堂讨论】

摩托罗拉的人本管理

人才是摩托罗拉最宝贵的财富和胜利源泉。摩托罗拉公司将对人才的投资摆在比追求单纯的经济利益更重要的位置。尊重个人是摩托罗拉在全球所提倡的处世信念。为此,摩托罗拉将深厚的全球公司文化融合在中国的每一项业务中,致力于培养每一个员工。尊重个人,肯定个人尊严,构成了摩托罗拉企业文化的最主要内容。

摩托罗拉公司对员工的尊重体现在沟通上。任何人都希望自己的意见和建议被采纳。领导若能倾听员工的建议,员工心中就会有满足感,会更努力地去做事。为此,设立“建议箱”和“畅所欲言箱”,这是摩托罗拉公司的一个重大信息沟通渠道,也是让员工参与决策、实行民主管理的一个重要方式。

这使得每个员工可以把自己工作范围内所发现的问题、建议快速地反映上去。两个箱子放在员工最经常经过的位置,采取固定表格的形式,由员工自由抽取、署名填写。填写表格必须署名,否则视为作废,这主要是为了避免无中生有,扰乱正常的生产秩序。两箱的钥匙由专人掌管,及时开箱,再把署名的小条仔细裁下后，将收集的意见或建议分发给各相关部门，各部门主管必须及时把改进措施反馈回来，或对良好的建议加以肯定，对有些暂时解决不了的问题也必须说明原因。这些反馈通常在公司墙报栏中及时刊出，以达到对提出意见者给予鼓励的目的，并使工作得到有效监督。

摩托罗拉一直在谋求将公司的需求和员工的发展相结合，以促进双方的共同发展。摩托罗拉对员工，员工对自己都有发展的需求。然而当员工通过各种途径使自己具备了更高的专业知识和技能时，另一种负面效应就产生了：员工有可能对自己现在的工作产生懈怠的情绪，这对员工和公司来讲都是危险的事情。如果没有有效的沟通渠道和健全的调动制度，这样的员工极易流失，同时会给公司工作绩效造成损失。

为此，在摩托罗拉设立了内部工作调动制度——内部机会系统（IOS，Internal Opportunities Syetem）。当某个部门有职位空缺时，摩托罗拉的首选是把岗位招聘消息发布在公司的内部网络上，如果公司内部有合适的人选，摩托罗拉会优先录用内部员工。一旦公司发布内部工作调动机会的消息，符合条件的员工会积极再次"应聘"，通过自己的努力实现"二次创业"。

摩托罗拉认为，内部机会系统可以带来连锁反应：一个部门的人去补另一个空缺，那么这个部门又会出现新的岗位空缺，又需要新的人选来填充，这样一来可以使整个组织的血液得到及时更新，组织的机能得到有效提升。在人才的内部培养方面，摩托罗拉建立了人才发展的供应与输送体系，设立专门的部门负责管理人员的内部流动和选拔，确保"适时地适人适岗"。员工成为人力资源部的"常客"。

摩托罗拉为了使员工的发展与公司发展更好结合，十分关注员工职业生涯规划，每个员工的主管每隔一段时间都要与自己的员工进行相关谈话，这就是摩托罗拉推行肯定个人尊严（IDE）制度。需要你自己与主管谈出自己未来职业发展的想法，为了实现此职业发展目标你必须为此做出哪些努力。

在摩托罗拉为了确保各部门、个人不断发展，摩托罗拉每年都要为公司、各部门、个人制订发展目标，为了实现这个新目标你必须采取新的方法、新的手段，否则目标是难以实现的。而你实现了该目标，你自己的业务能力、技能会不断上一个新台阶，每个部门、员工会不断成长。在摩托罗拉，物质奖励是慎用的，因为他们奉行你自己有了发明创造，是对你最大的奖赏，你充分实现了自己的人生价值。

讨论题目：结合人本原理相关知识，结合上述案例，讨论在日常管理中如何实现以人为本？

第三节 责任原理

管理是追求效率和效益的过程。在这个过程中,要挖掘人的潜能,就必须在合理分工的基础上明确规定这些部门和个人必须完成的工作任务和必须承担的与此相应的责任。

一、明确的个人职责

(一)职责的概念

职责不是抽象的概念,而是在数量、质量、时间、效益等方面有严格规定的行为规范。表达职责的形式主要有各种规程、条例、范围、目标、计划等。挖掘人的潜能的最好办法是明确每个人的职责。

分工是生产力发展的必然要求。在合理分工的基础上确定每个人的职位,明确规定各职位应担负的任务,这就是职责。所以,职责是整体赋予个体的任务,也是维护整体正常秩序的一种约束力。它是以行政性规定来体现的客观规律的要求,绝不是随心所欲的产物。

一般说来,分工明确,职责也会明确。但是,实际上两者的对应关系并不这样简单。这是因为分工一般只是对工作范围做了形式上的划分,至于工作的数量、质量、完成时间、效益等要求,分工本身还不能完全体现出来。所以,必须在分工的基础上,通过适当方式对每个人的职责做出明确规定。

(二)如何明确职责

1.职责界限要清楚

在实际工作中,工作职位离实体成果越近,职责越容易明确;工作职位离实体成果越远,职责越容易模糊。应按照与实体成果联系的密切程序,划分出直接责任和间接责任,实时责任和事后责任。例如,在生产第一线的,应负直接责任和实时责任,而在后方部门和管理部门的,主要负间接责任和事后责任。其次,职责内容要具体,并要做出明文规定。只有这样,才便于执行、检查、考核。

2.职责中要包括横向联系的内容

在规定某个岗位工作职责的同时,必须规定同其他单位、个人协同配合的要求,只有这样,才能提高组织整体的功效。

3. 职责一定要落实到每个人

只有把职责落实到每一个人,才能做到事事有人负责。没有分工的共同负责,实际上是职责不清、无人负责,其结果必然导致管理上的混乱和效率的低下。

二、合理的职位设计和权限委授

列宁曾说:“管理的基本原则是——一定的人对所管的一定的工作完全负责。”问题是,怎样才能做到完全负责?一定的人对所管的一定的工作能否做到完全负责,基本上取决于三个因素。

(一)权限

明确了职责,就要授予相应的权力。实行任何管理都要借助于一定的权力。管理总离不开人、财、物的使用。如果没有一定的人权、物权、财权,任何人都不可能对任何工作实行真正的管理。许多事情都得请示上级,由上级决策、上级批准,当上级过多地对下级分内的工作发指示、做批示的时候,实际上等于宣告此事下级不必完全负责。所以,明智的上级必须克制自己的权力欲,要把下级完成职责所必需的权限全部委授给下级,由下级去独立决策,自己只在必要时给予适当的帮助和支持。

(二)利益

权限的合理委授,只是完全负责所需的必要条件之一。完全负责就意味着责任者要承担全部风险。而任何管理者在承担风险时,都自觉不自觉地要对风险与收益进行权衡,然后才决定是否值得去承担这种风险。为什么有时上级放权,下级反而不要?原因就是在于风险与收益不对称,没有足够的利益可图。当然,这种利益,不仅仅是物质利益,也包括精神上的满足感。

(三)能力

能力是完全负责的关键因素。管理是一门科学,也是一门艺术。管理者既要有生产、技术、经济、社会、管理、心理等各方面的科学知识,又需要处理人际关系的组织才能,还要有一定的实践经验。科学知识、组织才能和实践经验这三者构成了管理能力。在一定时期,每个人的时间和精力有限,管理能力也是有限的,并且每个人的能力各不相同。因此,每个人所能承担的职责也是不一样的。有的人能挑一百斤,有的人只能挑五十斤。只能挑五十斤的人硬要其挑一百斤,其结果只能是:或者依靠上级,遇事多多请示,多多汇报;或者主要依赖助手,遇事就商量和研究;或者凑合应付,遇事上推下卸,让别人去做。这样,也不可能做到完全负责。

职责与权限、利益、能力之间的关系遵守等边三角形定理。职责、权限、利益是三角形的三个边,它们是相等的;能力是等边三角形的高,根据具体情况,它可以略小于职责。这样,就使得工作富有挑战性,从而能促使管理者自觉地学习新知识,注意发挥智囊的作用,使用权限也会慎重些,获得利益时还会产生更大的动力,努力把自己的工作做得更好。但是,能力也不可过小,以免形成“挑不起”职责的后果。

【课堂讨论】

为什么在管理过程中要做到责权利相结合?设想一下有责无权、有权无责、有责权而无利会怎么样?

三、奖惩要分明、公正而及时

人无完人,但人总是向上的。对每个人的工作表现及绩效给予公正而及时的奖惩,有助于提高人的积极性,挖掘每个人的潜力,从而不断提高管理成效,及时引导每个人的行为朝向符合组织需要的方向变化。

对每个人进行公正的奖惩,要求以准确的考核为前提。若考核不细致或不准确,奖惩就难以做到恰如其分。因此,首先要明确工作绩效的考核标准。

有成绩有贡献的人员,要及时予以肯定和奖励,使他们的积极行为维持下去。奖励有物质奖励和精神奖励,两者都是必需的。如果长期埋没人们的工作成果,就会挫伤人们的积极性;而过时的奖赏会失去其本身的作用和意义。

及时而公正的惩罚也是必不可缺的。惩罚是利用令人不喜欢的东西或取消某些为人所喜爱的东西,改变人们的工作行为。惩罚可能引致挫折感,从而可能在一定程度上影响人的工作热情,但惩罚的真正意义在于杀一儆百,利用人们害怕惩罚的心理,通过惩罚少数人来教育多数人,从而强化管理的权威。惩罚也可以及时制止这些人的不良行为,以免给组织造成更大损失。

为了做到严格奖惩,要建立健全组织的奖惩制度。使奖惩工作尽可能地规范化、制度化,是实现奖惩公正而及时的可靠保证。

第四节 效益原理

效益是管理的永恒主题。任何组织的管理都是为了获得某种效益。效益的高低直接影响着组织的生存和发展。

一、效益的概念

效益是与效果和效率既相互联系、又相互区别的概念。

效果是指由投入经过转换而产出的成果,其中有的是有效益的,有的是无效益的。例如,有的企业生产的产品虽然质量合格,但它不符合社会需要,在市场上卖不出去,积压在仓库里,最后甚至会变成废弃物资,这些产品是不具有效益的。所以,只有那些为社会所接受的效果,才是有效益的。

效率是指单位时间内所取得的效果的数量。反映了劳动时间的利用状况,与效益有一定的联系。但在实践中,效益与效率并不一定是一致的。例如,企业花费巨额投资增添技术设备来提高生产率,如果实际结果使单位产品生产的物化劳动消耗的增量超过了活劳动的减量,从而导致生产成本增加,就会出现效率提高而效益降低的现象。

效益是有效产出与投入之间的一种比例关系,可从社会和经济这两个不同角度去考察,即社会效益和经济效益。两者既有联系,又有区别。经济效益是社会效益的基础,而社会效益又是促进经济效益提高的重要条件。两者的区别主要表现在:经济效益较社会效益直接、明显;经济效益可以运用若干个经济指标来计算和考核,而社会效益则难以计量,必须借助于其他形式来间接考核。管理应把讲求经济效益和社会效益有机结合起来。

二、效益的评价

效益的评价,可由不同主体(如首长、群众、专家、市场等)从多个不同角度去进行,因此没有一个绝对的标准。不同的评价标准和方法,得出的结论也会不同,甚至相反。有效的管理首先要求对效益的评价尽可能公正和客观,因为评价的结果直接影响组织对效益的追求和获得。结果越是公正和客观,组织对效益追求的积极性就越高,动力也越大,客观上产生的效益也就越多。一般说来,首长评价有一定的权威性,全局性掌握得较好,其结果对组织的影响也较大,但可能不够细致和具体;群众评价,一般比较公正和客观,但可能要花费较多的时间和费用,才能获得最后的评价结果;专家评价,一般比较细致,技术性强,但可能只注重直接效益而忽视间接效益;市场评价体现的主要是经济效益,其结果与市场发育程度有很大的关系,越是成熟、规范的市场,其评价结果就越客观公正,越是发育不成熟或行为扭曲的市场,其评价结果就越不客观、不公正,甚至具有很强的欺骗性。显然,不同的评价都有它自身的长处和不足,应配合运用,以求获得客观公正的评价结果。

三、效益的追求

效益是管理的根本目的。管理就是对效益的不断追求。这种追求是有规律可循的。

(一)管理主体的效益

在实际工作中,管理效益的直接形态是通过经济效益而得到表现的。这是因为由于管理系统是一个人造系统,它基本是通过管理主体的劳动所形成的按一定顺序排列的多方面多层次的有机系统。尽管其中有纷繁复杂的因素相交织,但每一种因素均通过管理主体的劳动而活化,并对整个管理活动产生着影响。综合评价管理效益,必须首先从管理主体的劳动效益及所创造的价值来考虑。

(二)主体管理思想

影响管理效益的因素很多,其中主体管理思想正确与否占有相当重要的地位。在现代管理中,采用先进的科学方法和手段,建立合理的管理机构和规章制度无疑是必要的。但更重要的是,一个管理系统高级主管所采取的战略,是更加带有全局性的问题。实际上,管理只解决如何"正确地做事",战略才告诉我们怎样"做正确的事"。如果企业的经营战略有问题,局部的东西再好、价格再低,也毫无意义。实际上,管理效益总是与管理主体的战略联系在一起的。

(三)追求局部效益必须与追求全局效益协调一致

全局效益是一个比局部效益更为重要的问题。如果全局效益很差,局部效益就难以提高。当然,局部效益也是全局效益的基础,没有局部效益的提高,全局效益的提高也是难以实现的。局部效益与全局效益既是统一的,有时又是矛盾的。因此,当局部效益与整体效益发生冲突时,管理必须把全局效益放在首位，做到局部服从整体。

(四)管理应追求长期稳定的高效益

企业每时每刻都处于激烈的竞争中。如果企业只满足于眼前的经济效益水平，而不以新品种、高质量、低成本迎接新的挑战，就会随时有落伍甚至被淘汰的危险。所以，企业经营者必须有远见卓识和创新精神，随时想着明天。不能只追求当前经济效益，不惜竭泽而渔、寅吃卯粮，不保持必要的储备、不及时地维护修理设备、不进行必要的技术改造、不爱护劳动力，这样的话，必然损害今后的经济效益。只有不断增强企业发展的后劲，积极进行企业的技术改造、技术开发、产品开发和人才开发，才能保证企业有长期稳定的、较高的经济效益。

(五)确立管理活动的效益观

管理活动要以提高效益为核心。追求效益的不断提高，应成为管理活动的中心和一切管理工作的出发点。要克服传统体制下"以生产为中心"的管理思想。因为这种管理思想必然导致片面追求产值、盲目增加产量的倾向，从而可能造成产品大量积压、效益普遍低下的状况。

追求效益要学会自觉地运用客观规律。例如，必须学会运用价值规律，随时掌握市场情况，制定灵活的经营方针，灵敏地适应复杂多变的竞争环境，满足社会需求。

【小　结】

管理原理是对管理工作的总结，对一切管理活动具有普遍的指导意义。主要有系统原理、人本原理、责任原理、效益原理。

系统原理是指要把管理组织作为一个系统来进行设计和管理，从而使组织的各个部分、各种要素、各种资源按照系统的要求进行构建和运作，能最快捷有效地实现管理目标。系统管理应遵循整分合原则、封闭原则。

人本原理是指要树立以人为中心的管理理念。人本管理以人的全面的自由的发展为核心，创造相应的环境、条件和工作任务，以个人自我管理为基础，以组织共同愿望为引导的一整套管理模式。人本管理中应遵循四大准则：个性化发展准则、引导性管理准则、环境创设准则、人与组织共同成长准则。自我管理在组织中有个人自我管理、团队自我管理两种实现形式。人本管理的基本方式有塑造价值观、心理平衡、行为引导。

责任原理要求合理设计职位和委授权限，明确个人职责，奖惩要分明、公正而及时。

效益是管理追求的根本目的,要合理评价效益,科学追求效益。

【思考与练习】

一、重点概念

系统 系统原理 管理效益原理 管理的人本原理 管理的责任原理 管理的伦理原理 管理的风险原理

二、填空题

1.( )、( )( )就是系统管理应该遵循的整分合原则。

2.现代管理一切以调动人的积极性和创造性为根本,这是管理的( )原理。

3.系统管理应该遵循的原则包括( )、( )。

4.一个人要对所管理的工作做到完全负责,取决于( )、( )和( )三个因素。

三、选择题

1.系统的功能取决于系统( )。

A.要素 B.结构 C.环境 D.管理者

2.系统各要素之间、各部分之间是相互联系、相互影响的,这是系统的( )。

A.层次性 B.相关性 C.整体性 D.集合性

3.( )是人本管理的本质特征。

A.环境创设 B.人的全面发展 C.自我管理

4.在管理活动中必须明确每个组织及个人应该承担的责任及权利,这是管理的( )。

A.系统原理 B.人本原理 C.责任原理

5.在人本管理中,强调要充分考虑每个组织成员的个性特点,以采取不同的管理措施与方法,这是人本管理应该遵循的( )。

A.环境创设原则 B.引导性原则 C.个性化原则

四、判断题

1.管理的效益原理就是指组织在活动只要努力追寻经济效益。( )

2.系统的功能取决于系统的要素。( )

3.现代企业都是一个开放系统。( )

五、复习思考题

1. 什么是系统？系统有哪些基本特征？管理者可从系统原理中得到哪些启示？

2. 人本管理的核心是什么？人本管理与过去的管理模式有何不同？

3. 如何理解责任原理？管理者可从责任原理中得到哪些启示？

4. 何谓效果、效率和效益？人类一切活动为何要遵循效益原理？

5. 管理有效性的实质是什么？管理者如何追求自身工作的效益？

六、案例分析题

惠普公司的人本管理

惠普公司取得的成功，在惠普公司自己的许多经理看来，靠的是它重视人的宗旨。惠普公司的这种重视人的宗旨不但源远流长，而且还不断地进行自我更新。惠普公司“人为本管理”宗旨的具体体现是关心人、重视人、尊重人，就要关心人。而关心人要体现在领导者深入工作现场，进行现场管理，巡视管理，与职工进行面对面的非正式的口头形式的思想交流。创始人休利特和当了四十年的研制开发部主任巴尼·奥利弗一样，经常到惠普公司的设计现场去。后来，虽然二人不再任职了，但公司的职员们却都有一种感觉，好像休利特和奥利弗随时都会走到他们的工作台前，对他们手上干的活提出问题。

在惠普公司里，领导者总是同自己的下属打成一片，他们关心职工，鼓励职工，使职工们感到自己的工作成绩得到了承认，自已受到了重视。与此同时惠普公司也注重教育职工，该公司要求人们不要专门注意往上爬，而是鼓励他们把心思放在对生产、销售和产品服务扎扎实实地做出个人的贡献上面去。公司还教育职工要有高度的信心和责任感。对于个人的职位升迁问题，公司总是教育职工要在做好自己的本职工作上求发展。

惠普公司信任人。惠普公司相信职工们都想有所创造，都是有事业心的人。这一点在该公司的一项政策里即“开放实验室备品库”表现得最为突出。实验室备品库是该公司存放电气和机械零件的地方。工程师们可以随意地取用实验室备品库里的物品，不但这样，公司还鼓励他们拿回自己家里去供个人使用！这样做是因为惠普公司有一种信念，即不管工程师们拿这些设备所做的事是不是跟他们手头从事的工作有关，反正他们无论是在工作岗位上还是在自己的家里摆弄这些玩意，都总是能学到一些有用的东西的。曾经有一次，休利特在周末到一家分厂里去视察,他发现该分厂的实验室备品库门上上了锁。他很生气,马上就跑到维修组去,拿来一柄螺栓切割剪,把备品库门上的锁一下子给剪断了。然后扔得远远的。在星期一早上,人们上班的时候,就看到门上有一张条子,上面写着:“请勿再锁此门,谢谢,威廉。”惠普公司并不是像别的公司那样对这些设备器材严加控制,而是让它敞开大门,随你拿用,充分表明公司对职工们的信任程度。

惠普公司还有其不同于欧美企业的雇用政策,那就是职工一经聘任,决不轻易地辞退。那还是在第二次世界大战中,该公司有一次很可能要得到一项利润丰厚的军事订货合同。但是,要接受这项合同,当时的职工数还不够,需要新增加雇佣 12 名职工。创始人休利特就问公司的人事处长说:“这项合同完成以后,新雇的这些人能安排别的什么合适的工作吗?”该人事处长回答说:“已经没有什么可安排的合适工作了,只能辞退他们。”于是休利特就说:“那么咱们就不要这项订货合同了吧!”后来,考虑到新雇职工的利益,惠普公司硬是没有签订这项赚钱的合同。惠普公司不愿涉足于消费品市场,其中的一个重要的原因是这类消费品市场波动性太大,生意多了人手不够要新雇人,而生意少了又要裁减多余的人员,这有损于职工们的就业安定性。既然终身聘用,那么对被聘用者就必须严格审核,这是自然之事。惠普也更是如此,惠普公司的职工多是工程技术人员,因而也是由工程技术人员来管理,这是其公司业务技术性强的原因造成的。公司的各级领导干部基本上是从内部职工中选拔录用,一般不外聘。从外部招的职工,通常多是直接从应届优秀的毕业生中挑选。惠普公司重视职工福利。公司的福利除基本生活福利、医疗保险、残废保险、退休金,两天一次的午间茶点、生日送礼以及新职工搬迁补贴外,还有两项特殊福利:一是现金分红制度,即凡在公司任职达半年以上职工,每年夏初及圣诞节,可得到一份额外收入,1983 年左右此额约为年薪的 8.35%。另一项特殊福利是股票购买制,即职工任职满 10 年后,公司还另赠 10 股。据一次全美调查,惠普是全美的最佳福利企业之一。

惠普公司提倡职工创新。惠普公司相信人人都有要搞好自己本职工作的愿望,因而,该公司总是力图给广大职工创造一个任人发展创新的工作环境。惠普公司有一种关注创新的气氛,即每一个工程师都有放下手中设计项目做“候补队员”的时候。在惠普公司里,搞生产的可以停下手中的生产线,而让工程师们取走些部件去进行创新测试。这在别的公司看来似乎是不可理解的,在惠普公司，人们已非常习惯，认为这是一种很自然的事情。惠普公司里没有人会去阻挡工程师搞创新的道路。惠普公司在管理上也考虑到职工的自主创新。惠普公司很少用"指令性管理法"，而是多用"目标管理法"。实行目标管理法虽然在目标的确定上是由上下级共同讨论进行的，但下级在实现目标所采用的具体方法有很大的灵活性。

惠普公司以人为本的管理给人的感觉是员工进了公司后，就像进了家一样温暖。

（摘自 www.glzy8.com/show/6233.html）

案例讨论题：

惠普公司以人为本的管理有哪些可吸取之处？

荷米公司

从许多方面看，荷米公司都是一家非常与众不同的企业。这是一家用一个人的名字来命名的公司。20 世纪 20 年代中期，年轻的德普瑞从他的继父荷米手中借了一笔钱，买下了星光家具公司。为了表达他的感激之情，德普瑞将公司改名为荷米公司。

作为一名企业的管理者，德普瑞在早期经营和控制企业的方式，与那个时代其他人没有什么不同。例如，他把企业中的工人看作是没有个性也没有姓名的机器，每个人都很容易被另一个工人替代。

20 世纪 30 年代中期的一天，一个叫米莱特的工人在工作时意外死亡，年仅 42 岁。因为米莱特是因公死亡，德普瑞感到有必要去看望、安慰一下米莱特的妻子。在拜访过程中，米莱特的妻子给他读了一些诗歌。德普瑞被这些诗的优美和高雅深深打动，他询问了这位诗人的名字。德普瑞惊异地发现，是死去的米莱特写下了这些诗歌。

这次事件对德普瑞产生了巨大的影响。他第一次意识到：他的雇员们不是牛马，而是有着情感、理智和才能的有血有肉的人。他当场决定，改变自己整个的管理思想和管理方式。他下决心去了解每一位雇员的人格尊严、潜质和才干。他还宣称，管理层不是一个特殊阶层，管理是企业内部的每一个人都应参与并做贡献的企业的根本职能。

因此，荷米公司成为世界上第一批提供雇员股份并采用分红激励计划的公司之一，这种方式激发了员工的参与积极性。公司还努力保持贯通整个组织的开放的沟通渠道。

德普瑞把这个传统先传给他的大儿子休斯，然后传给小儿子马克斯。两位儿子不但接受并保持了这个传统，而且还更进一步发展了评价、鉴别雇员的方法。在20世纪60年代早期，公司出售了几条盈利较少的家具生产线，以集中力量开拓办公商务家具市场。现在，荷米公司在本行业中排名第二。

但是，不管荷米公司有了怎样的发展，在公司中，人始终处于中心位置。例如，对于新雇员的评价标准是基于雇员的个人特质和与他人合作的倾向，而不是侧重于他们的技术熟练程度和资历。公司人力资源负责人的职位名称是"人力资源副总经理"。

荷米公司的每个人都对如何处理问题有发言权，但在大多数的领域中，管理人员拥有最终的决定权。然而，管理者能在权威和民主之间找到一条最佳的均衡线：他们能够保持开放并鼓励员工参与，也能够在需要的时候做出果断的决策。例如，有一次，一位工人走进德普瑞先生的办公室，抱怨有两名生产管理者被不公正地解雇了。德普瑞听取了这位工人的叙述，然后开始进行调查。结论是解雇确实不公正。他不仅召回了被错误解雇的生产管理者，而且还要求那位做出解雇决定的董事辞职。

因为荷米公司的许多业务同计算机行业紧密相连，因此在20世纪80年代计算机业跌到低谷时，荷米公司也经历了销售大滑坡。但是公司的雇员们没有因此而被裁减，而公司管理层也没有失去与人的价值和潜能不可分割的文化。在20世纪90年代早期，荷米公司走出困境后，显得比以往更加强大了。

问题1　荷米公司重视每位雇员的价值有没有管理学的理论依据？

问题2　荷米公司鼓励员工参与是否会削弱管理者的权威？

问题3　荷米公司的管理方式能否适应中国企业？

第三章 计划

管理格言：凡事预则立，不预则废

【学习目的与要求】

● 知识点：

1. 知晓计划定义，了解和说明计划的作用，能够描述计划的主要类型，能够解释计划的过程，掌握计划的主要技术；
2. 了解目标及目标管理的概念，掌握目标管理的基本过程；
3. 了解决策及其类型，理解决策行为，掌握决策方法。

● 技能点：

1. 能够运用制订计划的方法制订出现实的计划；
2. 能够运用目标管理解决实际的问题；
3. 能够运用决策技术进行实际情况的决策。

【案例导入】

百集龙公司的计划困境

十五年前，百集龙公司的董事长兼总经理李大剑靠加工石材起家，凭苦干、借机遇，发展到今天已是一个拥有几亿资产的民营大企业。总公司现拥有石材市场、家俱市场、花鸟市场、门窗公司、钢结构公司和房地产开发公司，员工300多人。自公司成立以来，公司的管理全靠李总个人的经验，从来没有通盘的目标与计划。

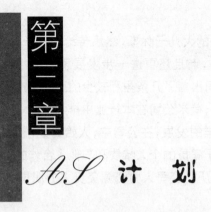

近年来，公司的日子愈发不好过了。石材市场有了新的竞争对手，商铺出租减少。钢结构公司的创利逐年减少，处于略有盈余的维持状态。百集龙着手房地产开发,但是缺少房地产开发经验,而且房地产开发需要大规模融资。家俱市场更是一年不如一年,市场疲软以致商铺的租金一降再降。但公司也有一些发展的机会,如建设保障性用房;开拓市中心商业街工程,虽投入较大,但利润可观。

总之,摆在李总面前的困难很多,但机会也不少。新的一年到底该干什么?以后的5年、10年又该怎样发展?该怎样制订公司的目标与计划?李总现在正苦苦思考着这些问题。

百集龙公司的困境在于:随着公司经营环境的变化,如何在客观的需要和主观的可能之间做出权衡,并通过有效的计划,抓住机会为企业各项管理工作确立目标,以及确定实现目标的途径,从而确保公司的市场竞争优势实现可持续发展。这就需要我们重点回答如下问题:何谓计划,其何作用?如何制订出有效的计划方案?应该遵循哪些步骤、选择哪些计划方法?我们将在本章讨论这些问题。

计划工作是全部管理职能中最基本的一个职能,它与其他职能有着密切的联系,因为计划职能既包括选定组织和部门的目标,又包括确定实现这些目标的途径。组织为了使各种活动能够有节奏地进行,必须有严密的统一的计划。计划职能的主要作用是确定目标和拟定实现目标的计划,核心是决策。从提高组织的经济效益来说,计划工作是十分重要的。

第一节 计划职能与计划目标

一、计划职能的概述

计划过程是决策的组织落实过程,决策是计划的前提,计划是决策的逻辑延续。计划通过将组织在一定时期内的活动任务分解到组织的每个部门、环节和个人,从而不仅为这些部门、环节和个人在该时间的工作提供了具体的依据,而且为决策目标的实现提供了保证。

(一)计划的概念及性质

计划一词在汉语中既可以是名词,也可以是动词。从名词意义上说,计划是指用文字和指标等形式所表述的,组织以及组织内不同部门和不同成员在未来一定时期内关于行动方向、内容和方式安排的管理文件。从动词意义上说,计划是指为了实现决策而确定的目标以及预先进行的行动安排。行动安排包括:在时间和空间两个维度上进一步分解任务和目标,选择任务和目标实现方式,进度规定,行动结果的检查与控制等。我们有时用"计划工作或计划职能"表示动词意义上的计划内涵。因此,计划工作是对决策所确定的任务和目标提供一种合理的实现方法。

正如哈罗德·孔茨所说的,"计划工作是一座桥梁,它把我们所处的这岸和要去的对岸连接起来,以克服这一天堑。"

无论在名词意义上还是在动词意义上,计划内容都包括"5W1H",即计划必须清楚地确定和描述下述内容:

What(做什么):明确计划工作的具体任务和要求,每一时期的中心和重点——目标与内容。

Why(为什么做):明确计划工作的宗旨、目标和战略,论证可行性,说明为什么做?原因是什么?——原因。

Who(谁去做):规定计划中每个阶段由哪些部门负责,哪些部门协助。落实人员——人员。

Where(何地做):规定计划的实施地点和场所,了解环境条件和限制,以便安排计划实施的空间布局——地点。

When(何时做):明确工作的开始和完成的进度,以便进行有效的控制和对能力和资源进行平衡——时间安排。

How(怎么做):制订实施措施,以及相应的政策和规则,对资源进行合理分配和集中使用,对人力、物力、财力进行平衡——方式手段。

计划工作的性质可概括为以下五个主要方面:

1. 目的性

每一个计划及其派生计划都是为了促使组织的总目标和一定时期目标的实现。

2. 首位性

计划工作相对于其他管理职能处于首位。把计划工作摆在首位的原因不仅因为从管理过程的角度来看,计划工作先于其他管理职能,而且还因为计划工作是付诸实施的唯一管理职能。例如,一个工程项目的立项与否,必须经过计划、调查、设计等,如果后期认为此项目不行,在经济上不合算,否定了其计划,则下步的组织、领导和控制也就不存在了。

计划工作的首位性还在于计划工作影响和贯穿整个管理工作的全过程。如图 3-1 所示。

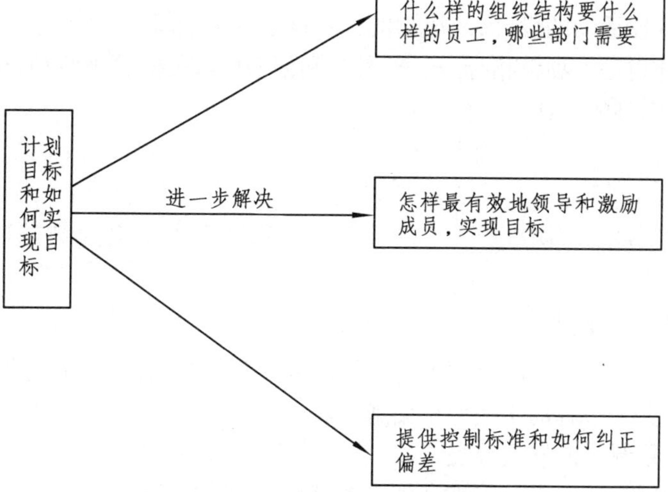

图 3-1　计划领先于其他管理职能

3. **普遍性**

虽然计划工作的特点和范围随各级主管人员职权的不同而不同，但它却是各级主管人员的一个共同职能。所有的主管人员，无论是总经理，还是班组长都要从事计划工作。当然，计划工作的普遍性中蕴含着一定的秩序，这种秩序随着不同组织的不同性质而有所不同。这主要表现在计划工作的纵向层次性和横向协作性。基层管理人员的工作计划不同于高层管理人员制订的战略计划。另外，实现组织的目标不可能仅通过某一类型活动就可完成，还需多种多样的活动相互协作和补充，故必须在横向上制订相互协作的计划。

4. **效率性**

计划工作的任务，不仅是要确保实现目标，而且是要从众多方案中选择最优的资源配置方案，以求合理利用资源和提高效率。用通俗的语言来表达就是"既要做正确的事"又要"正确地做事"。计划工作的效率，是以实现组织的总目标和一定时期的目标所得到的利益，扣除为制订和执行计划所需要的费用和其他预计不到的损失之后的总额来测定的。特别要注意的是，在衡量费用或代价时，不仅要用时间、金钱或者生产等来衡量，而且还要衡量个人或集体的满意程度。

5. **创造性**

计划工作总是针对需要解决的新问题和可能发生的新变化、新机会而做出决定的,因而它是一个创造性的管理过程。计划类似于一项产品或一个工程设计,它是对管理活动的设计,故成功的计划也依赖于创新。

总之,计划是一项具指导、预测、科学和创造性很强的管理活动,但同时又是一项复杂而困难的工作。

【课堂讨论】

我们学生自己要制订一个自己三年的学涯计划,应该包括哪些内容?试拟定一个计划。

(二)计划的类型

计划是对未来行动的事先安排。计划的种类很多,可以按不同的标准分类。而不同的分类方法有助于我们全面地了解计划的各种类型。

1. 按计划制订的层次分类

按计划制订的层次可以把计划分为战略计划、战术计划和作业计划三种类型。它们分别对应于不同层次的目标。战略计划对应于组织的战略目标,是对如何实现战略目标所进行的谋划,它是组织最基本的计划,也是制订其他计划的依据。战术计划对应于组织的战术目标,它是战略计划的实施计划,它的制订通常是按组织的职能进行的。作业计划是战术计划的具体执行计划,它为各种作业活动制订详细具体的说明和规定,是实际执行和现场控制的依据。一般来说,战略计划由高层管理者主持制订,其时间跨度较大,对组织影响是深远的,并且涉及的职能范围广。战术计划由中层管理者负责制订,往往时间跨度不是很大,且较战略计划要具体,涉及的范围是指定的某些职能领域,是从属性的计划。作业计划的制订则是由基层管理者负责。

2. 按计划的时间分类

根据计划的时间长度可以把计划分为长期计划、中期计划和短期计划三种类型。按照一般的划分标准,短期计划是指一年或一年以内的计划,中期计划是指一年至五年之间的计划,长期计划则是指五年以上的计划。这种划分标准的缺点是忽略了不同组织之间的差异。例如:生产周期较长的组织与生产周期较短的组织,长短期计划的意义就不会相同。又如:外部环境变动程度较高的组织与外部环境稳定的组织,对长短期计划的概念也不会相同。

美国学者斯蒂芬·罗宾斯提出根据计划的弹性程度区分长期和短期计划。长期计划有较大弹性,允许管理者从根本上调整组织的目的和手段,管理者可以在不受固定承诺限制的假定下经营;短期计划则缺乏弹性,管理者只能影响资源的调配和应用各种技术完成排定的各项事务。

3. **按计划的重复性分类**

计划是由目标衍生出来的,按照目标使用的次数可把计划分为持续性计划和一次性计划。持续性计划是为重复行动制订的计划,可以重复使用;一次性计划是为完成某一特定目标而制订的计划,或者说是为非重复性问题制订的计划,当目标达到后即废弃。

规划是一个综合性的活动,它包括目标、政策、程序、规则、任务分配、要采取的步骤、要使用的资源以及为完成既定行动方针所需的其他因素。一项规划可能很大,也可能很小。在通常情况下,一个主要规划可能需要很多支持计划,在主要计划进行之前,必须把这些支持计划制订出来,并付诸实施,所有这些计划都必须协调和安排时间。

4. **按计划的范围分类**

根据计划的范围可把计划分为整体计划和职能计划。整体计划又称"主计划"、"总计划",是以整个组织为范围进行的全面计划。职能计划则是以某个部门的业务为范围进行的计划,具体说,就是把计划工作应用于业务、财务、人事等活动,分别制订业务计划、财务计划和人事计划。这种分类便于了解各职能部门之间的相互作用和相互依赖关系。组织是通过从事一定业务活动立身于社会的,业务计划是组织的主要计划。我们常说"人财物,供产销"六个字就是描述一个企业所需的要素和企业的主要活动,业务计划的内容涉及"物、供、产、销",财务计划的内容涉及"财",人事计划涉及的是"人"。

(三)计划的编制过程

任何计划工作的编制都是一个过程,且工作步骤是相似的,这些步骤是:

1. **估量机会**

对机会的估量是在实际的计划工作开始之前就在进行。它实际是计划工作的一个真正起点,其内容主要包括:对未来可能出现的变化和预示的机会进行初步分析;根据自己的长处与缺点搞清自身所处的地位;了解自身利用机会的能力以及面临的主要威胁。

2. **确定目标**

确定目标是决策工作的主要任务,是制订计划的第一步,是在充分了解环境及自身情况的前提下,为组织确定计划工作的目标。主要指出组织未来所期望达到的成果,为整个组织及各部门和各成员指明了方向,描绘了组织未来的状况,并且作为标准可用来衡量实际的绩效。

3. **建立计划工作的前提**

计划工作的第二步是预测未来环境可能发生的变化,这是建立计划工作的基本前提。计划是要在未来环境中执行的,为了使制订的计划切实可行,就需要对可能会影响计划的某些环境因素进行预测,否则制订的计划就不切实际。这一步要解决的问题是:组织的计划将在什么样的环境中执行,哪些环境对计划的执行有利,哪些又是不利的。

4. 拟定和选择可行的方案

"条条道路通罗马"、"殊途同归"都描述了实现某一目标的途径是多样的。此步实际包括了三个内容:拟定可选的各种可行计划,评价各种不同的计划和选定计划。

拟定可行性计划要求拟定尽可能多的计划,可供选择计划数量越多,对选中的计划的满意程度就越高,计划的有效性就越强。因此,在计划拟定阶段要充分发扬民主,发动群众,组织内外专家,产生尽可能多的计划,充分发挥人们的创造性。此外,方案也不是越多越好,还是要对候选方案的数量进行限制,这样可减少费用,以便把主要精力集中在对少数有希望的方案的分析方面。

评价备选方案,这主要是认真考查每一个计划的制约因素和隐患,用总体的效益观点来衡量每一个计划。这既要衡量它的经济效益,还要衡量社会效益,使其在总体的效益上是最优的。另外就是要动态地考查计划的效果,特别注意潜在的、间接的损失,在评价过程中尽可能综合评价,既要定量又要定性。

这一步骤的最后就是按照目标,遵循一定的原则选择出一个最优的计划方案。

5. 制订主要计划

制订主要计划就是将所要选择的计划用文字形式正式表达出来,作为管理文件,计划要清楚地确定和描述 5W1H 的内容。

6. 拟定派生计划

派生计划就是总计划下的分计划。总计划要靠分计划来保证,是主计划的基础。例如,一家公司制订了当年的销售计划,使销售额比去年增长 50%。与此相关的有许多计划:生产计划、促销计划、材料供应计划等等。

7. 编制预算

这是计划工作的最后一步,就是把计划转化为预算,使计划数字化。预算实质上是资源的分配计划,一方面是为了计划指标体系更加明确,另一方面是使组织更易于对计划进行控制。预算工作做得好,可成为汇总和综合平衡各类计划的一种工具,也可成为衡量计划完成进度的重要标准。

二、组织计划的目标

目标是管理活动的起点，是决定任何行动的先决条件；目标也是管理活动的终点，是衡量各种行动是否合理的标志和尺度。目标并不是现成可得的，而是需要通过一定的计划工作去确定的。

（一）目标的含义及性质

计划程序中首先遇到的问题是制订组织的目标，一个组织必须首先确定自己在未来某一特定时间内所要达到的目标，然后才能考虑如何进行计划并制订策略使自己的目标变为现实，所以，我们给组织目标下一定义是：目标就是一个组织在未来一段时间内要实现的目的或要达到的成果。从管理的角度看，组织的目标具有独特的属性。因此，制订目标时必须注意这些性质特征。

1. 目标的层次性

从组织结构的角度来看，组织目标是分层次分等级的。见图3-2。

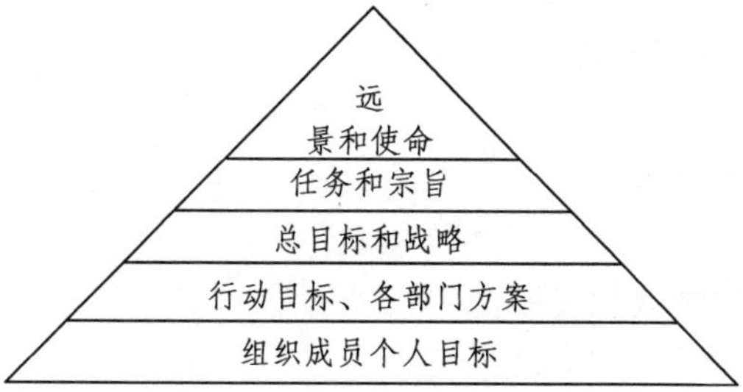

图3-2 组织目标的等级层次图

组织目标形成一个有层次的体系，范围从广泛的组织战略性目标到特定的个人目标。这个体系的顶层是组织的远景和使命陈述。第二层是组织的任务和宗旨。在任何情况下，组织的使命和任务必须转化为组织的总目标和战略，总目标和战略更多地指向组织的未来，且为组织的未来提供行动框架，这些行动框架要进一步细化为更多的具体的行动目标和行动方案。这样在目标体系的基层，有公司的目标、部门和单位的目标、个人目标等。

在组织的层次体系中，不同层次的管理人员参与不同类型目标的建立。如公司董事会和最高层主管人员主要参与确定企业的使命和任务目标，并且也参与在关键领域中更多的具体的总目标；中层管理人员，主要是建立关键成果领域的目标、分公司和部门的目标；基层管理者关心的是部门和单位的目标以及他们的下级人员目标的制订。

2. **目标的网络化**

目标体系是从整个组织的整体观来观察组织目标的,目标网络则是从某一具体目标规划实施的整体协调方面来进行工作的。如果各种目标不相互关联、不相互协调及互不支持,那么,组织成员会出于自利而采取对本部门有利而对整个公司不利的途径。目标网络的内涵体现在以下几个方面:

(1)目标和计划并非是线性的,并非是一个目标实现后再接着去实现另一个目标。目标和规划形成一个互相联系着的网络。

(2)组织中的主管人员必须确保目标网络中的每个组成部分相互协调。

(3)组织中的各部门在制订自己部门的目标时,必须与其他部门相协调。

(4)组织制订各自的目标时,必须要与许多约束因素相协调。

3. **目标的多样性**

一个组织的目标具有多样性,即使是组织的主要目标,一般也是多种多样的。例如,对工商企业来说,通常要在八个主要方面设立目标,即:

(1)市场地位。

(2)创新和技术进步。

(3)生产率。

(4)物质和财力资源。

(5)利润率。

(6)主管人员的绩效和发展。

(7)员工的工作质量和劳动态度。

(8)社会责任。

每一个方面都还有更具体的目标,例如利润率方面包含有:销售利润率、资金利润率、投资报酬率等目标。

组织目标的多样性除了体现在主要目标和次要目标方面外,还体现在组织中既有明确目标,也会有模糊目标。了解目标的多样性,有助于帮助管理人员正确地确定目标,充分发挥目标的作用。

4. **目标的可考核性**

要想目标可以考核,一个途经是将目标量化。目标的量化往往会损失组织运行的一些效率,但对组织活动的控制,对成员的奖惩会带来很多方便。但是,许多目标是不宜用数量表示的,故不能硬性地将一些定性的目标数量化和简单化,这种做法可能是危险的,其结果有可能将管理工作引入歧途。在组织的活动中,定性目标是不可缺少的,主管人员在组织中的地位越高,其定性目标就可能越多。大多数定性目标也是可以考核的,但不可能和定量目标一样考核得那么准确。尽管确定可考核的目标是十分困难的,但任何定性目标都能用详细说明规划或其他目标的特征和完成日期的方法,来提高其可考核的程度。

5. 目标的可接受性

根据美国管理心理学家维克多·弗鲁姆的期望理论:人们在工作中的积极性或努力程度(激发力量)是效价和期望值的乘积。其中效价指一个人对某项工作及其结果(可实现的目标)能够给自己带来满足程度的评价,即对工作目标有用性(价值)的评价;期望值指人们对自己能够顺利完成这项工作可能性的估计,即对工作目标能够实现的概率的估计。因此,如果一个目标对其接受者要产生激励作用,这个目标必须是可接受的、可以完成的。对一个目标完成者来说,如果目标超过其能力所及的范围,则该目标对其没有激励作用。

6. 目标的挑战性

同样根据弗鲁姆的期望理论:如果一项工作完成后所达到的目的对接受者没有多大意义的话,接受者也没有动力去完成该项工作;如果一项工作很容易完成,对接受者来说,是件轻而易举的事件,那么接受者也没有动力去完成该项工作。教育学中有一原则叫“跳一跳,摘桃子”,说的就是这个道理。

目标的可接受性和挑战性是对立统一的关系,但在实际工作中,必须把它们统一起来。

(二)目标的作用

目标的作用可以概括为四个方面:

1. 导向作用

从某种意义上说,管理是一个为了达到同一目标而协调集体所做努力的过程,如果不是为了达到一定的目标就不需管理。目标的作用首先在于为管理指明了方向。一个组织如果没有明确的目标,就无法有效地协调资源。因此,每个组织都必须为自己设立明确的目标,使组织成员的努力能够互相协调,为共同的目标而努力奋斗。

2. 激励作用

目标是一种激励组织成员的力量源泉,从组织成员个人的角度看,目标的激励作用具体表现在两个方面:

(1)个人只有明确了目标才能调动起潜在能力,尽力而为,创造出最佳成绩。

(2)个人也只有达到了目标后才会产生成就感和满足感。要使目标具有激励作用,必须是目标能符合员工的需要,另外就是目标必须具有挑战性。

3. **凝聚作用**

正如巴纳德所言，组织是一个社会协作系统，它必须对其成员有一种凝聚力。这种凝聚力的大小受到多种因素的影响，其中的一个因素就是组织目标。特别是当组织目标充分体现了组织成员的共同利益，并能够与个人目标取得和谐一致时，就能极大地激发成员的工作热情、献身精神和创造力。而当出现冲突时，则是削弱组织凝聚力的主要原因。

4. **标准作用**

目标的标准作用是作为衡量、比较和评价工作成效的标准。管理的目的在于促进组织成员取得工作成绩，而工作成绩是以目标的达到程度为标准加以衡量的。没有目标就无法衡量工作是否取得了成效及成效的大小。

(三)制订目标的原则

为了使目标发挥作用，在制订目标时必须遵循下列原则：

(1)目标必须是从全局出发，整体考虑的结果，各分目标必须协调一致。

(2)目标层次要清楚，一个组织的各种目标不是同等重要的，要突出关于组织经营成败的关键目标，在总目标下再分层次列出相应的分目标。

(3)目标应建立在可靠的基础上，必须是可行的，而不能是可望而不可即的。应建立在对组织内外环境进行周密调查研究的基础上，有充分的客观依据。

(4)目标必须是具体的，要便于衡量，而不是笼统、空洞的口号，应尽可能用数量表示出来。

(5)目标要保持相对稳定，一经确定就要相对稳定，不能朝令夕改；同时应根据组织内外环境的变化及时调整，实行滚动目标。

第二节　计划的程序与计划方法

在组织的目标被确定以后，接下来便需要考虑用什么样的方法去实现预期的目标，即制订计划。制订计划与确定目标同样重要。如果一个领域没有特定的目标，则这个领域必然会被忽视，同样，如果一个领域的目标缺乏如何实现的计划，则这个领域最终也会被忽视。

一、战略计划

战略计划是组织的基本计划，是其他一切计划的依据。20 世纪 70 年代以前，那些制订长期计划的管理者们通常认为未来的时代将比现在更好，因此，对未来的计划不过是将组织的过去加以延伸。但到上世纪70年代末、80年代初的能源危机，旧规则的废弃，日新月异的技术革命，日益加剧的全球竞争，以及各方面环境的冲击，使传统的长期计划法失去作用，管理者们开发系统性的方法，以分析环境，评价组织的优势和劣势，以及识别有可能建立竞争优势的机会。战略计划的重要性开始被人们所认识。今天，战略计划已超出工商企业的领域，包括政府机构、教育组织在内都在制订战略计划。

（一）战略计划的概念及特征

战略是关于一个组织长远的、全局的目标以及组织为实现目标在不同阶段实施的不同方针和对策。其实质就是人们为了控制组织在一定时期内的发展，对其各种根本趋势以及对各种根本趋势起决定作用的因果关系能动反映的结果，是指导人们实现某种根本趋势的行动准则和目标。它具有三个基本特征：

1. 全局性

是组织系统在一定历史时期内发展的全局性的指导思想，有关组织的整体和全局的问题，就是要通观全局，掌握总体的平衡发展，不是局限于某一局部，某一部门的发展，不是从微观的角度制订的。

2. 长期性

战略计划不是为某次事件的成败或短期发展而制订的，而是在一个较长历史时期内相对稳定的行动指南，着眼点不是当前，而是未来。

3. 层次性

组织系统是有层次的。有大系统和小系统之分，也有母系统和子系统之别。相对应不同层次的系统，就有不同层次的战略。例如：国家有国家的发展战略，各地区、各部门、各企业都有各自的战略。全局和局部的划分是相对的。子系统的全局相对于大系统来说就是一个局部。

在工商企业组织中，战略问题主要发生在盈利性的企业组织和市场相关的竞争性活动中。如果企业只生产或提供单一的产品和服务，则任何组织的管理当局只开发单一的战略计划，但随着企业业务的多元化，尤其是大型跨国经营的企业，就存在着不同的事业单位。例如：通用电气公司就是一家经营多种事业的企业，它包含飞机、发动机、电灯泡、NBC电视网等。美国商标公司经营烟草、烈性酒、人寿保险、办公用品、五金、高尔夫设备、光学产品等。对这种拥有多种不同的事业领域，而各个事业领域之间的联系又很弱的多元化组织来说，制定不同层次的多种战略计划就十分必要。按照经营层次，战略可以分成三个层次，即公司层战略、事业层战略和职能层战略。见图3-3所示。

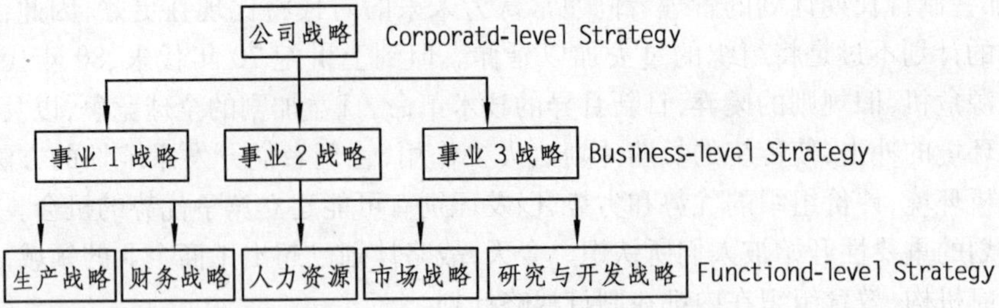

图3-3 战略计划的层次

公司层战略主要提出和解决的问题是:组织将从事什么事业？为了增强组织的竞争地位,应该如何协调各个事业的战略？资源如何在各事业之间分配？

事业层战略主要提出和回答的问题是:事业如何在市场上竞争？为了竞争如何协调各个职能的战略？资源如何在事业内部分配。

职能层战略要解决的问题是各个职能领域如何支持事业层的竞争战略。

(二)战略计划的程序

战略计划工作的程序包括如下步骤。见图3-4。

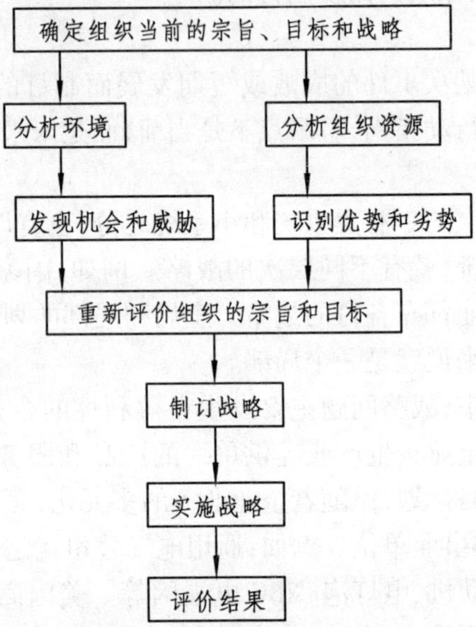

图3-4 战略计划工作的程序

1.确定组织当前的宗旨、目标和战略

每一个组织都有一个宗旨,它规定了组织的目的和回答了组织到底从事的是什么事业。明确规定了企业的宗旨才能使管理者仔细确定企业的产品和服务范围。

2. 分析环境

环境分析是战略过程的关键要素。这是因为组织的环境在很大程度上规定了管理当局可能的选择。成功的战略大多是与环境相适应的战略。例如:松下电器公司是家庭娱乐系统的主要生产商,“Panasonic”商标家喻户晓。20世纪80年代,微型化技术的突破,同时家庭小型化的社会趋势,对大功率、结构紧凑的音响系统的需求剧增。松下的家庭音响系统战略的成功,就是因为认识到环境中正在发生的技术和社会变化。每个组织都需要分析它所处的环境,需要了解市场竞争的焦点是什么,拟议中的法规对组织有什么影响以及组织所在地的地方政策、劳动供给情况等等。重要的是准确把握环境的变化和发展趋势及其对组织的重要影响。

3. 发现机会和威胁

分析了环境之后,管理层需要评估有哪些机会可以发掘以及组织可能面临哪些威胁。特别值得一提的是,即使处于同样的环境中,由于组织控制的资源不同,可能对某个组织来说是机会,而对另一些组织却是威胁。

4. 分析组织资源

分析了外部环境后再看组织的内部状况。组织的员工拥有什么样的技巧和能力,组织的资金状况怎样,在开发新产品方面能否成功,公众对组织及其产品服务的质量怎么看。这一步的分析促使管理者认识到:无论多么强大的组织,会在资源和技能方面都受到某些限制。

5. 识别优势和劣势

在第四步分析时就应当引起对组织优势和劣势的明确评价,从而使管理层能够识别出什么是组织与众不同的能力。

6. 重新评价组织的宗旨和目标

将第三步和第五步合并在一起,导致对组织的机会再评价,它把对组织的优势、劣势、机会和威胁的分析结合在一起,这就是通常所称的“SWOT”分析。通过SWOT分析,管理层需重新评价公司的宗旨和目标,它们是否与事实相符、是否需要修正。如果需要改变组织的整体方向,则战略计划可能要从头开始;如不需要,则管理者应着手制订战略。

7. 制订战略

战略需要分别在公司层、事业层和职能层设立,在这一步,管理层将寻求组织的恰当定位,以便获得领先于竞争对手的相对优势。

8. **实施战略**

无论战略计划制订得多么有效，如不恰当地实施仍不会成功。这时要据战略计划来调整组织的结构使与之相适应，包括如何合理地配备人员（尤其是管理者），如何选拔、招聘、培训人员。

9. **评价结果**

战略计划过程的最后是评价结果，战略的效果怎样，需做哪些调整，这就涉及控制问题。

（三）公司层战略的制订

SWOT 矩阵和波士顿矩阵是制订公司战略的两种常用工具。

1. SWOT **矩阵**

SWOT 分别是英文"Strengths"（优势）、"Weekenesses"（劣势）、"Opportunities"（机会）、"Threats"（威胁）四个词的第一个字母。SWOT 矩阵常用于组织的环境分析和资源分析，也可以用来制订和选择战略。根据环境分析和资源分析，SWOT 矩阵有四种可供选择的战略。见表 3-1。

SO 战略是运用组织的优点去利用环境中的机会。

ST 战略是利用组织的优点克服或避开环境中的威胁。

WO 战略是使弱点减少到最小，机会增加到最大。

WT 战略是把弱点和威胁减至最小。

表 3-1 SWOT 矩阵

内部因素 / 外部因素	内部优势（S）	内部劣势（W）
外部机会（O）	SO 战略： 极大—极小	WO 战略： 极小—极大
外部威胁（T）	ST 战略： 极大—极小	WT 战略： 极小—极小

2. **波士顿矩阵**

波士顿矩阵又称企业资产组合矩阵，是由美国波士顿咨询集团于 20 世纪 70 年代开发出来的。该矩阵专为拥有多个战略性事业单位的大型组织而设计。组织根据每个事业单位所处行业的远景（市场成长率）以及该事业单位在该行业的地位（市场占有率），来确定每个事业单位在改善组织整体绩效目标中的战略作用。据市场成长率和市场占有率高低的不同，在二维矩阵图上有四种组合。参见图 3-5。

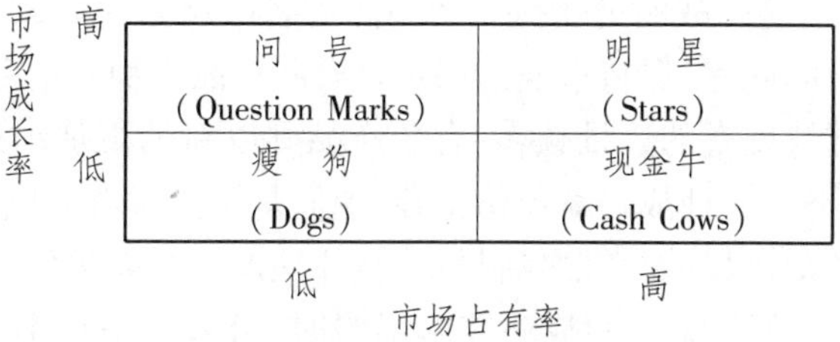

图 3-5 波士顿矩阵图

(1)明星　这是高市场成长率与高市场占有率的组合。组织可运用投资、改进产品、提高生产效率等战略,维持组织的高市场占有率。

(2)现金牛　这是低市场成长率与高市场占有率的组合,组织能生产低成本的产品,因此具有很强的竞争力。组织战略是应集中在维持市场的优势地位,延缓进入成熟期的时间。

(3)问号　在这一组合,组织可运用增加营销投资或收购竞争企业的战略,提高市场占有率,使产品向“明星”方向发展。

(4)瘦狗　在这一区域内的事业的产品一般已不盈利,组织可采取的战略就是撤资。

波士顿矩阵既可以用来决定组织本身的投资战略及资源分配,以获得最大的长期利润,也可以用来分析及评估竞争者的战略,拟订相应的竞争战略,以对付竞争者的威胁。

(四)事业层战略的制订

制订事业层战略的两种常用分析工具是适应性战略和竞争战略。

1. 适应性战略

适应性战略是雷蒙特·迈尔斯和查尔斯·斯诺在研究经营战略的过程中,在 1978 年出版的《组织的战略、结构和程序》一书中提出的四种战略类型,它们是:

(1)防御者　此战略寻求向整体市场中一个狭窄的细分市场稳定地提供有限的一组产品。在这个有限的细分市场,防御者拼命奋斗,以防止竞争者进入自己的地盘。这种战略倾向于采用标准化的经济行为。如以竞争性的价格和高质量的产品或服务作为竞争手段,不受细分市场以外的发展和变化趋势的诱惑,而是通过市场渗透和有限的产品开发获得成长。

(2)探索者　这一战略的特点是追求创新。其实质在于发现和发掘新产品和新市场机会。适应动态和发展的环境,要求组织必须具有极强的灵活性,这是成功的关键。

(3)分析者　这一战略处于探索者与防御者战略之间。该战略是在事业的外围进行新探索的同时,保持事业的稳定。有些产品以稳定的环境作为目标,采用效率战略以维持现有的这批顾客;有些产品则以新的更加动态的环境作为目标,采用发展战略。这种战略靠模仿生存,他们复制探索者的成功思想。而在竞争对手已经证实了市场的存在之后投入,且往往产品具有更优越的性能。

(4)反应者　在其他三种战略实施不当时,可采取一种不一致和不稳定的战略模式。这种模式并非真正的战略模式,只是力图对环境变化和竞争做出适当的反应。这种反应几乎是随意的,缺乏明确的目标和计划。

2. 竞争战略

竞争战略计划思想是哈佛大学工商管理学院的迈克尔·波特提出的,他的竞争战略框架表明,管理者能够从三种一般战略中进行选择,成功取决于选择了正确的战略。波特将增加竞争优势的两种基本形式——低成本和差异化,与企业经营范围进行组合,推导出三种竞争战略,即成本领先战略、差异化战略和集中战略。集中战略又可分为成本集中战略和差异化集中战略两种方式。见图3-6。

竞争优势	广泛的目标市场	狭窄的目标市场
低成本	成本领先战略	成本集中战略
差异化	差异化战略	差异化集中战略

企业的目标市场

图3-6　波特竞争战略

(1)成本领先　指组织刻意采用高效率设备和严格的成本控制,以获得比竞争者更高的生产效率和更低的生产成本。低成本使组织在价格竞争中仍能获得适当的利润。

(2)差异化战略　指组织力图提供与同行业中的其他竞争者完全不同的产品或服务。组织通过提供的高质量的产品、非凡的服务、创新的设计、技术性的专长、不同凡响的商标形象等等,创造出一种看得见的独一无二的产品。由于顾客的忠诚和愿意为这样的产品支付高价,差异化战略是行得通的。

(3)集中战略　指组织将目标集中于某个专门的细分市场或购买群体。在这个狭窄的目标市场上,组织再使用差异化方法或低成本方法。

波特认为,在大多数产业中都可能成功,即使在瘦狗的产业中企业也能赚钱,而在极富魅力的产业,如计算机、有线电视这类产业中也有可能亏损。成功的诀窍在于找到正确的战略。

二、滚动计划法

滚动计划法是一种定期修订未来计划的方法。

(一)滚动计划法的基本思想

由于在计划工作中,管理者很难准确地预测未来各种环境因素的变化,而且计划期越长,不确定性越大。这样,管理者在制订计划时就有必要使计划保持足够的弹性,当环境因素发生变化时可以调整计划或有回旋的余地。滚动计划法就是使计划保持弹性的有效方法。滚动计划法的具体做法如图 3-7 所示。

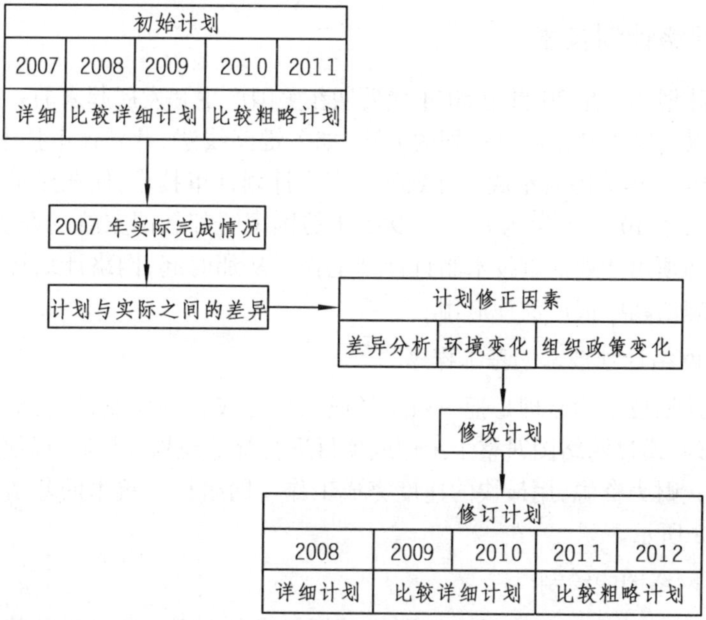

图 3-7 滚动计划的过程

从图 3-7 可知,采用滚动计划法时,先用近细远粗的方法制订出初始计划,在计划期的第一阶段结束时,根据该阶段计划实际执行情况和环境变化情况,对原计划进行修订,并使计划向前滚动一个阶段,以后各阶段均是如此。这种方法变静态计划为动态计划,大大增加了计划的弹性和灵活性,而且还更好地保证了计划的指导作用,提高计划的质量。

（二）滚动计划的评价

滚动计划法虽然使计划编制和实施工作的任务量加大，但在计算机普遍应用的今天，其优点十分明显。表现在：①计划更加切合实际，实施更加快捷（由于人们无法对未来的环境变化做出准确的估计和判断，所以计划针对的时间越长，不准确性就越大，其实施难度也越大。滚动计划相对缩短了计划时期，加大了计划的准确性和可操作性，从而是战略性计划实施的有效方法）；②滚动计划方法使长期计划、中期计划与短期计划相互衔接，短期计划内部各阶段相互衔接，这就保证了即使由于环境变化出现某些不平衡时，也能及时地进行调节，使各期计划基本保持一致；③滚动计划方法大大加强了计划的弹性，这对环境剧烈变化的时代尤为重要，它可以提高组织的应变能力。

三、网络计划技术

网络计划技术是 20 世纪 50 年代后期在美国产生和发展起来的。这种方法包括各种以网络为基础制订计划的方法，如关键路线法、计划评审技术、组合网络法等。1956 年美国海军武器计划处采用了计划评审技术，使北极星导弹工程的工程期限由 10 年缩短为 8 年。1961 年美国国防部和国家航空署规定，凡承制军用品必须用计划评审技术制订计划上报。从那时起，网络计划技术就开始在组织管理活动中被广泛地应用。

（一）网络计划技术的基本程序

网络计划技术的原理是把一项工作或项目分成各种作业，然后根据作业顺序进行排列，通过网络图对整个工作或项目进行统筹规划和控制，以便用最少的人力、物力、财力资源，用最快的速度完成工作。网络计划技术的基本程序和步骤见图 3-8 所示。

（二）网络图的绘制

网络图又称箭线图，它是运用网络计划技术的基础。图 3-9 是某机器修理的简单网络图，它由带编号的圆圈和若干条箭线按照一定的次序连接而成。箭线上面注明了各修理活动的内容，下面为该活动所需的时间，箭线的方向表明了各修理活动的先后连接顺序。从这个例子可以看出，网络图能表示一项计划任务中各项活动的名称、工作时间，反映出各项活动之间的相互关系。网络图实际上是计划的图解模型。

分析图 3-9 可以发现，网络图由以下几部分构成：

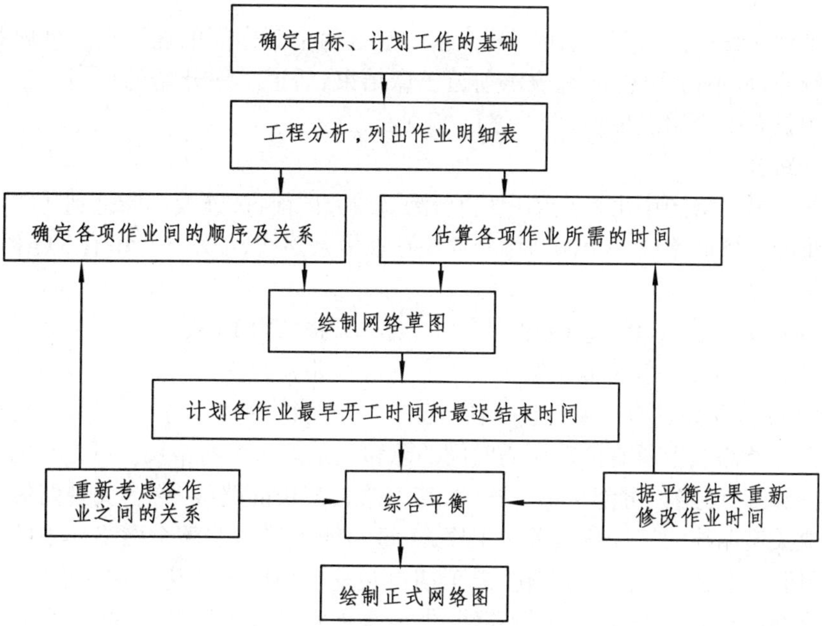

图 3-8 网络计划技术的基本步骤

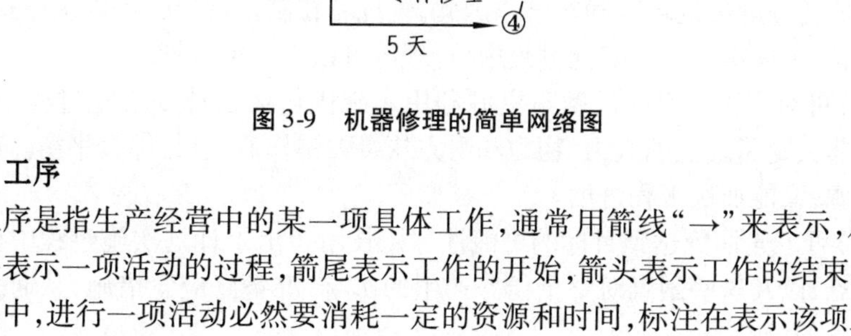

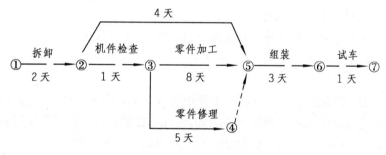

图 3-9 机器修理的简单网络图

1. 工序

工序是指生产经营中的某一项具体工作，通常用箭线“→”来表示，从箭尾到箭头表示一项活动的过程，箭尾表示工作的开始，箭头表示工作的结束。在网络计划中，进行一项活动必然要消耗一定的资源和时间，标注在表示该项工序的箭线的上方，而与箭线的长短无关。网络图还有一种虚工序，用“----→”来表示，它既不占用时间，也不消耗资源，仅仅是为了避免工序之间关系的含混不清，以正确表明工序之间先后衔接的逻辑关系。

2. 事项

事项又称结点或节点,用"○"表示。它是两个工序间的连接点。事项既不消耗资源,也不占用时间,只表示前道工序结束、后道工序开始的瞬间。一个网络图中只有一个始点事项,一个终点事项。

3. 路线

路线是网络图中由始点事项出发,沿箭线方向前进,连续不断地到达终点事项为止的一条通路。一个网络图中往往存在多条路线,如图3-9中有3条路线,它们是:

(1):①→②→③→⑤→⑥→⑦　　路长为15天

(2):①→②→⑤→⑥→⑦　　路长为9天

(3):①→②→③→④→⑤→⑥→⑦　　路长为12天

在一条路线上所有活动所需时间的总和就是该路线的路长。可见在网络图中,每条线路的路长可能是不一样的,其中路长最长的路线,称为关键路线。所有组成关键路线的工序称为关键工序,关键路线直接影响整个网络计划的总工期,任何一项关键工序时间变化,总工期也会发生相应的变化。在网络图中,有时关键路线不止一条,确定关键路线,据此合理安排各种资源,对各工序活动进行进度控制,是利用网络计划技术的主要目的。

(三)网络计划技术的特点

网络计划技术虽然需要大量而烦琐的计算,但在计算机广泛应用的时代,这些计算大都已程序化了。这种技术之所以被广泛应用,是因为它有一系列的特点:

(1)该技术能清楚地表明整个工程中各项目的时间顺序和相互关系,并指出了完成任务的关键环节和路线　因此,管理者在制订计划时可以统筹安排,全面考虑,又不失重点。在实施过程中,管理者可以进行重点管理。

(2)可对工程的时间进度与资源利用实施优化　在计划实施过程中,管理者调动非关键路线上的人力、物力和财力从事关键作业,进行综合平衡。这既可节省资源,又能加快工程进度。

(3)可事先评价达到目标的可能性　该技术指出了计划实施过程中可能发生的困难,以及这些困难对整个任务产生的影响,准备好应急措施,从而减少完不成任务的风险。

(4)便于组织和控制　管理者可以将工程,特别是复杂的大项目,分成许多支持系统来分别组织实施与控制,这种既化整为零又聚零为整的管理方法,可以达到局部和整体协调一致。

(5)易于操作,并具有广泛的应用范围,适用于各行各业以及各种任务。

第三节 目标管理

目标管理(Management by Object)是美国管理学家彼得·德鲁克于1954年提出的,我国企业于20世纪80年代初开始引进目标管理法,并取得较好成效。

一、目标管理的概念

所谓目标管理就是指:组织的最高领导层根据组织在一定时期的总方针,确定出组织的总目标,然后将目标层层分解,逐级展开,通过上下协商,制订出组织各部门、各单位直至每个职工的目标;用总目标指导分目标,用分目标保证总目标,从而建立起一个自上而下层层展开,自下而上层层保证的目标体系,形成一种全员参加、全程管理、全面负责、全面落实的管理体系。

从目标管理的概念可以看出,目标管理有以下几个特点:

(1)目标管理是参与管理的一种形式　目标的实现者同时也是目标的制订者,即由上级与下级在一起共同确定目标。

(2)强调自我控制　目标管理的主旨在于用自我控制的管理代替压制性的管理,它使管理人员能够控制他们自己的成绩。

(3)促使权力下放　集权与分权矛盾是组织中的基本矛盾,集权往往出于惟恐失去控制。推行目标管理有助于解决协调好这一问题。促使权力下放,有助于保持在有效控制的前提下,提高人们的生气。

(4)注重成果第一的方针　实行目标管理后,由于有了一套完善的目标考核体系,从而能够按员工的实际贡献大小如实地评价一个人。

二、目标管理的过程

由于各组织活动的性质不同,目标管理的步骤可以不完全一样,但一般来说,可以分为以下三个步骤:

(一)目标设置

实行目标管理,首先要建立一套完整的目标体系。这项工作是从企业的最高主管部门开始的,然后由上而下地逐级确定目标。这一步骤常含有以下内容:制订组织的整体目标;在经营单位和职能部门之间分配主要的目标;单位管理者与其上司一道合作确定具体目标；在部门成员的合作下将具体目标落实到每个人头上；这样在上、下级的目标之间形成一种"目的—手段"的关系链。某级的目标需要用一定手段来实现，这一手段就成为下一级的次目标。按级顺推下去，直到作业层的作业目标，从而构成一种锁链式的目标体系。

目标有长期和短期、定性和定量之分，在设置目标时值得注意的是，如何结合长期目标，制订尽可能量化的短期目标，以短目标的实现来保证长期目标的实现。

（二）组织实施

目标设置后，接下来是对目标实施过程进行管理，这一过程的管理与过去的管理方式不同，应尽量让完成目标的人自己管理自己，即实行自我控制、自我约束。这样做有利于调动目标完成者的积极性和独创性，充分发挥他们的能力。管理者应放手把权力交给下级成员，而自己去抓重点的综合性管理。如还像以往事事过问，就违背了目标管理的主旨，不会收到好的效果。但这时主管也不是撒手不管，而是要给予必要的指导、协助，提出问题，提供情报以及创造良好的工作环境。在这一过程中，必须注意两个问题：一是做到权、责明确；二是，虽权力交给下级成员，且具有独立性，但也必须讲求协调，即各部门、各单位为了实现整个组织目标必须合作。

（三）检查和评价

目标完成之后，必须加以测量和评估。目标完成结果的测量比较简单，只要将实际成果与预先设置的目标进行比较即可。原先设置的目标越具体，测量就越容易、越准确。检查的方法可灵活地采用自检、互检、专门机构检查。检查评价结果要反馈到目标承担者，使其得到总结和教训，同时据评价结果进行奖罚。

第四节　决　策

决策是计划工作的核心，无论是确定目标，还是制订计划，管理者都需要做出决策，不仅计划工作需要做出决策，其他各项管理工作也需要做出决策。事实上，决策贯穿于整个管理过程。

一、决策及其过程

(一)决策的定义

决策是一个为达到预期目标而从若干个备选方案中选择合理方案的分析判断过程。是计划工作的核心,贯穿于整个管理过程中。故决策对于管理者来说是最重要、最困难、最花精力和最冒风险的事情。正因为如此,近年来决策活动引起了各界,包括管理、心理、社会、数学以及计算机领域专家们的极大关注,并且成为一个独立研究领域:决策科学。

决策常被认为仅是在不同方案中进行选择。这一观点是不确切的。因为决策是一个为达到预期目标而从若干个备选方案中选择合理方案的分析判断过程,并非是简单选择方案的行为,不能简单地理解为就是做出抉择。做出抉择只是决策全过程的一个关键环节,在此之前还需要进行系统研究和分析。事实上,决策并不是一瞬间的活动,而是一个发现问题、认识问题、解决问题的过程,包括做出抉择前后必须进行的一切活动,如调查研究、确定目标、拟订方案、分析比较、做出选择、贯彻执行、追踪反馈、总结评价等。只有理解决策全过程,了解决策各阶段应做的工作及其相互关系,才能保证决策的有效性。

(二)决策的制订过程

决策的制订包括以下几个步骤:

1. 识别问题

决策制订过程始于现实与期望状态之间的差异。决策者必须知道问题出在哪里,如何采取行动。例如,一个公司的销售额下降10%是问题吗(或者只是另一个问题的征兆)? 如果是,那么原因产品过时或广告预算不足还是其他? 而且我们知道,同一个问题在一个人看来是“问题”,而另外一个人却认为这是“事情的满意状态”。所以说,识别问题是重要的,那些不正确地解决了错误问题的管理者与那些因为不能识别问题而没有采取行动的管理者是一样差的。

2. 确定决策标准

管理者一旦确定了需要注意的问题,就要对解决问题中起重要作用的决策标准加以确定,就是说,管理者必须确定什么因素与决策相关。这些标准往往反映了决策者的想法,与决策是相关的。

上面所讲的指导决策者决策的标准有许多,但这些标准在决策中的重要程度并不是相同的。因此,为了在决策中恰当地考虑它们的优先权,有必要明确标准的优先顺序。

3. 拟订备选方案

就是要求决策制订者列出能成功解决问题的可行方案。这需要创造力和想象力,要尽可能多地提出备选方案。管理者常常借助其个人经验、经历和对有关情况的把握来提出方案。为了提出更多、更好的方案,需要从多种角度审视问题,这意味着管理者要善于征求他人的意见。备选方案可以是标准的和明显的,也可以是独特的和富有创造性的。标准方案往往是指组织以前采用过的方案。通过头脑风暴法、名义组织技术和德尔菲法等,可以提出富有创造性的方案。

4. 分析和评价各备选方案

决策过程的第四步就是决策者必须批评性地分析每一方案,即确定最优的方案。为此,管理者起码要具备评价每种方案的价值或相对优、劣势的能力。在评价过程中,要使用预定的决策标准并认识每个标准的相对重要性,对每种方案的预期成本、收益、不确定性和风险进行综合评判,最后对各种方案进行排序。

5. 选择方案

在决策过程中,管理者通常要做出最后选择。但做出决定仅是决策过程中的一个步骤。尽管选择一个方案看起来很简单,只需要考虑全部可行方案并从中挑选一个能最好解决问题的方案。但实际上,做出选择是很困难的。由于最好的决定通常建立在仔细判断的基础上,所以管理者要想做出一个好的决定,必须仔细考察全部事实,确定是否可以获取足够的信息并最终选择最好方案。

6. 实施方案

方案的实施是决策过程中至关重要的一步。在方案选定以后,管理者就要制订实施方案的具体措施和步骤。实施过程中要注意做好以下工作:

(1)制订具体的相应措施,保证方案的正确实施。

(2)确保与方案有关的各种指令能被所有有关人员充分接受和彻底了解。

(3)应用目标管理方法把决策目标层层分解,落实到每一个执行单位和个人。

(4)建立重要的工作报告制度,以便及时了解方案进展情况,及时进行调整。

7. 评价方案

决策程序的最后阶段是对选择、执行的方案进行评价(这通常是在决策实行了一段时间后才进行的)。评价的目的是检验决策的正确性,修正不符合实际的部分。

在决策执行过程中,由于组织内部条件和外部环境的不断变化,管理者要不断修正方案来减少或消除不确定性。具体来说,职能部门应对各层次、各岗位履行职责情况进行检查和监督，及时掌握执行进度，检查有无偏离目标，及时将信息反馈给决策者。决策者则根据职能部门反馈的信息，及时追踪方案实施情况，对与既定目标发生部分偏离的，采取有效措施，以保证能顺利实现既定目标；对客观情况发生重大变化，目标已无法实现的，则要重新寻找问题，确定新标准，重新拟订方案，并进行评价、选择和实施。

（三）决策的原则

为了保证决策的正确和合理，决策过程的每个阶段都要有一定的基本要求，对决策者来说，要想使决策达到最优，必须做到以下几点：

（1）把握住问题的要害，找出关键性问题并认准问题的要害。

（2）明确决策目标　即要明确到底要解决的是什么问题。目标不明确，往往造成犹豫不决。

（3）至少要有两个以上可行方案　如只有一个方案，就不存在选择方案的决策，方案可行必须是能够实现预期目标；各种影响因素都能定性与定量地分析；不可控因素也大体上能估计出其发生的概率。

（4）对决策方案进行综合评价　每个拟定方案对目标的实现都有积极作用和影响，也会产生消极作用和影响，故应综合评价，即进行可行性研究。不仅在技术上、经济上可行，也要考虑社会、政治、文化等方面的因素，尽量减少副作用。通过可行性分析，确定出每个方案的经济效益和社会效益以及可能带来的潜在问题，以便比较各方案的优劣。

（5）敢冒风险　决策是对未来将做的事进行决策，故存在风险（高风险可能带有高收益）。这就要求：①敢冒风险，但不要蛮干，必须估计各方案的风险程度；②估计到最坏的可能性并拟定出相应对策，不致引起灾难性后果；③尽量收集有关信息；④抓住决策的时机。

（6）把决策过程看作学习过程。

二、决策的类型

决策的类型有多种，依据不同角度，可划分出不同类型的决策。从决策影响的时间，可把决策分为长期决策与短期决策；从决策的重要性，则把决策划分为战略决策、战术决策和业务决策；从决策的主体，可把决策划分为集体决策和个体决策；从决策所涉及的问题，则分为程序化决策和非程序化决策；从环境因素的可控程度，可分为确定型决策、风险型决策和不确定型决策。我们主要介绍以下三种决策类型：

（一）程序化决策和非程序化决策

1. 程序化决策

是指针对重复性的日常事件所做的决策，它所要解决的是组织活动中经常出现的问题。因为有反复处理的经验，容易找出规律，可以制订出一套常规的处理办法或程序，不必每次重新决策。例如，资源的分配、最佳运输路线的选择和产品质量控制等。因是一个组织中经常出现的问题，故形成一套具体的管理办法。

2. 非程序化决策

是指对非重复性的新事件或新问题所做的决策。它常用来解决以往没有经验可作参考的新问题，如新产品开发、新机构的设置等。一般来说，管理的层次越高，面临的非程序化决策就越多。

（二）确定型决策、风险型决策和不确定型决策

从环境因素的可控程度看，可把决策分为确定型决策、风险型决策和不确定型决策。

1. 确定型决策

制订决策的理想状态具有确定性，即由于每一个方案的结果都是已知的，所以管理者能做出理想而精确的决策。确定型决策通常可采用量本利分析法、线性规划法等。

2. 风险型决策

也称随机决策，在这类决策中，自然状态不止一种，决策者无法知道哪种自然状态会发生，但能知道有多少种自然状态以及每种自然状态发生的概率。迄今为止，已开发出多种风险决策方法，例如收益表法、边际分析法、决策树法、效用理论法等。其中决策树法是一种应用最广、效果最显著的方法。

3. 不确定型决策

指未来事件发生的条件不能完全确定，最终结局也难以预料。也就是说，一个方案的最终结果不可确定。不确定型决策在决策中可采用小中取大法、大中取大法、大中取小法、机会均等法、折衷法等。

（三）集体决策和个人决策

从决策的主体看，可把决策分为集体决策和个人决策。集体决策是指多个人一起做出的决策；个人决策则是指单个人做出的决策。组织中的许多决策，尤其是对组织的活动和人事有极大影响的重要决策，是由集体制订的。很少有哪个组织不采用委员会、工作队、审查组、研究小组或类似的组织作为制订决策的

工具,管理者很大部分的时间是花在各种会议上。这些时间是用于确定问题、寻找解决问题的方案及如何实施方案。相对于个人决策,集体决策的优点是:①能更大范围地汇总信息;②能拟订更多的备选方案;③能得到更多的认同,增加对某个解决方案的接受性;④能更好地沟通,从而做出更好的决策;⑤提高合法性。但集体决策也有一些缺点,如花费较多的时间,产生“从众现象”以及责任不明等。为了改善集体决策,下面介绍几种方法。

1. 头脑风暴法

头脑风暴法是1957年美国的心理学家奥斯本在《应用的现象》一文中提出的。此方法是比较常用的集体决策方法,便于发表创造性意见,因此主要用于收集新设想。通常是将对解决某一问题有兴趣的人集合在一起,在完全不受约束的条件下,敞开思路、畅所欲言。但奥斯本为该决策方法的实施提出了四项原则:

(1)对别人的建议不做任何评价,将相互讨论限制在最低限度内。

(2)建议越多越好,在这个阶段,参与者不要考虑建议的质量,想到什么就说什么。

(3)鼓励每个人独立思考,广开思路,想法越新颖、奇异越好。

(4)可以补充和完善已有的建议以使它更具说服力。

头脑风暴法的目的在于创造一种畅所欲言、自由思考的氛围,诱发创造性思维的共振和连锁反应,产生更多的创造性思维。这种方法时间安排在1~2小时,参加者以5~6人为宜。

【补充阅读资料】

美国电信公司的头脑风暴法

有一年,美国北方格外严寒,大雪纷飞,电线上积满冰雪,大跨度的电线常被积雪压断,严重影响通信。过去,许多人试图解决这一问题,但都未能如愿以偿。后来,电信公司经理应用奥斯本发明的头脑风暴法,尝试解决这一难题。他召开了一种能让头脑卷起风暴的座谈会,参加会议的是不同专业的技术人员,要求他们必须遵守以下原则:

第一,自由思考。即要求与会者尽可能解放思想,无拘无束地思考问题并畅所欲言,不必顾虑自己的想法或说法是否“离经叛道”或“荒唐可笑”。

第二,延迟评判。即要求与会者在会上不要对他人的设想评头论足,不要发表“这主意好极了!”“这种想法太离谱了!”之类的“捧杀句”或“扼杀句”。至于对设想的评判，留在会后组织专人考虑。

第三，以量求质。即鼓励与会者尽可能多而广地提出设想，以大量的设想来保证质量较高的设想的存在。

第四，结合改善。即鼓励与会者积极进行智力互补，在增加自己提出设想的同时，注意思考如何把两个或更多的设想结合成另一个更完善的设想。

按照这种会议规则，大家七嘴八舌地议论开来。有人提出设计一种专用的电线清雪机；有人想到用电热来化解冰雪；也有人建议用振荡技术来清除积雪；还有人提出能否带上几把大扫帚，乘坐直升机去扫电线上的积雪。对于这种"坐飞机扫雪"的设想，大家心里尽管觉得滑稽可笑，但在会上也无人提出批评。相反，有一工程师在百思不得其解时，听到用飞机扫雪的想法后，大脑突然受到冲击，一种简单可行且高效率的清雪方法冒了出来。他想，每当大雪过后，出动直升机沿积雪严重的电线飞行，依靠高速旋转的螺旋桨即可将电线上的积雪迅速扇落。他马上提出"用直升机扇雪"的新设想，顿时又引起其他与会者的联想，有关用飞机除雪的主意一下子又多了七八条。不到一小时，与会的10名技术人员共提出90多条新设想。

会后，公司组织专家对设想进行分类论证。专家们认为设计专用清雪机，采用电热或电磁振荡等方法清除电线上的积雪，在技术上虽然可行，但研制费用大，周期长，一时难以见效。那种因"坐飞机扫雪"激发出来的几种设想，倒是一种大胆的新方案，如果可行，将是一种既简单又高效的好办法。经过现场试验，发现用直升机扇雪真能奏效，一个久悬未决的难题，终于在头脑风暴会中得到了巧妙的解决。

2. 名义群体法

此决策方法在决策制订过程中限制讨论，故称名义群体法。在集体决策中，如对问题的性质不完全了解且意见分歧严重，则可采用名义群体法。在这种方法下，小组的成员必须出席会议，但小组的成员互不通气，也不在一起讨论、协商，只由召集者把要解决的问题的关键内容告诉他们，并请他们独立思考，要求每个人尽可能把自己的备选方案和意见写下来。然后再按次序让他们一个接一个地陈述自己的方案和意见。在此基础上，由小组成员对提出的全部备选方案进行投票，根据投票结果，选票数量多的方案为所选方案，当然，管理者最后仍有权决定是接受还是拒绝这一方案。

3. 德尔菲法

德尔菲法是一种更复杂、更耗时的方法，除了不需要群体成员列席外，它类似于名义群体法。这是因为这种方法从不允许群众成员面对面在一起开会，德尔菲法的主要步骤和特征是：

(1)确定问题。通过一系列仔细设计的问卷,要求成员提供可能的解决方案。

(2)每一个成员匿名、独立地完成第一组问卷。

(3)第一组问卷的结果集中在一起编辑、誊写和复制。

(4)每个成员收到一本问卷结果的复制件。

(5)看过结果后,再次请成员提出他们的方案。第一轮的结果常常会激发出新的方案或改变某些人的原有观点。

(6)重复(4)、(5)两步直到取得大体上一致的意见。

像名义群体法那样,德尔菲法隔绝了群体成员间过渡的相互影响,它还无须参与者到场。如像某跨国公司用此方法询问它在东京、香港、巴黎、纽约、多伦多、墨西哥城、莫斯科等地的销售经理,有关本公司一种新产品的最合理的世界范围的价格情况。这样做避免了召集主管人的花费,又获得了来自公司的主要市场的信息。但此种方法也有缺点,那就是它太耗费时间。当需要进行一个快速决策时,这种方法通常行不通。且这种方法不像相互作用的群体或名义群体那样,能提出更多更丰富的设想和方案。

【小　结】

计划工作是管理工作中最基本的职能,它是其他职能发挥作用的前提。因为计划工作既包括了组织目标的确定,又包含确定实现目标的途径。计划是指为了实现决策而确定的目标,预先进行的行动安排。计划过程是决策的组织落实过程。决策是计划的前提,计划是决策的逻辑延续。计划可以按制订的层次、计划时间、重复性、计划范围来分类。计划过程可以分为估量机会、确定目标、建立计划工作前提、拟定和选择可行方案、制订主要计划、拟定派生计划、编制预算等步骤。在计划的制订过程中组织目标的确定是最核心的。组织目标具有层次性、网络化、多样性、可考核性、可接受性、挑战性等特征。组织目标要起到导向、激励、凝聚、标准的作用。

组织计划的实施根据计划的种类不同将采取不同的方法。计划的制订、修改和实施,最有效的方法是滚动计划法和网络计划技术等。

决策是计划工作的核心,无论是确定目标,还是制订计划,管理者都需要做出决策。决策是一个为达到预期目标而从若干个备选方案中选择合理方案的分析判断过程。决策过程由识别问题、确定决策标准、拟定备选方案、分析和评价各备选方案、选择方案、实施方案和评价方案等几个阶段组成。决策的类型有多种多样,可按决策的有效时间、决策的重要性、决策所涉及的问题、环境因素的可控制程度等标志来划分。不同的决策类型,将采用不同的决策方法。

【思考与练习】

一、名词解释

(1)计划　(2)目标管理　(3)决策

二、填空题

(1)(　　)是管理过程中的重要环节之一,也是管理的首要职能。

(2)计划首先要确定整个企业的(　　),然后确定每个下属工作单位的(　　),以及确定长期的和短期的(　　)。

(3)按照计划的明确性程度可分为(　　)和(　　)。

(4)(　　)是计划的前提,计划是决策的逻辑延续。

(5)计划内容包括"5W1H"(　　)、(　　)、(　　)、(　　)、(　　)和(　　)。

(6)目标管理过程分为(　　)、(　　)和(　　)三个过程。

三、选择题

(1)确立目标是(　　)工作的一个主要方面。

A. 计划　B. 人员配备　C. 指导与领导　D. 控制

(2)基本建设计划、新产品的开发计划等属于(　　)计划。

A. 专项　B. 综合　C. 财务　D. 生产

(3)目标管理的优点有(　　)。

A. 有利于提高管理水平

B. 有利于于调动人的积极性、责任心

C. 有利于长期目标的实现

D. 有利于暴露组织结构中的缺陷

(4)强调在制订计划时要留有余地,不能满打满算的计划工作原理是(　　)。

A. 限定因素原理　B. 许诺原理

C. 灵活性原理　D. 改变航道原理

(5)计划工作的核心是(　　)。

A. 确定目标　B. 确定计划的前提条件

C. 确定可供选择的方案　D. 作决策

(6)按照波士顿矩阵法,高市场占有率,低市场增长率的事业单位属(　　)。

A. 问号　　B. 明星　　C. 瘦狗　　D. 现金牛

(7)组织提供与同行业的其他对手不同的产品与服务,这种竞争战略属于(　　)。

A. 差异化战略　　B. 成本领先战略

C. 集中战略　　D. 专业化战略

(8)经常重复出现的、定型的决策属于(　　)决策。

A. 程序化决策

B. 定性决策

C. 非程序化决策

(9)(　　)是指未来事件发生的条件不能完全确定,一种方案会出现多个结果,可用概率来确定,决策结果常有风险。

A. 确定型决策

B. 不确定型决策

C. 风险型决策

四、判断题

(1)程序化决策就是偶发事件的决策,已经形成一套解决问题的处理程序与方法。　(　　)

(2)高层管理者一般从事的是非程序化的决策,而中层和基层管理者多从事程序化决策。　(　　)

五、复习思考题

1. 什么是计划工作? 计划工作的性质是什么?

2. 计划制订过程主要包括哪几个步骤?

3. 目标有什么作用? 为了保证发挥目标的作用,需要遵循哪些原则?

4. 什么是战略计划,战略计划的基本特征是什么?

5. 制订公司层战略有哪些分析工具?

6. 迈克尔·波特的三种竞争类型是什么?

7. 什么是目标管理? 它包括哪几个步骤?

8. 什么是滚动计划? 它有哪些特点?

9. 什么是网络计划技术? 它有哪些特点?

10. 什么是决策? 决策程序包括哪几个阶段?

11. 什么是确定型决策、风险型决策、不确定型决策?

12. 改善群体决策的方法有哪些?

六、案例思考题

"尿垫大王"尼西奇

你相信吗?日本尼西奇股份公司居然以小小的尿垫而与松下电器、丰田汽车等世界名牌产品一样著名。尼西奇股份公司原来是一个经营橡胶制品的小厂,只有30多人,订货不足,濒临破产的边缘,然而,小小的尿布却使他们起死回生。如今,他们的年销售额为70亿日元,产品不仅占领了国内市场,而且行销世界70多个国家和地区,成为了名副其实的"尿布大王"。他们的生意经是:"只要市场需要,小商品同样能做成大生意。"尼西奇股份公司在40年代末期,仅是个生产雨衣、防雨斗篷、游泳帽、卫生带、尿布等橡胶制品的综合性小企业,只有30多个人,订货不足,经营不稳,随时都有破产的危险。一次,他们从日本政府发表的人口普查资料中得到启发,日本每年大约有250万个婴儿出生,尿布是不可缺少的,如果每个婴儿用两条,全国一年就需要500万条,这是一个多么广阔的市场啊!像尿布这样的小商品,大企业根本不屑一顾,而小企业的人力、物力和技术尽管有限,如果能独辟蹊径,必定有所作为。商品不在于大小,只要市场上需要,同样能成为畅销货,做成大生意。基于这样的考虑,尼西奇公司当即作出了决策:专门生产小孩尿垫。

然而,尼西奇公司首先遇到了打不开销路的困难。虽然尿布的市场十分广阔,消费者也很需要,但就是卖不出去,这是什么原因呢?原来,日本各地的服装批发商以经营四季时装为主,根本不把尿布放在眼里,造成了尼西奇公司的产销脱节现象。为了解决这一问题,尼西奇公司决心花大力气建立自己的销售网络,他们在东京、横滨等大城市建立了分公司和流通中心,在一些中小城市则建立了营业所,尼西奇总公司通过这些分支机构,与日本全国的332个大百货公司、106个零售团体、104个批发公司、3 135个超级市场、3 430个特约专业零售商店直接挂钩,建立起庞大的销售网,并通过这种销售网使尼西奇公司与每个家庭建立了联系。为了促销,他们还在销售中心和营业所聘请一些30来岁领养过婴儿的妇女担任销售宣传指导,为用户提供可靠的技术咨询。与此同时,公司也从她们那里定期收集用户对产品质量、性能、规格的意见,不断改进产品,进一步打开市场。

为了增强尼西奇尿垫的竞争实力,尼西奇公司不断地创新,对产品精益求精,以扩大销售市场。尼西奇尿垫经历了三代。第一代产品与前几年中国市场上供应的婴儿尿布差不多,用一层布料做成,适应性差;第二代产品在外观上作了一些改进,除了一层布料的尿布外,还将外面一层做成一条小短裤,有松紧带,有尺寸,还可以从颜色上分辨男女;第三代产品把尿布改为三层,最里层是棉、毛、尼龙的混合织物,外层是一条漂亮的小短裤,从而解决了吸水、透气问题,如今,这种尿布已经发展到近百个品种。为了改进产品,他们十分注重博采众家之长。1979 年，尼西奇公司的一位前总经理随团访华，每到一处，不是先去游览名胜古迹和选购古董艺术品，而是四处寻找尿垫，在短暂的旅行期间，他竟然奇迹般地收集了十几种中国尿垫。上海有一种利用边角料拼接的尿垫，他们发现后立即仿效，在设计时利用边角料，既增加了美感，又节省了原料，降低了成本，深受消费者的欢迎。为了提高产品质量，尼西奇公司组成一个有20 多名专职人员的开发中心，利用各种先进技术对尿垫进行数据测试，从中选择最佳材料和设计。以往的尿垫都是用普通缝纫机缝制，考虑到婴儿皮肤太娇嫩，现在一律用超声波缝纫机加工，使接合处平平整整，深得年轻妈妈的欢心。

就这样，经过几十年的努力，尼西奇公司依靠独特的销售方式和不断创新的精神，终于使小小的尿垫成为与丰田汽车、东芝彩电、夏普音响一样有名的商品，在日本婴儿所使用的尿垫中，每三条中有两条是尼西奇公司所生产的，使该公司成为名副其实的“尿垫大王”。

www. operp. net/info/? p = mba&id = 320

案例思考题：

尼西奇公司决策有何独到之处？它为什么会成功？

天津药业：不畏强手　直面竞争

天津药业集团有限公司是新中国成立后地地道道的老国有企业，它的前身为天津制药厂，始建于 1939 年，目前是我国最大的皮质激素类科研、生产和出口基地。几十年来，皮质激素类原料药一直是天津药业的支柱产品，以其产量和利润占整个公司总量一半的地塞米松系列为主导产品。这一产品因附加值高，被业内称作“激素之王”，其市场争夺之激烈也就可想而知。天津药业直面国际竞争，以最强的对手为赶超目标，其商战故事被天津写进了中学生思想政治课的教材。

一、“地塞米松之战”：天津药业反败为胜

20 世纪 90 年代前后，在中国的皮质激素类药物市场上曾经发生过一场堪称你死我活的“地塞米松之战”：一方为号称“世界王牌”的法国罗素公司，另一方为王牌国有企业天津药业集团有限公司。

从 1993 年开始，天津药业的地塞米松以价格为优势，向罗素公司发起了挑战。法国罗素公司的地塞米松从此前售价 3 万元开始节节后退，而天津药业则摆出“不管罗素公司降多少，总比你低 500 元”的架势。在白热化的阶段，美、意等国的产品相继退出中国市场。价格战打到天津药业的产品价格低于罗素公司产品的外贸出口成本时，罗素公司四次主动提出休战，要与天津药业统一价格，划分市场。天津药业的回答是“宁可让利，决不失地！”。

1998年初,法国罗素公司终于退出中国市场。目前,天津药业地塞米松系列产品占领了90%以上的国内市场和除中国以外50%以上的亚洲市场,全球市场占有率达到40%,并出现在欧洲市场。

你也许没有想到,这场竞争的胜利者——天津药业,曾两次败在罗素公司的手下。第一回合在1982年。中国向世界打开了国门后,60年代已停止进口的外国地塞米松产品杀回中国市场,其中法国罗素公司实力最为雄厚,凭借产品质优价廉和庞大的规模经济效应,成为中国地塞米松市场最大的供应商。天津药业的产品在洋货面前一触即溃:含量为96%,低于罗素公司,成本却比罗素公司的售价还高,当然不堪一击。

第二回合在1991年,经过5年积极备战,天津药业花了45万美元从意大利引进一项生产工艺,花了388万元人民币新建一条生产线,同时还引进美国、意大利、德国专家,虽然技术指标完全达到了引进水平,但成本原地不动,在跨国公司降价和国内原材料价格大幅度上扬的内外夹攻下,天津药业生产了100多公斤,亏损了100多万元,又一次惨败下来。然而,当年的败者,如今却成了行业巨头:1993年以来,天津药业连续8年高速度发展,主要经济指标位于全国同行业前列。

二、商战启迪:竞争要靠核心能力取胜

1992年天津药业面临重大抉择:要么奋起拼搏,在竞争中杀出一条血路,夺回市场;要么亏损、破产,最后让国家来收拾这个烂摊子。何去何从?他们不甘心放弃倾注几代人心血的皮质激素类产品,不甘心国有企业就此垮下去。天津药业董事长师春生回忆说:当时我们领导班子下定决心依靠自己的力量,把公司搞好。这种信念对搞好国有企业是第一要义。公司分析了市场和企业的优势和劣势,在国有企业中较早制订了发展战略:高科技加规模经营。

从困境中崛起,天津药业所悟到的"高科技"非常具体:其生产的所有产品,只要在中国还有一家生产,质量和消耗指标就要领先于它;主导产品地塞米松要超越世界王牌罗素公司的产品;开发的新品附加值要高,同时必须具备一定的生产规模。天津药业公司的"高科技加规模经济",实质上就是"高质量加低成本"。在相同质量的前提下,要使自己的产品价格具有竞争优势,非有工艺技术的重大突破不可,企业缺乏自主的先进的核心工艺技术就难有立足之地。天津药业必须在改造传统工艺、提高质量、降低消耗上下功夫。瞄准对手的一流产品,经过1993年"生物脱氢"和1997年"地塞米松系列产品"两次重大工艺改进,地塞米松原材料成本先后降低了30%和40%。在质量上,通过第一次工艺改进,11项指标中除外观色泽不如罗素公司产品外,其他各项都可与之媲美;第二次工艺改进,则使外观色泽完全与罗素公司产品相同,并超过了美国、意大利

公司的产品,使地塞米松具备了与跨国公司竞争的实力。

在天津药业,技术开发、市场开发是一线,生产作为二线。通过建立高效的技术创新体系和有力灵活的市场开发网络,构建培育企业核心能力的组织基础。天津药业拥有国家级技术开发中心,已发展成为国内最主要的甾体皮质激素类药物研究开发基地。以技术开发中心为主,在生产经营全过程建立技术创新系统,每个车间都设有试验室,各班组都有工艺员、试验员,公司投入技术开发中心的科技费用每年都在3 000 万至4 000 万元。1993 年以来,共研制出了130 多项新工艺和14 种新产品,全部投入生产,新产品、新工艺创造的产值、利润占总产值、总销售利润的70%以上。天津药业将市场信息、产品销售、质量监控、储运发货到售后服务形成链条,只要国内用户急需,销售人员立刻送药上门。

三、人才团队:开掘企业核心能力的源泉

天津药业认为,要提高企业的核心能力,最重要的是要拥有一支高素质的科技和管理人才团队。1988 年,全国部分国有企业不景气,都不愿过多招聘大学生。天津药业则相反,凡是有识之士,专业对口,只要愿意来,诚心诚意敞开大门欢迎,在工资、奖金、住房分配等方面给予大学生较优先的待遇,重视、重用、重奖,千方百计地引进人才。为了吸引和留住人才,天津药业不仅实行了足以与当地的外资企业抗衡的物质待遇,还非常注重创造一种适合高层次人才生活、工作和发挥才能的环境。比如,公司规定博士后可以不坐班,只要真心实意地干,就可以享受公司提供的待遇。再如,公司对科技人员实行重奖多年,没有造成负面效应,这是与企业长期"尊重知识、尊重人才"的风气分不开的。

"创新、完美"是天津药业的企业精神,公司明确奖励创新。1992 年以来,共拿出近400 万元每年都奖励一批科技有功人员,规定奖金的70%必须奖给主创人员,管理者等无关人士一分不取。对新分配来的大学生,首先立足于培养,其次是使用。

面对"入世",面对更为激烈的人才竞争,天津药业非常清醒:开掘核心能力的深层而持久的源泉必将是企业的人才团队。

问题1 天津药业的经营发展战略有何可取之处?

问题2 天津药业的竞争力来自于什么?

第四章

AS 组织

管理格言：任何组织和企业的成功，都是靠团队而不是靠个人。

【学习目的与要求】

● **知识点：**

1. 应当了解组织职能、组织构成的要素及作用；

2. 掌握组织结构的设计，了解各种组织形式的特点及其优缺点，了解如何搞好人员配备及人员考核；

3. 理解如何处理好集权与分权的关系。

● **技能点：**

1. 针对现实中的企业，能够分析其组织结构；对企业的人员配备有效性进行评价。

2. 能针对不同组织对其分权与集权的状况提出合理的解决方案。

【案例导入】

王力化妆品组织调整

王力是某化妆品公司的总裁，但是随着公司的发展，他发现除了他自己以外，实际上没有任何人为公司的发展和盈利负责。因为他发现自己每天疲于奔命，公司的大事小事都需要他亲自考虑。而其他人似乎只满足于向他请示，然后按照他的指示工作。这种方式原来他认为很好。但是现在他认为这是他们逃避责任和不负责任的表现。为此，他感到很生气。为了解决这个问题，也为了使自己有更多的时间考虑企业长远发展的问题。在咨询了一些专家之后，他设置了财务、销售、广告、制造、采购和产品研究等几个重要职位，并且为每个职位配备了管理人员，这些人也是公司的副总裁。在这种情况下，他觉得这个问题应该解决了。但是他发现问题并没有得到解决。这些人仍然没有担负起为公司收益负责的职责。甚至王总觉得，即使只让他们负责在各自不同领域对全公司利润做出贡献也很难。例如，销售副总裁曾相当有理由地抱怨说，由于产品广告无效，生产部门不能及时提供用户所需的产品，而且他也没有可以与同行竞争的新产品，因此，他不能对销售负全责。与此相似，制造副总裁认为他做不到既要降低成本，也为紧急订货生产产品，而且财务管理又不允许拥有较多的库存，所以销售副总裁觉得把责任归于他的部门，是完全没有道理的。

王力曾想根据产品类别把公司分成六七个部门，设立产品分公司，由分公司经理负责各自的利润。但他又发现这个方法既不可行又不经济，因为公司生产的许多产品都是用同样的工厂设备，用的原材料也比较接近；另外，一个推销员去一家商店或超级市场同时洽谈多种相关产品，比只洽谈一种产品要经济得多。

于是王力得出结论，最好的方法是建立这样的机制，就是委派六位产品经理，他们都对销售副总裁负责。每一个产品经理都各自负责一种或几种产品，并对每一产品进行研究、制造、广告和销售等方面进行监督，从而也就成了对该产品的效益和利润的负责人。

王力认为不能赋予这些产品经理对公司各经营部门的直线职权，因为这样做将会导致每个副总裁不仅要对总裁负责，而且还要对销售副总裁和六位产品经理负责。他也考虑到这个问题会导致管理的复杂，甚至混乱。但是他知道世界上一些成就最大的大公司都采用了产品经理体制。此外，一位在大学任教的朋友告诉他，应该看到任何组织都会有些不明确和混乱无序的情况，但这不一定是坏事，因为这会迫使人们像是一个队伍一样一起工作。

王力决定采用上述的产品经理制，希望会做得更好。但他不知道该怎么样避免上下级关系上的混乱问题。这样的组织结构调整合适吗？如何避免上下级关系上的混乱问题呢？王力现在正苦苦思考着……

由此可见，搞好一个组织是十分重要的，任何一个单位都要重视组织建设。

任何管理都是在特定的组织中进行的。所以，必须搞好组织结构的设计，明确各自的分工和职责，搞好人员的选派和培训，处理集权与分权的关系，并根据环境的变化适时进行组织的变革。

第一节 组织概述

一、组织的概念及作用

(一)组织的概念

组织的希腊文原义是指和谐、协调。关于组织的概念主要从以下两个角度去理解。

1. 一般意义的组织

这是人们进行合作活动的必要条件,是为了达到某些特定目标,在分工合作基础上构成的人的集合。组织作为人的集合,不是简单、毫无关联的个人的加合,而是人们为了实现一定目的、有意识地协同劳动而产生的群体。如某企业、某协会、某政府部门从事的活动各不相同,但这些组织都是有目的、有计划、有步骤地对个体行为进行协调,形成集体行为。

2. 管理学意义的组织

在管理学中,组织既被看做是反映一些职位和一些个人之间关系的网络式结构,又是一个创造结构、维持结构并使结构发挥作用的过程。

从以上定义可以看出,组织的含义可以从静态和动态两方面来理解。静态方面,指组织结构,即反映人、职位、任务以及它们之间的特定关系的网络。这一网络可以把分工的范围、程度、相互之间的配合关系、各自的任务和职责等用部门和层次的方式确定下来,成为组织的框架体系。从动态方面看,指维持与变革组织结构,以完成组织目标的过程。企业必须根据组织目标,建立组织结构,并不断地调整组织结构以适应环境的变化。

(二)组织的作用

(1)组织是帮助人类社会超越自身人体发展能力的重要支撑。

(2)组织职能的发挥是实现管理功能的重要保证。

(3)组织是连接企业领导和职工、企业及环境的桥梁。

二、组织类型

(一)正式组织

正式组织一般指组织中体现组织目标所规定的成员之间职责的组织体系。它具有三个特征:目的性、正规性和稳定性。我们一般谈到的组织都是指正式组织。在企业的正式组织中,其成员保持形式上的协作关系,以完成企业目标为行动的出发点和归宿点。

(二)非正式组织

非正式组织是在共同的工作中自发产生、具有共同情感的团体。与正式组织的特征对应,它具有的基本特征是自发性、内聚性和不稳定性。

1. 非正式组织的影响作用

非正式组织的存在及其活动既可对正式组织目标的实现起到积极促进作用,也可能对后者产生消极的影响。非正式组织的积极作用表现在,它可以为成员提供在正式组织中很难得到的心理需要的满足,创造一种更加和谐、融洽的人际关系,提高成员的相互合作精神,最终改变正式组织的工作状况。

非正式组织的消极作用在于,如果非正式组织的目标与正式组织目标发生冲突,则可能对正式组织的工作产生极为不利的影响。非正式组织要求成员行为一致性的压力,可能会束缚其成员的个人发展。此外,非正式组织的压力还会影响正式组织的变革进程,造成组织创新上的惰性。

2. 对待非正式组织的策略

由于非正式组织的存在是一个客观、自然的现象,因此,管理者不能采取简单的禁止或取缔态度,而应该加以妥善地管理。一方面,管理者必须认识到,正式组织目标的实现,要求有效地利用和发挥非正式组织的积极作用,允许乃至鼓励非正式组织的存在,为非正式组织的形成提供条件,并努力使之与正式组织相吻合;另一方面,考虑到非正式组织可能具有的不利影响,需要管理者通过建立、宣传正确的组织文化,以影响和改变非正式组织的行为规范,从而更好地引导非正式组织做出积极的贡献。

三、组织工作原则

国内外关于管理组织原则的论述有许多,在此不逐一介绍。结合我国的实际情况,为了最有效地配置组织各种资源,实现组织目标,必须遵循以下基本原则:

(1)目标任务原则　即组织设计时,必须从组织要实现的目标、任务出发,并为有效实现目标、任务服务。

(2)专业分工与协作原则　要按照专业化的原则设计部门和确定归属,同时要有利于组织单元之间的协作。

(3)指挥统一原则　即在配合职权关系中,必须保证指挥的统一性,防止令出多门。

(4)有效管理幅度原则　每个管理者管理幅度大小的设计,必须确保实现有效控制。

(5)集权和分权相结合原则　要将高层管理者的适度权力集中与放权于基层有机结合起来。

(6)责权利相结合原则　要使每一个组织单元或职位所拥有的责任、权力与利益相匹配。

(7)稳定性和适应性相结合原则　既要保证组织的相对稳定,又要有目标或在环境变化情况下能够适应或及时调整。

(8)决策执行和监督机构分设原则　为了保证公正和制衡,决策执行机构和监督机构必须分别设置。

(9)精简高效原则　机构既要精简,又要有效率。

第二节　组织结构

组织结构是组织内的全体成员为实现组织目标,在管理工作中进行分工协作,通过职务、职责、职权及相互关系构成的结构体系。现代组织如果缺乏良好的组织结构,没有一套分工明确、权责清楚、协作配合、合理高效的组织结构,其内在机制就不可能充分地发挥出来;一个组织如果不能根据外部环境的变化及时调整和优化组织结构,就会影响管理效能的提高和组织效率的提高。因此,建立合理高效的组织结构是十分必要的。

一、组织结构设计

(一)组织结构设计程序

一个完整的组织结构设计,需经过以下程序:

(1)确定组织结构设计的方针和原则　如公司一级的管理幅度是宽些还是

窄些,是实行集权式管理还是实行分权式管理,等等。

(2)进行职能分析和职能设计 如根据企业目标设置各项管理职能,明确关键职能。

(3)设计组织结构框架 即设计承担这些管理职能和业务的各个管理层次、部门、岗位及权责。

(4)设计联系方式 即设计纵向管理层次之间、横向管理部门之间的协调方式和控制手段。

(5)设计管理规范 即确定各项管理业务的管理工作程序、管理工作应达到的要求和管理人员应采用的管理方法等。

(6)人员配备和管理训练 即为组织结构运行配备相应的管理人员和工作人员,并训练他们适应组织结构的各要素运作方式,使他们了解组织内的管理制度或掌握所需技术等。

(7)设计各类运行制度 如部门和人员的考评制度、激励制度和培训制度等。

(8)反馈与修正 即要在组织运行过程中,根据出现的新问题、新情况,对原有组织结构设计适时进行修正,使其不断完善。

(二)组织设计的内容

1. 分析制约组织结构设计的因素

在组织结构设计时必须考虑影响组织结构的因素:

(1)组织目标和任务。

(2)组织内外环境。

(3)组织战略及其所处的发展阶段。

(4)生产条件和技术状况。

(5)组织规模。

(6)人员结构和素质。

2. 职能分解与设计

职能分解与设计是对组织的任务及其各项职能进行设计,并层层分解到各部门、各岗位的工作。职能设计的主要内容有:

(1)基本职能设计。

(2)关键职能设计。

(3)职能分解,将确定的职能和关键职能逐步细分为各部门、各岗位的职能。

3. **横向协调设计**

在横向协调关系设计中,主要协调由于组织结构运行和人际关系等方面存在问题所导致的工作失调。

4. **组织结构的框架设计**

组织结构总框架是在明确组织纵向部门层层划定,横向协调方式明确的基础上,统筹考虑组织的权责划分关系,寻求优化的分工协调关系。主要内容有:

(1)组织高层权责关系的形式。

(2)组织各部门、岗位的责权划分。

5. **组织运行保障设计**

主要包括:

(1)管理规范设计　管理规范包括组织管理中各种规章制度、方式方法等。

(2)人员配备与训练设计　相应的人员配备是实现机构设计目标的保障,对主要从事协调工作的管理人员的培训,是机构设计的进一步细化。

6. **反馈与修正**

组织设计的科学性需要通过组织的运行来体现,及时接受反馈信息有助于及时发现问题并进行必要的修正。

二、管理幅度和管理层次

(一)管理幅度

管理幅度是指一名主管能够直接有效地指挥下属成员的数目。从理论上论证或调查中归纳管理幅度的适当数量界限,是极为困难的。较好的办法是研究影响管理幅度的因素,然后根据实际情况灵活地确定其数量。

1. **影响管理幅度的因素**

根据管理学家进行的大量实验研究,影响管理幅度的因素主要有六方面:

(1)主管人员与其下属双方的素质和能力。

(2)工作本身的性质。

(3)工作的类别。

(4)管理者和下属人员的倾向性。

(5)组织沟通的类型和方法。

(6)组织环境和组织自身的变化速度。

2. **管理幅度大小的确定**

如何确定管理幅度的大小是组织结构设计中的一个难题。在这个问题上最主要的有两种理论:

(1)格拉丘纳斯的上下级关系理论 法国管理顾问格拉丘纳斯在1993年首次发表的一篇论文中分析了上下级关系后提出一个数学模型,用来计算任何管理幅度下可能存在的人际关系数。公式如下:

$$C=n[2^{n-1}+(n-1)]$$

式中:C 为可能存在的人际关系数;

n 为管理幅度。

格拉丘纳斯指出,管理幅度的算术级数增加时,主管人员和下属间可能存在的相互关系将以几何数增加。因此,上下级相互关系的数量和频数减少,就能增加管理幅度,从而减少层次过多而产生的费用和无效性。

(2)变量依据法 20世纪70年代,美国洛克希德导弹与航天公司对管理中依据的变量与管理幅度的关系进行了研究。他们验证了若干决定管理幅度的重要变量。这些变量主要有以下几方面:职能的相似性、地区的相近性、职能的复杂性、指导与控制工作量、协调工作、计划工作量。这些变量按其特性分为五级,并分别赋予相应的权数来表示其管理幅度的重要程度。见表4-1。

表4-1 管理幅度影响因素评分表

因素	权数	工作量级差				
		一级	二级	三级	四级	五级
职能相似性	1	完全相同	基本相同	相似	基本不同	根本不同
地区相近性	1	完全在一起	同在一个办公楼	在同一个工厂的不同办公楼	在同一地区的不同地点	不在同一地区
职能复杂性	2	简单重复性工作	例行办公	稍微复杂	复杂多变	非常复杂而且多变
指导与控制	3	管理和训练的工作量极少	管理工作量有限	适当的定期管理	经常连续不断的管理	始终密切的管理
协调	2	与其他人的关系极少	明确规定的有限关系	适当的便于控制的有限关系	相当密切的关系	相互间接触较广,而又不重复的关系
计划工作	2	规模和复杂性都很小	规模和复杂性有限	适当的规模和复杂度	要求相当努力,有相关的政策	要求非常努力,范围和政策均不明确

经过加权评分,即可参考表4-2确定管理幅度。

表4-2 管理幅度的建议数值

影响管理幅度的各变量权数之和	建议的管理幅度
22~24分	8~11人
25~27分	7~10人
28~30分	6~9人
31~33分	5~8人
34~36分	4~7人
37~39分	4~6人
40~42分	4~5人

(二)管理层次

管理层次是指一个组织设立的行政等级的数目。一个组织集中着众多的员工,作为组织主管,不可能面对每一个员工直接进行指挥和管理,这就需要设置管理层次,逐级地进行指挥和管理。

1. 管理层次的划分

一个组织管理层次的多少,一般是根据组织工作量的大小和组织规模的大小来确定的。工作量和规模都较大的组织,其管理层次可多些,反之管理层次就比较少。一般来说,管理层次可分为上、中、下三个层次。上层主要职能是从整体利益出发,对组织实行统一指挥和综合管理,制定组织目标、大政方针和实施组织目标的计划。中层的主要职能是为达到组织总的目标,制订并实施各部门具体的管理目标;拟订和选择计划的实施方案、步骤和程序;按部门分配资源,协调各部门之间的关系;评价生产经营成果和制订纠正偏离目标的措施等。下层的主要职能是按照规定的计划和程序,协调基层组织的各项工作和实施生产作业。

2. 管理层次的确定

管理层次的多少与管理幅度密切相关。管理幅度、管理层次与组织规模存在着相互制约的关系:

管理幅度×管理层次=组织规模

也就是说,当组织规模一定时,管理幅度与管理层次成反比关系。管理幅度越宽,层次越少,其管理组织结构的形式呈扁平型;相反,管理幅度越窄,管理层次就越多,其管理组织结构的形式成高层型。

在一般情况下,扁平型组织结构,由于上下联系渠道缩短,它可以减少管理人员和管理费用;有利于信息沟通,并可减少信息传误,有利于提高管理指挥效率;由于扩大下级管理权限,有利于调动下级人员的积极性、主动性和提高下级人员的管理能力。但管理幅度加大,会增加横向协调的难度,使组织领导者易陷于复杂的日常事务之中,无时间和精力搞好有关组织长远发展的、事关全局的战略管理。高层型组织结构易于克服扁平型组织结构的某些不足,利于领导者控制和监督,以及搞好战略管理,等等。但由于拉长了上下级联系的渠道,会增加管理费用;管理层次增加,会使协调工作量增加,互相扯皮的事情会层出不穷;管理层次的增加,会使上下意见沟通交流受阻,不利于贯彻最高主管的规定目标和政策,等等。至于组织究竟是采取扁平型或是高层型结构,这主要取决于组织规模的大小和组织领导者的有效管理幅度等因素。因为在管理幅度不变时,组织规模与管理层次成正比。规模大、层次多,应呈高层型结构;反之,规模小、层次少,应呈扁平型结构。

三、部门划分

部门是指组织中主管人员为完成规定的任务有权管辖的一个特殊的领域。部门划分的目的,在于确定组织中各项任务的分配和责任的归属,以求分工合理,职责分明,有效达到组织目标。部门划分的主要方法有:

(一)按人数划分

按照人数的多少来划分部门是最原始、最简单的划分方法。军队中的师、团、营即为此种划分方法。这种方法仅考虑的是人力,因此,在现在高度专业化的社会有逐渐被淘汰的趋势。

(二)按时间划分

这是在正常工作日不能满足工作需要时所采用的一种部门划分方法。如企业按早、中、晚三班进行生产。这种划分方法一般适用于最基层的组织。

(三)按职能划分

它是把属于同一性质的工作任务或职能编在一起形成一个部门。如企业的主要职能部门是生产、营销、财务、人事等部门。这种划分方法有利于提高专业化水平,充分发挥专业职能;有利于提高管理人员的技术水平和管理水平;有利于组织目标的实现。缺点是容易形成部门主义,增加部门协调的难度。这是当前最普遍采用的一种部门划分方法。

(四)按产品划分

按产品划分是按产品或产品系列来组织业务活动的一种方法。例如大学里的系、研究所就是按照不同领域里的课程和研究课题而设置的。该法一般能够发挥个人的技能和专长,发挥专用设备的效率,有利于部门内的协调,有利于组织专业化生产和经营,有利于新产品的开发和研制。

(五)按地区划分

这种方法是在当组织地理位置分布于不同地区,各地区的政治、经济、文化等因素影响到组织的经营管理时,把某个地区或区域内业务工作集中起来,委派一位经理来主管其事。其目的是为了调动各个地区的积极性,从而取得地方化经营的优势效益。

(六)按服务对象划分

这是一种多用于最高主管部门以下的一级管理层次中的划分方法。它根据服务对象或顾客的需要,在分类的基础上来划分各个部门。其最大优点就是能够满足各类对象的要求,社会效益比较好。但按这种方法组织起来的部门,主管人员常常要求给予特殊的照顾,从而使这些部门和按其他方法组织的各部门之间的协调发生困难。此外,该法有可能使专业人员和设备得不到充分的利用。

(七)按设备划分

这种方法常常和其他划分方法结合使用。如医院的放射科、心电图室、超声波室等部门的形成,就是按这种方法划分的。其优点在于能够经济地使用设备,充分发挥设备的效益,使设备的维修、保管以及材料供应更为方便,同时也为发挥专业技术人员的特长以及为上级主管的监督管理提供了方便。

四、组织结构的类型

组织结构形式是管理组织结构设置的具体模式,组织职能设计完成后,就可以进行组织结构框架设计,它包括纵向结构设计和横向结构设计两方面。横向设计解决部门划分问题,建立分工协作关系;纵向设计解决层次划分问题,建立领导隶属关系。通过机构、职位、职责、职权及它们之间的相互关系,实现纵横结合,组成不同类型的组织结构。

(一)直线制组织结构

直线制是一种最早、最简单的组织结构模式。以企业为例,其结构如示意图4-1。

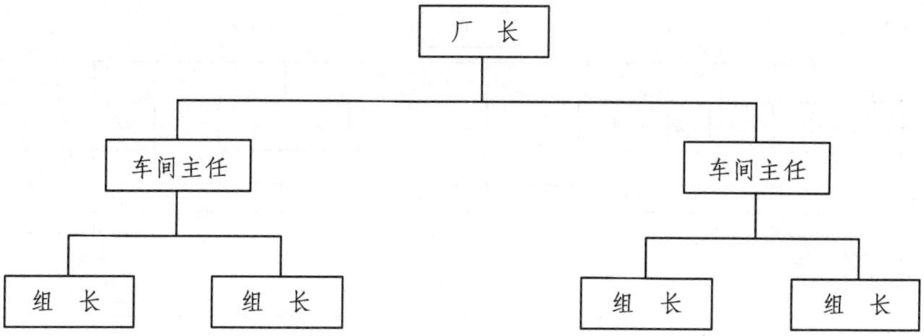

图 4-1 直线制组织结构示意图

这种组织结构形式没有职能机构，从最高管理层到最低管理层，实现直线垂直领导。这种组织结构形式结构简单、权责分明、指挥统一、工作效率高。但这种结构没有专业管理分工，要求生产行政领导具有多方面的管理业务和技能，每日忙于日常业务，无法集中精力研究组织重大战略问题，因而只适宜于技术较为简单、业务单纯、组织规模较小的组织。

（二）职能制组织结构

职能制是指设立若干职能部门，各职能部门在自己的业务范围内都有权向下级下达命令和指示，即各级负责人除了要服从上级直接领导的指挥以外，还要受上级各职能部门的领导。以企业为例，其结构示意见图 4-2。这种组织形式管理分工较细，便于充分发挥职能机构的专业管理功能。但这种结构容易出现多头领导、政出多门的弊端，不利于统一指挥。实际上，职能制只表明了一种强调职能管理专业化的意图，无法在现实中真正实行。

（三）直线职能制

直线职能制又称直线参谋职能制，或生产区域制。它吸取了直线制和职能制的长处，避免了它们的短处。它把直线指挥的统一化思想和职能分工的专业化思想相结合，在组织中设置纵向的直线指挥系统和横向的职能管理系统，即在各级领导者之下设置相应的职能部门分别从事专业管理。以企业为例，此结构见示意图 4-3。

这种组织结构的特点是以直线指挥系统为主体，同时利用职能部门的参谋作用。职能部门对下级部门无权直接指挥，但起业务指导作用，在直线人员授权下可行使职能权。其优点是既保证了组织的统一指挥，又有利于强化专业化管理，因此，它普遍适用于各类组织。但是，这种组织也有不足之处，即下级缺乏必要的自主权，各职能部门之间联系不紧，易于脱节或难以协调等。

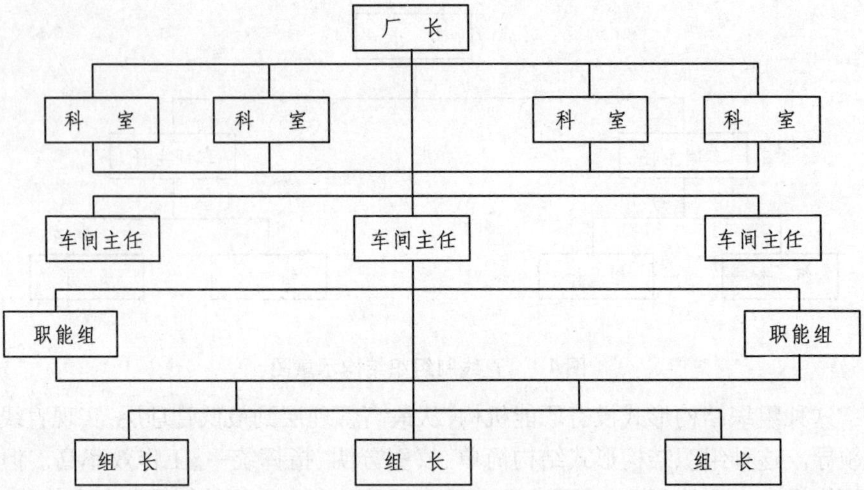

图 4-2　职能制组织结构图

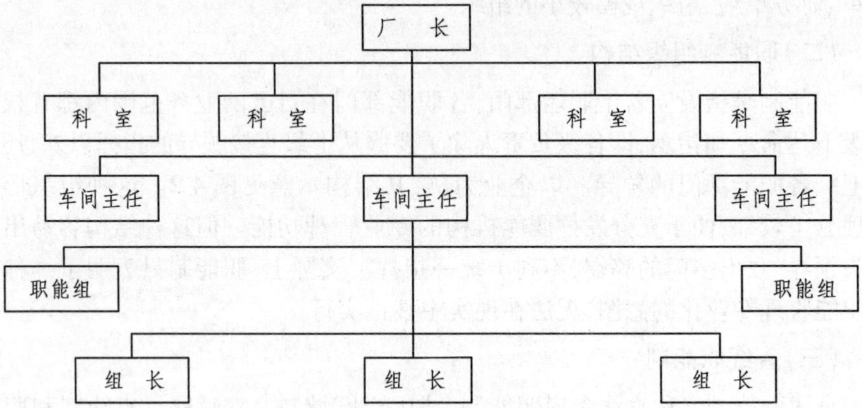

图 4-3　直线职能组织结构图

(四)事业部制组织结构

这种类型结构的特点是,组织按地区或所经营的各种产品和事业来划分部门,各事业部独立核算、自负盈亏,适应性和稳定性强,有利于组织最高管理者摆脱日常事务而专心致力于组织的战略决策和长期规划,有利于调动各事业部的积极性和主动性,并且有利于公司对各事业部的绩效进行考评。这种组织结构形式的主要缺陷是:资源重复配置、管理费用较高,且事业部之间协作较差。这种组织形式主要适用于产品多样化和从事多元化经营的组织,也适用于市场环境复杂多变或所处地理位置分散的大型企业和巨型企业。如图 4-4 所示。

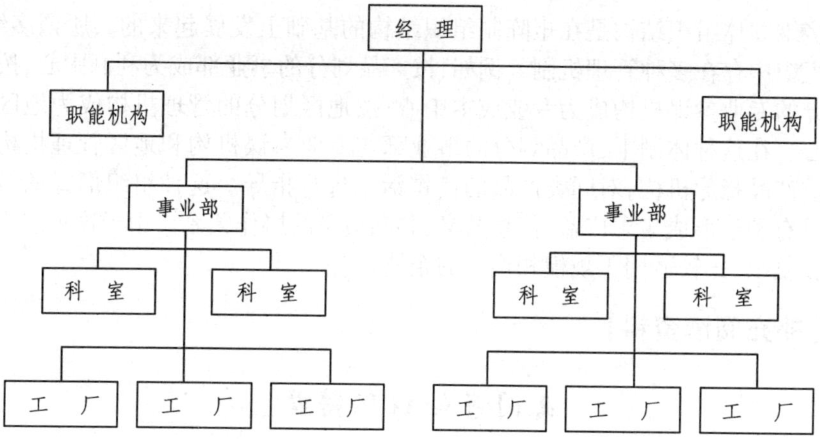

图 4-4 事业部制组织结构图

(五)矩阵制组织结构

这是一种把按职能划分的部门同按产品、服务或工程项目划分的部门结合起来的组织结构。在这种组织中,每个成员既要接受垂直部门的领导,又要在执行某项任务时接受项目负责人的指挥。这种结构的主要优点是:责任性和适应性较强,有利于加强各职能部门之间的协作和配合,并且有利于开发新技术、新产品和激发组织成员的创造性。其主要缺陷是:组织结构稳定性较差,双重职权关系容易引起冲突,同时还可能导致项目经理过多、机构臃肿的弊端。这种组织主要适用于科研、设计、规划项目等创新较强的工作或者单位。其结构示意图见图 4-5。

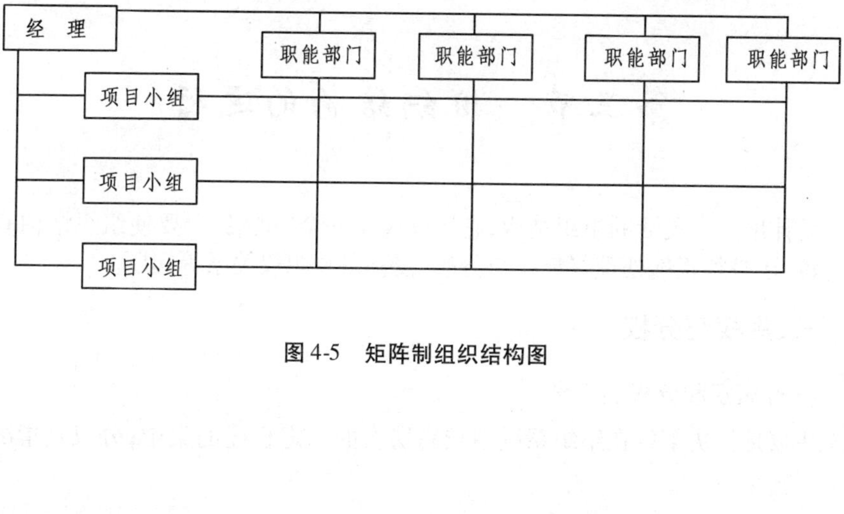

图 4-5 矩阵制组织结构图

（六）多维立体组织结构

多维立体组织结构是在矩阵制组织结构的基础上发展起来的。所谓多维，是指组织中存在多种管理机制。例如，按产品划分的事业部成为利润中心；按职能划分的专业参谋机构成为专业成本中心；按地区划分的管理机构成为地区利润中心。在这种体制下，产品划分的事业部与专业参谋机构和地区管理机构共同组成产品指导机构，对同类产品的产销活动进行指导。这种组织形式的最大特点是有利于形成集思广益、信息共享、共同决策的协作关系。由于这种组织形式比较复杂，比较适用于规模相当大的企业。

【补充阅读资料】

西门子的组织结构

西门子公司于1874年成立，它在德国电气工业史上发挥着核心作用，并成为德国工业最具声望的品牌。其早期历史与德国工业的发展是密切联系在一起的，西门子公司是多国多分部管理最初的代表之一。

第二次世界大战后该公司经历了两次重大的结构变化，两次的目的都是为了加强分权化和运营的灵活性，同时保持利用和发展组织协调的能力。第一次结构变化发生在1966—1969年，起初组建了6个事业部，后来增加到了7个。公司组建了5个总部职能部门，分别是计划/组织、财务、人事、RD和分配。这一结构实行到1989年，由于规模的扩张以及电气和电子市场的快速变化，西门子于1989年采纳了一种修正结构，即引入更小、更为专业化的“事业部”。值得注意的是，和许多其他组织（如奔驰）不同的是，这种事业部大多数不具有独立的法律地位。

第三节　组织结构的运行

设计出一个灵活的组织结构，它还仅仅是一个“框架”。要使组织结构有效地运转，还必须正确处理好集权与分权、授权以及职权关系等问题。

一、集权与分权

（一）集权和分权的含义

集权是指决策权在组织系统中较高层次的一定程度的集中；分权是指决策

权在组织系统中较低层次的一定程度的分散。

集权与分权是研究组织结构特别是纵向管理系统内的职权划分问题，即上级如何授权于下级的问题。绝对的集权或绝对的分权都是不可能的。绝对的集权就是最高主管把所有的权力都集中在自己手里，这就意味着其没有下属，因而也就不存在组织；绝对的分权就是最高主管不再有任何职权，其就不再是领导者，也就不存在完整的组织了。因此，某种程度的分权和某种程度的集权，对组织都是必要的。

（二）集权和分权的标志

集权和分权在组织中只是一个程度问题，衡量集权和分权的标志主要有：

1. 决策的数量

组织中较低管理层次做出的决策数目越多，则分权的程度越高；反之，上层决策数目越多，则集权程度越高。

2. 决策的范围

组织中较低层次决策的范围越广、涉及的职能越多，则分权程度越高。

3. 决策的重要性

若较低层次做出的决策越重要，影响面越大，则分权程度越高；相反，如下级做出的决策越次要、影响面越小，则集权程度越高。

4. 决策的审核

对于组织中较低层次做出的决策，如果上级要求审核的程度越低，则分权程度越高；上级要求审核的程度越高，则分权程度越低。

（三）影响集权和分权的因素

影响集权和分权的因素主要有以下几种：

1. 决策的代价

决策付出的代价的大小，是决定集权和分权程度的主要因素。一般来说，从经济标准和诸如信誉、士气等无形标准来衡量的代价越高的决策，越不适宜交给下层决策者。重大决策的正确与否责任重大，因此往往不宜授权。

2. 政策的一致性

如果希望保持政策的一致性，那么集权程度就高些；如果希望政策不一致，那么分权的程度就高些。

3. 组织的规模

组织规模越大，管理层次和管理部门就会越多，为了提高管理效率，分权程度就应高些；相反，如果组织规模较小，集权程度就应高些。

4. 组织的成长方式

如果组织是靠组织内部积累由小到大逐级发展起来的，则集权程度较高；若组织是由并购或联合发展起来的，则分权程度较高。

5. 管理哲学

主管人员的个性和他们的管理哲学，对组织的集权和分权的程度影响较大。

6. 管理人员的数量及素质

如果管理人员数量充足、经验丰富、训练有素、管理能力强，则可有较多的分权；反之，趋向集权。

7. 控制技术和手段

如果控制技术和手段比较完善，主管人员对下属的工作和绩效控制能力强，则可有较多的分权。

二、授权

（一）授权的含义

所谓授权，是指上级把自己的职权（主要是指决策权）授给下属，使下属拥有相当的自主权和行动权。授权的含义包括三个方面：

1. 委派任务

向被授权人交代任务。

2. 委任权力

赋予被授权人完成授予的任务所需要的权力。

3. 明确责任

要求被授权人对上级委任的工作和任务负全部责任。负责不仅包括完成任务，也包括向上级汇报任务执行情况和成果等。

（二）授权的原则

为了使授权取得良好的效果，需要灵活运用以下原则：

1. 因事设人，视能授权

授权时应依被授权者的才能高低和知识水平的高低而定。

2. 明确责任

授权时，必须向被授权者明确所授事项的任务目标及权责范围，这样，不但有利于下属完成任务，而且还可以避免下级推卸责任。

3. 不越级授权

越级授权是上层领导把本来属于中层领导的权力直接授予基层领导。这必然导致中层领导的被动,不利于发挥他们的积极性。授权只能对直接下属授权,不能越级授权。

4. 要适度授权

授权过少,往往下属的权力过小,下属的积极性受到挫折,达不到授权的效果;授权过度,等于放弃权力,造成工作杂乱无章,甚至失去控制。

5. 职、责、权、利相当原则

在授权中要注意职务、权力、职责与利益四者之间的对等与平衡,要真正使受权者有职、有权、有责、有利。要注意授权成功后合理报酬的激励作用。

6. 有效监控

授权是为了更有效地实现组织目标,所以,在授权之后,领导者必须保证有必要的监督控制手段,使所授权不失控,确保组织目标的实现。

(三)授权的步骤

简单授权没有必要划分步骤,而较为规范的授权可以划分为以下几个步骤:

1. 下达任务

授权的目的在于完成任务,实现目标,所以,授权过程始于下达任务。首先,要选择好受权者,即授权对象。其次要有正确行使权力的能力,并能有效完成任务。再次,要下达明确的任务,规定所要实现目标的标准,而且,尽可能量化,提出相应要求和完成时限。

2. 授予权力

领导者要将完成任务、实现目标所需的相应类型和程度的权力授给下级。要做到权责对等,并使尽责与一定的利益挂钩。授权中,要特别注意明确权力界限,切不可含糊不清、令出多门。还要注意在授权的同时,给予下级以充分的信任,全力支持,放手使用。

3. 监控和考核

在授权过程中,即下级运用权力推进工作的过程中,要以适当的方式和手段,进行必要的监控,以保证权力的正确运用和组织目标的实现。在工作任务完成后,要对授权效果、工作实绩进行考核和评价。

三、职权类型

职权是指由于占据组织中的职位而拥有的权力。与职权相对应的是职责,指担当组织职位而必须履行的责任。职权是行使职责的必要条件和手段;职责则是行使权力所要达到的目的。

在组织内,最基本的信息沟通就是通过职权关系来实现的。通过职权关系上传下达,使下级按指令行事,上级得到及时反馈信息,进行有效的控制,做出合理的决策。组织内的职权有三种类型:直线职权、参谋职权、职能职权。

(一)直线职权

直线职权是直线人员所拥有的包括发布命令及执行决策等的权力,也就是通常所指的指挥权。每一管理层的主管人员都应具有这种职权,但每一管理层次的功能不同,其职权的大小及范围各有不同。如厂长对车间主任拥有直线职权,车间主任对班组长拥有直线职权。这样,从组织的上层到下层的主管人员之间,便形成一条权力线,这条权力线称为指挥链指挥系统。在这个指挥链中,职权关系必须遵循两条原则:

(1)分级原则　每一层次的直线职权应分明,这样才有利于执行决策职责和信息沟通。

(2)职权等级原则　作为下级,应该“用足”自己的职权,在自己职权范围内做出决策。只有当问题的解决超越自身职权界限时,才可提交给上级。

(二)参谋职权

参谋职权是某项职位或某部门所拥有的辅助性职权,包括提供咨询、建议等。参谋的种类有个人与专业之分,前者即参谋人员。参谋人员是直线人员的咨询人,他们协助直线人员执行职责。专业参谋,常为一个单独的组织或部门,就是一般的“智囊团”。

(三)职能职权

职能职权是某职位或某部门所拥有的原属于直线主管的那部分权力。职能职权大部分是由业务或参谋部门的负责人来行使的,这些部门一般都是由一些职能管理专家所组成。例如一个公司的总经理统揽全局管理公司的职权,其为了节约时间、加速信息的传递,就可以授权财务部门直接向生产经营部门的负责人传达关于财务方面的信息和建议,也可以授予人事、采购、公共关系等顾问一定的职权,让其直接向直线组织发布指示等。

四、处理好三种职权关系

直线与参谋本质上是一种职权关系,而职能职权介于直线职权和参谋职权之间。在管理工作中,应处理好这三种职权之间的关系。

(一)注意发挥参谋职权的作用

从直线与参谋的关系看,参谋是为直线主管提供信息,出谋划策,配合主管工作的。此外,发挥参谋作用,应注意以下几点:

(1)参谋应独立提出建议　参谋人员多是某一方面的专家,应让他们根据客观情况提建议,而不应该左右他们的建议。

(2)直线主管不为参谋左右　参谋应多谋,直线主管应善断。直线主管可广泛听取参谋的意见,但要切记,直线主管是决策者。

(二)适当限制职能职权

限制职能职权的使用,要求做到:

(1)限制使用的范围　职能职权的动用常限于解决"如何做"、"何时做"等方面的问题,若无限扩大到"在哪儿做"、"谁来做"、"做什么"等方面的问题,就会取消直线人员的工作。

(2)限制使用的级别　职能职权不应越过上级下属的第一级。如人事科长或财务科长的职能职权不应越过生产经理这一级。

第四节　人员配备

人员配备是组织根据目标和任务需要正确选择、合理使用、科学考评和培训人员,以合适的人员去完成组织结构中规定的各项任务,从而保证整个组织目标和各项任务完成的职能活动。

一、人员配备的任务、程序和原则

(一)人员配备的任务

1. 物色合适的人选

为组织各部门物色合适的人选是人员配备的首要任务。它根据岗位工作需要,经过严格的考查和科学的论证,找出或培训为己所需的各类人员。

2. 促进组织结构功能的有效发挥

只有使人员配备尽量适应各类职务性质要求,从而使各职务应承担的职责得到充分履行,组织设计的要求才能实现,组织结构的功能才能发挥出来;如果人员的安排和使用不符合各类职务的要求,或人员的选择与培养不能满足组织设计的预期目标,企业组织结构的功能则难以得到有效发挥。

3. 充分开发组织人力资源

人力资源在组织各资源要素中占据首要地位,是组织最重要的资源。现代市场经济条件下,组织之间的竞争实质是人才的竞争,而竞争的成败很大程度上取决于人力资源的开发程度。在管理过程中,通过适当选拔、配备和使用培训人员,可以充分挖掘每个成员的内在潜力,实现人员与工作任务的协调匹配,做到人尽其才、才尽其用,从而使人力资源得到高度开发。

(二)人员配备的程序

人员配备要经下述几个步骤:

(1)制定用人计划,使用人计划的数量、层次和结构符合组织的目标任务和组织机构设置的要求。

(2)确定人员的来源,即从外部招聘还是从内部重新调配。

(3)对应聘人员根据岗位标准要求进行考查,确定备选人员。

(4)确定人选,必要时进行上岗前培训,以确保能适用于组织需要。

(5)将所定人选配置到合适的岗位上。

(6)对员工的业绩进行考评,并据此决定员工的续聘、调动、升迁、降职或辞退。

(三)人员配备的原则

1. 经济效益原则

组织人员配备计划的拟定要以组织需要为依据,以保证经济效益的提高为前提,它既不是盲目地扩大职工队伍,更不是单纯为了解决职工就业,而是为了保证组织的正常运行。

2. 任人唯贤原则

在组织员工的招聘过程中,贯彻任人唯贤的原则,要求在人事选聘方面,从实际需要出发,大公无私,实事求是地发现人才,爱护人才,本着求贤若渴的精神,重视和使用确有真才实学的人。这是组织不断发展壮大,走向成功的关键。

3. 因事择人原则

因事择人就是员工的选聘应以职位的空缺和实际工作的需要为出发,以职位对人员的实际要求为标准选拔、录用各类人员。

4. 量才使用原则

简单地说,量才使用就是根据每个人的能力大小安排到适合的工作岗位上,使其聪明才智得到充分发挥。

5. 程序化、规范化原则

员工的选拔必须遵循一定的标准和程序。科学合理地确定组织员工的选拔标准和聘任程序是组织聘任优秀人才的重要保证。只有严格按照规定的程序和标准办事,才能选聘到真正愿为组织的发展做出贡献的人才。

二、管理人员的选聘

(一)管理人员需要量的确定

管理人员选聘首先要确定管理人员的需要量,管理人员需要量取决于以下几方面的因素:

1. 组织规模

在其他条件相同的情况下,一个组织规模越大,其业务量越大,所需管理人员数量也就越多。

2. 业务的复杂程度

一个组织其业务越复杂,环节越多,所需的管理人员就越多。

3. 管理部门的数目

在特定性质和特定的业务条件下,组织机构设置时层次越多,职能分工越细致,管理部门的数目就越多,所需管理人员的数量也越多。

4. 管理人员的储备

防止管理人员因种种原因出现突然空缺或为将来规模扩张作准备,组织部门不仅需要现职的管理者,而且需要管理人员的储备,以应付管理人员变动、业务规模变动等方面的需要。

(二)管理人员的来源

管理人员来源有两方面:一是从组织内部培养、选拔、任用,即内部来源;二是从组织外部招聘,即外部来源。一个组织要得到优秀的管理者,必须同时考虑内源和外源两个渠道。

1. 内部来源的优点

(1)管理者对组织情况较为熟悉,了解与适应的过程大大缩短,上任后能很快进入角色。

(2)选任时间较为充裕,对备选对象可以进行长期考察,全面了解,做到用其所长、避其所短。

(3)利于鼓舞士气、提高工作热情,调动组织成员的积极性。与此同时,内部提升制度还能更好地维持成员对组织的忠诚度,使那些有发展潜力的员工能自觉地更积极地工作,以促进组织的发展,从而为自己创造更多的职务提升的机会。

(4)手续简单,费用低。

2. 内源选任的缺陷

(1)"近亲繁殖",形成思维定势,不利于创新。

(2)易形成错综复杂的关系网,任人惟亲,拉帮结派,给公平、合理、科学的管理带来了困难。

(3)备选对象范围狭隘,易受管理人员供给不足的制约。

3. 外源招聘的优点

与内源选任相比较,外源招聘也有其优点。

(1)来源广泛,选择空间大。

(2)外源招聘的管理者不受现有模式的约束,能给组织带来新鲜空气和活力,因此有利于组织创新和管理革新。

(3)有利于平息和缓和内部竞争者之间的紧张关系。组织中空缺的管理职位可能有好几个内部竞争者希望得到。每个人都希望有晋升的机会。如果员工发现自己的同事,特别是原来与自己处于同一层次具有同等能力的同事提升而自己未果时,就可能产生不满情绪,懈怠工作,不听管理,甚至拆台。从外部选聘可能使这些竞争者得到某种心理上的平衡,从而有利于缓和他们之间的紧张关系。

4. 外源招聘的缺点

(1)难以准确地判断其管理才能。

(2)费用高。

(3)易造成对内部员工的打击。

一个组织选聘管理人员是采用内源渠道还是外源渠道,要视具体情况而定。一般而言,高层主管一般采用外源渠道;基层和中层管理者可采用内源渠道。在组织成长期多用外源渠道,稳定期多用内源渠道。

(三)管理人员选聘标准

选聘管理人员的标准总的来说是德才兼备。但从具体担任管理职位来说,管理人员应符合下述几方面的要求:

1. 较高的政治素质

管理人员在领导岗位上,其行为对其他人会产生巨大的影响,因此,管理者要具备较高的政治素质,有坚定的马克思主义信仰,热爱祖国,维护共产党的领导,坚持社会主义道路。只有这样才能一切从大局出发,维护社会和国家利益。

2. 良好的道德品质

管理人员能否有效地影响和激发他人的工作积极性,不仅取决于法定职权的大小,而且在很大程度上取决于管理者个人的影响力。形成个人影响力的因素就是管理者个人的道德品质修养,如思想品德、工作作风、生活作风、性格气质等。管理者应克勤克俭、廉洁奉公、工作认真、生活正派、平易近人、言而有信。

只有这样,才能起到楷模作用,赢得下属的尊敬和信赖。

3. 相应的业务知识和水平

管理者未必是专家,但了解一定的专业知识、具备一定的技术水平和能力仍是管理者不可缺少的条件。因为任何管理活动都是在特定的场合下对特定的业务活动及执行这种业务活动的人的管理,都有其业务方面的特殊情况。如不具备一定的业务知识,不懂得业务性质、业务流程和特点,就无法对业务活动进行合理的安排,无法对可能出现的问题做出准确的判断,不能给下属以正确的指导,必然会降低管理效率。

4. 良好的决策能力

管理者离不开决策,"多谋善断"、"当机立断"便成为管理人员的必备能力。管理者应观察细致、思维敏捷,善于发现问题,对问题的性质能准确地做出判断,有效地处理。当然,管理者的决策在其职权的范围内,不能超越权限。

5. 较强的组织协调能力

管理者应有较强的组织协调能力,能够按分工协作的要求合理调配人员,布置工作任务,调节工作进程,将组织目标转化为各部门的实际行动;同时,管理者,应善于协调内部员工之间的关系,创造和谐、融洽的气氛,避免组织内部的冲突,以形成强大的凝聚力。

6. 富于冒险精神

管理的任务不仅在于执行上级的命令,维持系统的运转,而且要在组织系统或部门的工作中不断创新。要创新,就要敢于冒风险。富有冒险精神,应该作为对组织中所有管理人员的共同要求。

7. 健康的身体素质

管理活动既是脑力劳动,又是体力劳动,而且劳动的强度很高。作为一名优秀的管理者,尤其是高层管理者要有健康的体魄和充沛的精力,要学会科学的工作方法以恢复和保持旺盛的精力。

(四)管理人员的选聘程序和方法

不论是外聘还是内部提升,为了保证新任管理人员符合工作的要求,往往需要把竞争机制引入人员配备工作。通过竞争,可以使组织筛选出最合适的管理人员。通过竞争来选聘管理人员的程序和方法有以下几点:

1. 公开招聘

当组织中出现需要填补的管理职位时,根据职位所在的管理层次,建立相应的选聘工作委员会或小组。工作小组既可是组织中现有的人事部门,也可是代表所有者利益的董事会,或由各方面利益代表组成的专门或临时性机构。

选聘工作机构要以相应的方式，通过适当的媒介，公布待聘职务的数量、性质以及对候选人的要求等信息，向组织内外公开招聘，鼓励那些自认为符合条件的候选人积极竞聘。

2. 粗选

应聘者的数量可能很多，选聘小组不可能对每一个人进行详细的研究和认识，否则所花费用过高。这时，需要进行初步筛选。内部候选人的初选可以比较容易地根据组织以往的人事考评来进行。对外部应聘者则需通过简短的初步会面、谈话，尽可能多地了解每个申请人的情况，观察他们的兴趣、见解、独创性等，淘汰那些不能达到这些基本要求的人。

3. 对初选合格者进行知识和能力的考核

在粗选的基础上，要对余下的数量相对有限的应聘者进行细致的考核和评价。

(1)智力和知识测验　测验是通过考试的方法测评候选人的基本素质，包括智力测验和知识测验两种基本形式。智力测验要求通过候选人对某些问题的回答，来测试其思维能力、记忆能力、思想的灵敏度和观察复杂事物的能力等。知识测验是要了解候选人是否掌握了与待聘职务有关的基本的技术知识和管理知识，缺乏这些知识，候选人将无法进行管理工作。

(2)竞聘演讲与答辩　发表竞聘演讲，介绍自己任职后的计划和打算，并就选聘工作人员或与会人员的提问进行答辩，可以为候选人提供充分展示才华、自我表现的机会。

(3)案例分析与候选人实际能力考核　测试和评估候选人分析问题和解决问题的能力，可以借助“情景模拟”或称“案例分析”的方法。这种方法是将候选人置于一个模拟的工作情景中，运用多种评价技术来观测、考察其工作能力和应变能力，以判断该候选人是否符合某项工作的要求。

4. 民意测验

在选聘管理人员时，特别是在选聘组织中较高管理层次的管理人员时，还应征询所在部门、甚至是组织所有成员的意见，进行民意测验，以判断组织成员对这些候聘人员的接受程度。

5. 选定管理人员

在上述各项工作的基础上，利用加权的方法，算出每个候选人知识、智力和能力的综合得分，考虑到民意测验反映的受群众拥护的程度，并根据待聘职务的性质，选聘既有工作能力，又被同事和部属广泛接受的管理人员。

三、管理人员的考评

（一）管理人员考评的目的和作用

管理人员考评就是根据管理工作的需要，对管理者的素质、行为及绩效进行考核和评价。其主要目的和作用是：

1. 目的

（1）了解管理者的管理业绩。

（2）掌握管理者的管理能力。

（3）发现管理工作中存在的问题。

2. 重要作用

（1）为人事调整提供依据。

（2）为管理人员的培训提供依据。通过考评可以帮助组织了解每个管理人员的优势、局限、内在潜力，因而能够指导组织针对管理队伍的状况和特点来制订相应的培训和发展规划。

（3）激励管理者不断自我提高和自我完善。

（4）为合理确定并适当调整管理者的报酬提供依据。报酬的高低应根据贡献的大小来确定。只有通过客观公正的考评才能确切地了解、估价各管理人员的贡献，使报酬的确定有较为客观的依据。

（二）管理人员考评内容

管理人员考评的内容主要包括以下方面，即德、能、勤、绩及个性的考核。

1. 德

包括思想政治、工作作风、社会道德及职业道德水平等方面。思想政治方面主要指管理者的政治倾向、理想方向、价值取向；工作作风即办事的风格，如是否雷厉风行，是否尊重别人、实行民主，是否尊重科学、知错必改等；社会道德是指管理者在处理个人与社会关系方面的倾向，如是否遵纪守法、维护公共利益等。

2. 能

指员工从事工作的能力，包括体能、学识和智能、技能等内容。体能取决于年龄、性别和健康状况等因素；学识包括文化水平、专业知识水平、工作经验等项目；智能包括记忆、分析、综合、判断、创新等能力；技能包括操作、表达、组织等能力。体能、学识、智能和技能是四个互相联系，而又有区别的能力因素。体能和学识是基础，人若没有足够的精力，就很难承担艰巨的任务；人的学识为智能和技能提供原材料；智能和技能则是把体能、学识转化为改造世界能力的关键。能力是管理人员考评的重点和难点。

3. 勤

指管理人员的积极性和工作中的表现,包括纪律性、干劲、责任心、主动性等。积极性决定着人能力的发挥程度。只有将管理人员的积极性和能力结合起来考核,才能发现管理人员的潜力。

4. 绩

指管理者的工作效率及效果。一个管理人员的绩效或贡献除了取决于管理者的能力以外,还受其所在的管理环境的影响。因此,在评价管理人员的工作业绩时,应充分考虑到环境的影响,使管理人员的业绩得到恰如其分的评价。

(三)管理人员的考评方法

常用的管理人员考评方法主要有以下几种:

1. 目标考评法

适用于干部目标任期制,根据目标进行考评,包括实施目标的进度、措施以及真正实现的程度。

2. 民意测验法

这是现代社会日益广泛使用的一种调查方法,它包括投票法、对话法、问卷法等。投票法是指由考核者对领导效能按优秀、良好、较好、一般、较差等几个层次进行投票。这项工作可以在组织的全体成员中进行,也可以只在部分代表中进行。对话法是指找个别人谈话,或找几个人开小型座谈会,直接了解对管理者的评价。与其他方式比较,对话法的明显优点是亲切、灵活、即时反馈,可随时就某个问题做深入了解;缺点是范围不广。问卷法则是指将考评问题分级分类列表后发放,要求被调查者按要求填好后送回,由考评小组进行数据综合。此法的优点是范围广、信息规范、避免对话中可能有的顾虑。这种方法的有效性完全依赖于问卷设计的科学性。所提的问题应避免带暗示。

3. 专家评估法

这是考评的一项重要方法。专家是对特定的工作具备专门知识和经验的人,他的专业知识使其可以超越普通人的意识,容易理解管理活动自身的特殊要求;同时,由于专家不直接参与决策,又可以超脱某些人际关系的纠葛,具有“旁观者清”的优势。因而,组织专家对领导效能进行考评,是一项非常重要而且必要的方法。

4. 排队法

这种方法又叫排列法。它是指在工作实绩评估中将各个被考评者相互比较,按其业绩大小进行由最优到最差的排列,并以此为依据确定被考评者的考评等级和分数。这种方法操作简便,被广泛采用。

四、管理人员的培训

为了满足组织的工作需要,对管理人员进行适当形式的培训是提高管理水平、增强组织运作效率的重要环节。

(一)管理人员培训的作用

(1)通过培训可以进一步提高管理人员的管理水平。

(2)通过培训可以增强组织的运作效率。

(3)通过培训可以增强组织的竞争力。

(4)培训也是进行管理人员储备的重要方式。

(二)管理人员培训的内容

为了有效实现管理人员培训目标,提高培训效率,首先要确立管理人员培训的内容,使培训有针对性。不同职务和级别的管理者的管理业务性质和范围千差万别,对管理者能力和素质的要求也各不相同。因此,培训内容也应有所区别和侧重。一般而言,管理人员培训包括下述几方面的内容:

1. 业务培训

管理不可能脱离实际业务内容,管理人员也不能不了解所在部门的业务性质和基本流程。熟悉业务知识是进行有效管理的前提之一。有些管理人员并非所在部门的业务专门人员,对他们进行业务培训是十分必要,甚至是必不可少的;同时,由于现代科技及其应用的快速发展,管理者即使是专项业务人员,也应参加一定的业务培训以适应知识、技术不断更新的需要,把握本专业发展动态,准确地进行预测和增强管理的前瞻性。

2. 管理理论培训

管理者只有掌握一定的管理理论,才能进行科学的管理活动。对任何层次的管理者来说,掌握一定的管理理论都是必要的。

3. 管理能力培训

管理能力包括决策能力、组织协调能力、领导活动能力等。管理者的管理能力可以通过科学的培训而得到提高。

4. 交际能力及心理素质培训

管理能力的发挥必须借助于管理者身心素质来实现。管理是支配他人行为的行为,与人打交道必须有较强的交际能力,不能很好地与人相处就不是合格的管理者。高层管理者尤其如此,不仅要与组织内部人员相处,而且要与组织外部的人员交往、相处,起着树立组织形象、扩大组织影响的作用。同时管理者要与各种人相处,可能遭遇各种事件,因此要具备良好的心理素质,如必要的克制,遇到意外和突发事件要冷静,关键问题的决定要果断等。良好的心理素质也可借助于现代心理学研究成果,通过科学培训而形成。

(三)管理人员培训方法

1. 脱产学习

即管理人员暂时脱离工作岗位,专门到有关培训机构去学习一段时间。脱产培训的系统性强,能较为全面地接受管理理论和管理方法等方面的教育和训练,是提高管理水平和档次的主要方法之一。脱产培训的具体形式有:开办短期培训班,举办知识讲座,管理人员定期脱产轮训,选送到高等院校接受正规教育等。

2. 在职培训

即通过日常工作实践锻炼和培训管理人员。该方法简便易行,是提高管理技巧和能力的基本方法。具体形式有:

(1)职务轮换　即让管理人员依次分别担任同一层次不同职务或不同层次相应职务。该方法能全面培养管理者的能力,开阔其眼界,促使其认识自身的优缺点,使管理者按其所长确定其愿意管理的职务或岗位。这样不仅可以使管理者丰富技术知识和管理能力,掌握组织业务与管理全貌,而且可以培养他们的协作精神和系统观念,使他们明确系统的各部分在整体运行和发展中的作用,从而在解决具体问题时,能自觉地从系统的角度出发,处理好局部与整体的关系。

(2)临时职务　当组织中某个主管由于出差、生病或度假等原因而使某个职务在一定时期内空缺时(当然组织也可有意识地安排这种空缺),则可考虑让受培训者临时担任这项工作。安排临时性的代理工作具有和设立助理职务相类似的好处,可以使受培训者进一步体验高层管理工作,并在代理期内充分展示或迅速弥补其所缺乏的管理能力。

(3)委以助手职务　即安排有培养前途的管理人员担任主管领导的助手,使其在较高层次上了解并通过授权参与各项高层管理工作。设置助手职务不仅可减轻主管领导的负担,而且有助于培训提拔管理人员。

3. 其他方法

如决策训练、角色扮演、敏感性训练等方法。

第五节 组织变革

一、组织变革的原因

任何设计得再完美的组织,在运行了一段时间以后也都必须进行变革,这样才能更好地适应组织内外条件变化的要求。组织变革是适应内外条件的变化而进行以改善和提高组织效能为根本目的的一项活动。一般来说,引起组织变革的主要因素可以归纳为:

(一)战略

组织在发展过程中需要不断地对其战略的形式和内容做出不断的调整。新的战略一旦形成,组织结构就应该进行调整、变革,以适应新战略实施的需要。结构追随战略,战略的变化必然带来组织结构的更新。

企业战略可以在两个层次上影响组织结构:一是不同的战略要求开展不同的业务和管理活动,由此就影响到管理职务和部门的设计;二是战略重点的转移会引起组织业务活动重心的转移和核心职能的改变,从而使各部门、各职务在组织中的相对位置发生变化,相应地就要求对各管理职务以及部门之间的关系作出调整。

(二)环境

环境变化是导致组织结构变革的一个主要影响力量。当今企业普遍面临全球化的竞争和由所有竞争者推动的日益加速的产品创新,以及顾客对产品质量和交货期愈来愈高的要求,这些都是环境动态性的表现。而传统的以高度复杂性、高度正规化和高度集权化为特征的机械式组织,无法适应新的环境条件,对迅速变化的环境难以做出灵敏的反应。与此同时,组织作为整个社会经济大系统的一个组成部分,与外部其他社会经济子系统之间存在着各种各样的联系。所以,外部环境的发展和变化必然会对组织结构的设计产生重要的影响。

(三)技术

组织的任何活动都需要利用一定的技术和反映一定技术水平的特殊手段进行。技术以及技术设备的水平,不仅影响组织活动的效果和效率,而且会对组织的职务设置与部门划分、部门间的关系，以及组织结构的形式和总体特征等产生相当程度的影响。比如，现代信息技术的发展会使现代企业组织发生巨大的变化，企业信息网建设大规模化，使企业组织线模糊化；“多对多式”的信息传递方式将代替“一对多式”的信息传递关系，使得网上各信息处理单位之间的关系变为水平的对等关系或是纵横交错的对等关系，将使企业组织结构从传统的金字塔式的组织结构，变“扁”、变“瘦”，向水平化发展。所谓变“扁”，就是形形色色的纵向结构正在拆除，中间层次被迅速削减；所谓变“瘦”，是指组织部门横向压缩，将原来企业单元中的辅助部门抽出来，组成单独的服务公司，使各企业能够从法律事务、文书等后勤服务工作中解脱出来。网络组织结构是信息时代的代表性组织结构，由两个部分组成：一是战略管理、人力资源管理、财务管理与其他功能相分离，形成一个由总公司统一管理和控制的核心；二是根据产品、地区、研究和生产经营业务的需要形成组织的立体网络。

(四)组织规模和成长阶段

组织的规模往往与组织的成长或发展阶段相关联。伴随着组织的发展，组织活动的内容会日趋复杂，人数会逐渐增多，活动的规模和范围会越来越大，这样，组织结构也必须随之调整，才能适应成长后的组织的新情况。组织变革伴随着企业成长的各个时期，不同成长阶段要求不同的组织模式与之相适应。例如，企业在成长的早期，组织结构常常是简单、灵活而集权的。随着员工的增多和组织规模扩大，企业必须由创业初期的松散结构转变为正规的、集权的结构，其通常的表现形态就是职能型结构。而当企业的经营进入多元产品和跨地区市场后，分权的事业部结构可能更为适宜。企业进一步发展而进入集约经营阶段后，不同领域之间的交流和合作以及资源共享、能力整合、创新力激发问题愈益突出，这样，以强化协作为主旨的各种创新型组织形态便应运而生。总之，组织在不同成长阶段所适合采取的组织模式是各不一样的。管理者如果不能在组织步入新的发展阶段之际及时地、有针对性地变革其组织设计，就容易引发组织发展危机。这种危机的有效解决，必须领先组织结构的变更。

【课堂讨论】

在改革开放初期，许多企业设置了公共关系部？在计划经济条件下企业生产部是第一大部。现在第一大部让位给了市场营销部，无锡小天鹅公司甚至提出“工厂的一线不在生产车间，而是在市场”，这是什么原因造成的？大家还能举出组织变革的例子吗？

二、组织变革的动力和阻力

(一)组织变革面临两种力量的对比

组织变革时常面临的动力和阻力的较量,会从根本上决定组织变革的进程、代价,甚至影响到组织变革的成功和失败。

组织变革的动力,指的就是发动、赞成和支持变革并努力去实施变革的驱动力。总的说来,组织变革动力来源于人们对变革的必要性及变革所能带来好处的认识。比如,企业内外各方面客观条件的变化,组织本身存在的缺陷和问题,各层次管理者(尤其是高层管理者)居安思危的忧患意识和开拓进取的创新意识,变革可能带来的权力和利益关系的有利变化,以及能鼓励革新、接受风险、容忍失败,变化、模糊和冲突的开放型组织文化,这些都可能形成变革推动力量,引发变革的动机、欲望和行为。

组织变革中的阻力,则是指人们反对变革、阻挠变革甚至对抗变革的制约力。这种制约组织变革的力量可能来源于个体、群体,也可能来自组织本身甚至外部环境。组织变革阻力的存在,意味着组织变革不可能一帆风顺,这就给管理者提出了更严峻的变革管理的任务。成功的组织变革管理者,应该注意到所面临的变革阻力可能会对变革成败和进程产生消极的、不利的影响,为此要采取措施减弱和转化这种阻力;同时变革管理者还应当看到,变革的阻力并不完全都是破坏性的,要通过妥善的管理或自理将其转化为积极的、建设性的动力。比如,阻力的存在至少能引起变革管理者对所拟订的变革方案和思路予以更理智、更全面的思考,并在必要时做出修正,以使组织变革方案获得不断的完善和优化,从而取得更好的组织变革效果。

(二)组织变革阻力的主要来源

1. 个体和群体方面的阻力

个体对组织变革的阻力,主要是因为固有的工作和行为习惯难以改变,就业安全需要、经济收入变化、对未知状态的恐惧以及对变革的认知存有偏差等而引起。群体对变革的阻力,可能主要来自:自上而下的群体规范的束缚;群体中原有的人际关系可能因变革而受到改变和破坏;群体领导人物与组织变革发动者之间的恩怨、摩擦和利益冲突以及组织利益相关群体对变革可能不符合组织或该团体自身最佳利益的顾虑等。

2. 组织的阻力

来自组织层次的对组织变革的阻力,包括现行组织结构的束缚、组织运行的惯性、变革对现有责权利关系和资源分配格局所造成的破坏和威胁，以及追求稳定、安逸和确定性甚于革新和变化的保守型组织文化等，这些都是可能影响和制约组织变革的因素。此外，对任何组织系统来说，其内部各部门之间以及系统与外部之间都存在着强弱程度不等的相互依赖和相互牵制的关系（这种关系是组织作为系统所固有的特征）。因此，具有一定广度和深度的组织变革通常只宜采取分阶段、有计划地逐步推进的渐进式变革策略。在这种策略下，每一计划期内的变革都只能针对有限的一些组织问题，这就可能导致系统内外尚未变革的要素对变革构成一种内在的牵制和影响力。对这种制约力量，管理者在设计组织变革方案时应事先予以周密的考虑，以便安排合适的变革广度、深度和进度。

3. 外部环境的阻力

组织的外部环境条件也往往是形成组织变革力量的一个不可忽视的来源。比如，与充分竞争的产品市场会推动组织变革相对比，缺乏竞争性的市场往往造成组织成员的安逸心态，束缚组织变革的进程；对经理人员经营业绩的考评重视不足或者考评方式不正确，会弱化组织变革驱动力；全社会对变革发动者、推进者的期待和支持态度及相关的舆论和行动，以及企业特定组织文化在形成和发展中所根植的整个社会或民族的文化特征，这些都是重要的影响企业组织变革成败的力量。

（三）组织变革阻力的管理对策

概括地说，改变组织变革力量及其对比的策略有三类：一是增强或增加驱动力；二是减少或减弱阻力；三是同时增强动力和减少阻力。实践表明，在不消除阻力的情况下增强驱动力，可能加剧组织中的紧张状态，从而无形中增强对变革的阻力；在增加驱动力的同时采取措施消除阻力，会更有利于加快变革的进程。

三、组织变革的过程

成功而有效的组织变革，通常需要经历解冻、改革、冻结这三个有机联系的过程。

（一）解冻

由于任何一项组织变革都或多或少会面临来自组织自身及其成员的一定程度的抵制力，因此，组织变革过程需要有一个解冻阶段作为实施变革的前奏。解冻阶段的主要任务是发现组织变革的动力，营造危机感，塑造出改革乃是大势所趋的气氛，并在采取措施克服变革阻力的同时具体描绘组织变革的蓝图，明确组织变革的目标和方向，以形成可以实施的比较完善的组织变革方案。

（二）改革

改革或变动阶段的任务就是按照所拟订变革方案的要求开展具体的组织变革运动或行动，以使组织从现有结构模式向目标模式转变。这是变革的实质性阶段，通常可以分为试验与推广两个步骤。这是因为组织变革的涉及面较为广泛，组织中的联系错综复杂，往往“牵一发而动全身”。这种状况使得组织变革方案在全面付诸实施之前一般要先进行一定范围的典型试验，以便总结经验，修正进一步的变革方案，在试验取得初步成效后再及时进入大规模的全面实施阶段。还有另一个好处，那就是可以使一部分对变革尚有疑虑的人们能在试验阶段便及早地看到或感觉到组织变革的潜在效益，从而有利于争取更多组织成员在思想和行动上支持所要进行的组织变革，并踊跃投身于变革的行列，由此实现从变革观望者、反对者向变革的积极支持者和参加者转变。

（三）冻结

组织变革过程并不是在实施了变革行动后就宣告结束。涉及人的行为和态度的组织变革，从根本上说，只有在前面有个解冻阶段、后面又有个冻结阶段的条件之下改革才有可能真正地实现。现实中经常出现组织变革行动发生了之后，个人和组织都有一种退回到原有习惯了的行为方式的倾向。为了避免出现这种情况，变革的管理者就必须采取措施保证新的行为方式和组织形态能够不断地得到强化和巩固。这一强化和巩固的阶段可以视为一个冻结或者重新冻结的过程。缺乏这一冻结阶段，变革的成果就有可能退化消失，而且对组织及其成员也将只有短暂的影响。

【小 结】

组织是管理的基本职能之一。现实运行中的组织往往是正式组织与非正式组织并存。

组织结构的本质是成员间的分工合作关系。它由职能结构、层次结构、部门结构和职权结构组成。部门划分可按人数、时间、职能、产品、地区、设备、服务对象等多种方法进行。管理幅度与管理层次有着反比例的数量关系。由于不同的管理幅度与管理层次的组合，形成了高层结构和扁平结构两种组织形态。组织结构的基本类型有：直线制、职能制、直线职能制、事业部制、矩阵制和多维立体组织结构。

集权与分权反映组织中决策权限的集中与分散程度。组织在配置决策权限时不能过分集中，也不能过于分散，而应该遵循集权与分权有机结合的原则。授权是分权的重要形式,授权应遵循正确的原则和步骤。组织职能的一个关键环节是自理好职权关系。组织内的职权有三种类型:直线职权、参谋职权和职能职权。

确定了组织内的结构与职位后,就要配备组织所需的人员。人员配备要遵循经济效益、任人惟贤、因事择人、量才使用和程序化、规范化原则。

组织变革是在动力与阻力的此消彼长中逐渐推进的。管理者要采取有效措施改变这两种力量的对比,促进组织变革的顺利进行。而从组织变革实质上是一个“破旧立新”过程的角度来说,成功的组织变革通常需要经历解冻、改革、冻结这三个有机关联的步骤。

【思考与练习】

一、名词解释

1. 组织　2. 组织结构　3. 管理幅度　4. 管理层次　5. 集权

二、单项选择

1. 直线型组织结构一般只适用于(　　)。

A. 大型组织

B. 小型组织

C. 需要职能专业化管理的组织

D. 没有必要按职能实现专业化管理的小型组织

2. 职能型组织结构的最大缺点是(　　)。

A. 横向协调差　　B. 多头领导

C. 不利于培养上层领导　　D. 适用性差

3. 直线——参谋型组织结构的主要缺点是(　　)。

A. 结构复杂　　B. 多头指挥

C. 职责权限不清　　D. 不利于调动下属的积极性和主动性

4. 事业部制组织结构产生于 20 世纪(　　)。

A. 20 年代　　B. 30 年代

C. 40 年代　　D. 50 年代

5. 组织中主管人员监督管辖其直接下属的人数越是适当,就越是能够保证组织的有效运行是组织工作中(　　)的内容。

A. 目标统一原理　　B. 责权一致原理

C. 管理宽度原理　　D. 集权与分权相结合原理

6. 组织规模一定时,组织层次和管理宽度呈(　　)关系。

A. 正比　　　　B. 指数
C. 反比　　　　D. 相关

7. 管理宽度小而管理层次多的组织结构是(　　)。
A. 扁平结构　　　　B. 直式结构
C. 直线型组织结构　　　　D. 直线——参谋型组织结构

三、填空题

1. 组织内外部环境的变化,都要求时(　　)进行调整,以适应变化。
2. 组织变革的原因主要是(　　)、(　　)和(　　)三个方面。
3. 授权包括(　　)、(　　)和(　　)三个方面的含义。
4. 目标统一原理是指组织中每个部门或个人的贡献越是有利于实现组织(　　),(　　)就越是合理有效。
5. (　　)组织结构又被称为"斯隆模型"。
6. 组织结构设计的成果是(　　),职位说明书和(　　)。
7. 组织内外部环境的变化,都要求对组织(　　)进行调整,以适应变化。
8. 管理宽度是指主管人员(　　)地监督、管理其(　　)的人数。
9. (　　)是指组织中主管人员为完成规定的任务有权管辖的一个特殊的领域。

四、判断题

1. 组织战略要服从组织结构。(　　)
2. 管理宽度是指组织中一名管理人员管辖的下属人员的数量。(　　)
3. 直线制组织结构的最大优点是实现了指挥统一。(　　)
4. 职能制组织结构的缺点之一是形成了多头指挥。(　　)
5. 过早或过迟发动变革都可能导致变革的失败。(　　)
6. 在处理组织的职权关系时,应充分发挥参谋职权,并尽可能限制职能职权。(　　)

五、复习思考题

1. 组织结构所包含的内容及构成要素有哪些?
2. 部门划分有哪些方法?
3. 什么叫非正式组织?简述非正式组织的影响作用。
4. 怎样理解管理幅度与管理层次之间的关系?
5. 组织结构的基本类型有哪些?各有何特点?
6. 影响集权与分权的因素有哪些?
7. 何谓授权?其原则和步骤是什么?

8. 从组织内部和外部选聘管理人员各有什么优缺点?

9. 管理人员选聘的标准和考评的主要内容是什么?

10. 什么是组织变革的动力和阻力?组织变革阻力的主要来源是什么?

六、案例分析题

家乐福:分权为生 集权为升

“合久必分,分久必合”本是中国古代用以形容天下政治格局的一句至理名言,时至今日,家乐福中国战略却再次将这样的历史情形在商场上演绎的淋漓尽致。追溯这场变革的起端,源于2005年2月份家乐福中国区高层人事的变动,中国区总经理席位则由原家乐福阿根廷总经理EricLegros接替。5月份,家乐福集团高层亲临中国,高调宣布把中国区提升为集团直接管理的区域市场,这是除法国本土外,家乐福唯一直接管辖的二级区域市场。7月份,据相关媒体报道,家乐福华东、华南等地区的店长、小区区长级别的人员有大规模的变动。但这一切的调整还仅仅只是刚刚开始,下一步可能会有更大的变动。与此同时,单门店店长原本全权拥有的商品采销管理权和人事任免权的部分已经被收至小区级别的管理层级。在上述的一系列变革措施中,两条主线一直清晰可见:其一,家乐福中国区总部乃至家乐福集团对加强控制中国区域市场的意图方面非常明显;其二,一贯以“灵活性强、权力大”著称的家乐福中国门店店长集权制受到了各方面的削弱。不难看出,这一场变革的战略出发点是:回收门店权力,加强区域市场统一管理。

在零售领域,谈起集权和分权,大家自然就会联想到沃尔玛和家乐福。沃尔玛在经营上强调系统性和集权性,拥有先进的统一的信息系统和高效的物流配送系统,是集权的典型;家乐福则强调灵活性和本土化,各门店店长拥有因地制宜的高度的商品管理权和人事任免权,是分权的榜样。在全球市场上,沃尔玛略胜一筹;在中国市场上,家乐福技高半分。但如今在这“十年之痒”的坎上,家乐福中国的变革却俨然开始了“集权化”。

1. 分权:一切为了生存

“兵无常形,水无定势”可谓是家乐福中国战略十年的精髓体现。从1995年进入中国开始,家乐福始终坚持灵活性和本土化的两条基本原则,其全国经营策略并无统一定势,也无一致的价格策略,一切策略的制定都是基于城市性和区域性的,一切策略的变化都基于竞争对手和顾客的变化而变化。

这一战略思维的形成有其特殊的时代性。在中国零售业未对外开放之际,家乐福于1995年以商业管理咨询身份进入中国市场,并以“明修栈道,暗渡陈仓”的方式在中国大陆开设了其第一家分店；此后，在深谙中国国情的前提下，充分发挥其灵活性，与各级地方政府搞好关系，使得其分店在全国各地开花结果；为了能够在中国市场生存下来，相比沃尔玛中国的中央集权，家乐福中国采取了将大量权力（商品采销管理权和人事任免权）下放至地方各个门店店长手中的分权管理体制；同是针对中国市场广阔、交通不便的特殊性，建立了地方采购和供货商配送的物流管理体系。

毫不夸张的说，是分权管理体制的灵活运用和本土化的演进使得家乐福在中国市场远远超过世界第一的沃尔玛。

2. 集权：明天会活的更好

过去的十年，分权让家乐福能够在中国市场顽强的生存了下来，并且在全国30多个城市布局了70多家分店；未来的十年，家乐福显然并不仅仅满足于此。在依靠分权实现企业规模经济后，如何将其转化为规模效益并最大可能攫取利润将成为家乐福未来十年内的最大挑战，而集权将会取代分权成为其战略实施的源动力，原因主要有四：

（1）家乐福门店布局基本完成，需要统一协调。传统的企业集权分权理论认为：企业规模较小，应以集权为主；企业规模较大，应以分权为重。当企业积累到一定规模后，分权固然重要，但集权也不容忽视。因为集权有利于资源的合理分配，以保证有限资源的利用最大化；同时集权有利于整合企业的综合竞争力，避免分权造成的各自为政和一盘散沙。

（2）山头文化阻碍企业文化的统一，集权有助于战略的实施。十年分权造成各自为政的山头文化将会对家乐福企业文化的统一造成阻碍；而适当的集权反而有利于消除山头文化，建立积极战略性文化并最终推动战略目标的实现。

（3）贪污腐败影响到家乐福利润的实现。如果说集权是腐败滋生的温床，那么分权也并非“灵丹妙药”。“是药也有三分毒”，相信家乐福对此深有感触，因为其单店采购腐败已经成为吞噬企业利润的重要因素之一，并达到了触目惊心的地步。

（4）分权过渡造成管理混乱。在企业管理制度中关于分权和集权的经典现象是：一放就乱，一集就死。而如何做到“放而不乱，集而不死”，一直是众多企业苦苦追求而至死不明的境界。“放中有集，集中带放”是实现这一境界的唯一途径，家乐福分权过渡造成的管理混乱终将通过适当集权予以解决。但道理简单，实际上做起来却并非易事，关键在于如何寻找到二者的合理平衡点。

3. 集权：任重而道远

实际上，相比于沃尔玛高度集中的程序化操作模式，家乐福正在力争寻求一种即能保持分权灵活性的前提下适度集权的方法,使二者达到合理的平衡点。在单门店权力被集中到以城市为单位的小区域市场的同时,总部和大区市场的部分权力也在继续下放到小区域市场,以达到集中管理的目的之余保证对市场反应的灵活性。在众多先行者长期探索而未果的情形下,家乐福是否能够找到一条适合自身发展的集权和分权结合点的道路还言之过早。毕竟,从战术上来讲,还有很多难题需要逾越。

首先,外部环境的应变考验。门店由于贴近市场,对消费者变化尤为敏感。如今家乐福门店逐步丧失了商品管理权和人事任免权,也就失去了在第一时间做出决策的机会,小区域市场能否在最短的时间内做出灵活性的政策调整将是考验之一。

其次,物流配送系统考验。家乐福取消了单门店采购和供应商配送制度,取而代之以区域市场统一采购和五大区域配送中心统一配送。区域市场特殊性、物流系统信息化水平、交通系统发达水平、供货速度等都将面临战术层面的考验。

再次,管理层管理能力考验。权力的下收上放,导致权力完全集中在小区域市场管理层手中,因此对家乐福中层管理人员的素质来讲是一个极大的挑战。

最后,战略层和战术层区分能力考验。集权和分权要做到平衡,找到适合的"放中有集,集中有放",必须要企业具有战略层和战术层区分能力。战略上要坚持集权主导,战术上要以分权为首选。正如毛泽东所说的:战略上的集中指挥和战役上的分散指挥,这将是家乐福面临的最大考验。

此外,家乐福在门店商品管理、人员管理、供应商管理等其他方面也都将因为集权而受到各种各样的考验。

案例思考题:

1. 家乐福为何要实现由分权体制向集权体制的过渡?
2. 家乐福如何才能处理由分权体制向集权体制的过渡工程中的矛盾?

【案例分析】

Z公司的组织变革

Z公司是一家电子企业。近年来,由于外部环境变化较大,市场竞争日趋激烈,企业经营状况日趋恶化,经济效益逐年滑坡,至1994年底企业再现经营亏损。为此,企业负责人在组织专家论证、多方咨询的基础上,对企业经营症结和企业组织结构、决策结构等方面进行全面分析后发现:尽管企业1994年底出现账面亏损，但部分分厂和车间的赢利指标和其他综合经济指标却遥遥领先，其生产的产品也具有相对独立性和巨大的市场前景，然而多年来由于受传统的工厂式组织结构和管理方式的局限，这部分适销对路产品的生产规模和经营效益难以得到发展，其经营业绩一直得不到充分的体现，也影响其经营积极性的发挥。

认识到上述问题后，该公司决策层提出了调整企业内部组织结构，进行资产剥离组合的变革设想，并加以实施。

(1)通过实行股份制改造，对原有的企业组织进行重新整合与裂变，将有发展前景、产品畅销市场的部分分厂和车间通过资产评估、折价入股的方式，组建成股份有限公司；原有的企业部分车间及后勤服务系统在局部调整基础上，保留整体框架精简部分科室和人员，以保持企业外部及上下对口联系。新组建的股份有限公司以适销对路的产品为龙头，集团化经营，发展规模经济，扩展市场份额。

(2)重新设计组织结构，打破原有的以职能划分为主的机构设置，取而代之的则是以市场部为主体，以产品开发部、资金核算部为两翼的扁平组织结构。这种结构的最显著特点是扁平化，只有决策层和实施层，公司各个单位是平等的，管理全部放到各单位。

(3)企业分为集团公司总部和下属工厂、子公司两个层次。集团公司是一级法人，下属各工厂、子公司对外也是独立法人，实行混合所有制，但生产经营活动都由集团公司统一管理，集团公司掌握决策权和资本经营实施权。这种结构吸收了事业部制结构和直线制结构的优点，形式上没有事业部一级机构，但通过总部对下属单位直线管理，使下属单位基本上发挥事业部功能。

(4)集团公司作为公司最高决策机构非常精干，由18人组成，即总经理、副总经理、总会计师、工会主席等，指挥下属单位的生产和经营。处于扁平式双层结构第二层的是各工厂和子公司，各工厂内部的组织机构设置也高效精干，实行厂长负责制，最大限度减少非生产性人员，以提高劳动生产率。

(5)在内部机构监管方式上，通过股东会、监事会、董事会三者制衡机制和法人治理结构以及上述企业组织的重新整合，形成了具有较强竞争力的企业集团。至1996年底，新组建股份有限公司利税比上年同期提高了1倍多，原有企业亏损额有所减少，两者相抵后企业仍略有盈余。与此同时，新组建公司的产品市场覆盖率也由原来的3%提高到6.5%，大大提高了该企业产品的市场竞争力。

为了充分调动企业职工积极性，在整合正式组织结构的同时，该企业还善于通过企业文化的培育，树立与市场经济相适应的企业精神，以此来凝聚职工、激发广大职工的生产经营积极性、充分发挥非正式组织的整合作用，提出了“今天不努力找市场,明天就到市场找工作”的口号,以此鞭策、激励职工奋发向上,为充分发挥老企业职工的积极性,提出了“我为新厂做奉献、新厂兴盛我光荣”的倡议,鼓励企业职工为新厂发展出谋划策,提合理化建议,新厂在发展规模经济的同时,也从资金、技术、人才等各方面,为老厂提供扶持和帮助,从而形成了新公司和老企业共同发展的新局面。

问题1 Z公司进行了哪几方面的变革,变革的依据是什么?

问题2 Z公司的组织变革为何能使Z公司得到进一步发展?

第五章 领导

管理格言:一个管理者的权威的有无或大小,不是取决于上级的任命,而是来自于下级的认可。

【学习目的与要求】

•知识点

1. 了解领导的概念、作用,理解管理与领导的关系与区别;

2. 了解领导权力,理解领导方式理论;

3. 了解沟通的过程、概念、作用,了解沟通的类型,理解沟通障碍的主要因素及改善措施;

4. 掌握沟通方法。

•技能点

1. 能够区别不同领导方式,从而在一定条件下选择合适的领导方式;

2. 能够与自己的领导和下属充分沟通,能够找到沟通中存在的主要障碍并及时改善。

【案例导入】

埃贡·施内尔是一位曾在某民营子公司工作的聪明年轻的工程师,虽然作为一名工程师他在公司事业上十分成功,也十分喜欢自己的工作——开发电子游戏机,但他还是决定辞职成立自己的 VGI 公司。他想尽方法,四处借钱,也想出了许多好办法来经营,尽管如此,他失败了,而且几乎破产。最后,在一家大型零售联合企业给予他一张为数很大的订单之后,他取得了成功。但成功之后接着又是失败,失败之后又取得了新的成功。

雇员喜欢在施内尔的公司工作,因为这里的气氛轻松,这种轻松的气氛有助于新想法的发展。可是,来自大型的、井井有条的公司的竞争日益激烈了。尽管如此,一些绝妙的主意使市场对某些产品的需求量仍然很大,公司跟不上生产,但是,扩大生产需要资本,于是,施内尔先生决定公开发行股票与某一大公司联营,这一做法使公司增加了几百万美元的资金。施内尔先后决定继续担任 VGI 公司的总经理,但他经营公司的兴趣明显减少,观察家们描述此时的公司状况为"一团糟"。施内尔先生承认自己不是一个好总经理,同意改组公司,由约翰·纽瑟姆先生担任公司的总裁,这位新上任的总裁的首批决定之一是任命一名新的销售经理,以克服以前由有技术经验的人员担任此职务的弱点。

纽瑟姆先生还行使了强有力的管理领导权,制定了许多新程序,规定了明显的目标,设置了严格的财务控制。由松散管理到严格管理这一改变,触怒了许多老资格的工程师,他们中的很多人离开了公司,有些甚至成立了自己的软件公司,从而成为他们以前工作过的公司的直接竞争者。

(http://www.sina.com.cn 2002/10/27 16:59 新浪教育)

从该案例可以看出不同的领导者有不同的领导风格,会在组织内产生不同的影响。一个成功的领导者必须根据组织目标发展与员工情况采取恰当的领导方式,才能取得好的领导效果。

一个组织的集体活动要能够有序地进行,必须实行强有力的领导。领导是一种影响力,领导是一门科学。必须对领导影响力的影响因素和有关领导方式的理论进行科学的分析,才能实现科学的指挥。

第一节 领导的作用及影响力

一、领导的概念与作用

(一)领导的概念

一个组织在其组织目标已确定,组织结构与人员配置已完成之后,管理者面临一个重要和困难的任务——进行领导与指挥。所谓领导是指管理者利用组织赋予的职权和个人具备的能力去指挥、命令、影响、引导职工为实现组织目标而努力工作的活动过程。它包括三层含义:

(1)领导作用的发挥基础是组织赋予的职权和个人具备的能力。

(2)领导的实质是一种影响力,是影响、作用下属的过程。领导的行为包括指挥、命令、影响、引导等活动。

(3)领导的目的是为了实现组织的目标。

(二)领导的作用

领导者对被领导者施加影响的过程,就是发挥领导作用的过程。领导的作用具体表现在决策、用人、指挥、协调和激励等五个方面。

1. 决策

任何一个领导者,都要为其所领导的组织及下属指明前进的方向、奋斗的目标。领导的首要职能是确定目标,制订实现目标的战略、策略、方针、措施等。这就是领导的决策作用。

2. 用人

在一个组织中人是最重要的、能动的因素。一个组织的发展、成功的关键是人才。尤其是在知识经济时代,企业的发展更依赖于"高素质的人才"。而人才作用的发挥,既要发现与引进人才,更要合理地使用人才,发挥其特长,将其安排到合适的工作岗位,保持合理的人才团队。并根据组织发展的需要及个人的潜能,有目的地做好人力资源发展规划,为组织的持续发展奠定人才基础。

3. 指挥

指挥是指管理者凭借权威,直接命令或指导下属行事的行为。在一个组织的集体活动中需要领导者运筹帷幄,根据组织所处的环境、组织内部所具有的条件和组织目标,指导和带领全体员工采取恰当的管理措施和手段去实现组织的目标。

4. 协调

一个组织由许多生产要素、部门和管理层次构成,其组织目标是多元的,组织活动过程也有许多环节,即使在整个组织活动过程中进行了周密的部署和安排,但因人的才能、理解能力、工作态度、主动精神、性格、部门本位利益等因素的作用,难免在认识上、行动上发生偏差或不一致的情况,这就需要领导者做好协调,协调好人员之间的关系和活动,使一个组织的全体部门、人员围绕组织的既定目标而协同前进。

5. 激励

组织的活力来自于员工的积极性和创造性的发挥。要调动员工的积极性和创造性,领导者必须要了解其下属的需要、欲望,并根据其在工作和生活中的具体情况采取恰当的激励措施,激发下属的潜能,保持和加强下属积极进取的动力。

二、领导者的影响力

领导的实质是一种对下属的影响力，通过这种影响力去影响或改变下属及组织的行为，以实现组织的目标。领导者的影响力包括两个方面，一是权力影响力，二是非权力影响力。

（一）权力影响力

1. 权力影响力的含义

权力影响力与组织的法定权是密切相关的。组织的法定权是由组织机构正式授予给管理者，并受法律保护的权力。它是个人在组织机构中的职位所决定的，与特定的个人没有必然联系，来自于行政的力量。它是领导者实施领导行为的基本条件，没有这种权力，领导者不可能有效地影响下属。权力影响力包括以下三个方面：

（1）法定权　这种权力来自一位领导者在组织机构中的地位，是组织赋予其在相应领导层次或岗位相应的合法权力。其下属必须按照下级服从上级的原则来行事。领导者拥有了此权力可通过决策指挥、用人等活动的开展来影响组织及其成员的行为。

（2）强制权　这是建立在惧怕基础上的权力，领导者有对其下属违规者处罚的权力。这种权力建立在人们这样一种认识的基础之上——违背上司指示的后果是惩罚，下属基于惧怕而服从。

（3）奖励权　这是强制权的对立面。领导者拥有对下属进行物质和精神奖励的权力。下属基于对物质利益和荣誉等方面的追求而服从。

2. 如何有效行使权力影响力

组织法定权是领导者影响下属的一种重要手段。但是，这种权力必须正确运用才能产生积极的效果。在行使组织法定权时，要注意以下问题：

（1）慎重用权　作为组织的领导者，在人事、财务、奖惩等方面拥有较大的权力。如果用权不适当，自觉或不自觉地夸耀手中的权力，试图以此树立自己的权威，甚至滥用权力，只能导致同事和下属的反感，损害领导者的形象，降低自己的权威。所以，一个领导者应当十分珍惜国家和人民赋予的权力，珍惜自己经过长期努力在同事、下属中树立起的权威，谨慎用权。在工作需要时，为了组织持续的发展，维护组织整体或大多数人的利益，要及时合理用权。当然，为了防止出现滥用权力的现象，在组织设计时也应当建立好权力的制衡机制、监督机制，完善各种管理制度。

（2）公正用权　组织的领导者运用权力的一个最重要原则是公正廉明。领导者必须以自己的行动使其同事、下属相信:其在运用权力时一定能做到不分亲疏、不徇私情、不谋私利。只有这样才能服众。

(3)艺术用权 领导是一门科学,又是一门艺术。领导者在用权过程中应当根据其所领导的组织类型、下属情况,讲究用权的方式方法,提高领导水平。

(4)例外处理 一个管理有序的组织都有一套行之有效的规章制度,领导者在管理活动中既要维护组织规章制度的严肃性,又要进行例外处理。凡是对组织发展有利的特殊事件,可打破常规,特殊处理。

(二)非权力影响力

1. 非权力影响力的含义

非权力影响力是指由领导者的能力、知识、品德、作风等个人因素所产生的影响力。非权力影响力大小主要取决于领导者的品格、才能、知识和感情等因素。一个领导者要正确发挥权力,要使下属对上级领导者的领导心悦诚服,必须实现权力影响力和非权力影响力的综合。非权力影响力主要包括以下三个方面:

(1)专长权 领导者拥有较高的专业知识与特殊的技能,其同事和下属基于敬佩而服从。这是来自知识的权力。

(2)表率权 领导者思想境界高,事事身先士卒,一切为公,严于律己,起到榜样与表率作用,其同事与下属基于尊敬而服从。

(3)亲和权 领导者同同事、下属建立与保持非常融洽的关系,其同事和下属基于情感因素而追随与服从。

非权力影响力是领导职能有效发挥很重要的一方面。一个领导者只注重组织法定权,靠组织赋予的权威,而不注重非权力影响力,就会使权力影响力的发挥失去民心基础。

2. 如何有效行使非权力影响力

(1)专长与业绩相结合 建立非权力影响力的一个基础是专长权,而专长权受其知识、才干、经验、能力等诸多因素的影响。一个领导者必须具备对所领导的组织所从事专业的相关专长,而其专长的发挥最终必须体现在其业绩上。领导者必须把自己的专长与其领导的组织的实际结合起来,不断提高自身素质和领导艺术,带领组织的全体成员去实现组织的目标,以实际效果服众。

(2)廉洁公正 领导者必须树立服务意识,廉洁公正,以身作则,做人民的公仆,通过“榜样”的无形力量去影响同事和下属的行为。

(3)平易民主　领导者必须树立以人为本的经营理念,事事处处信任下属、关心下属,平易近人、发扬民主,实行全员式、参与式管理,最大限度地调动全体成员的积极性。

【课堂讨论】

应该如何提高领导者的影响力?

第二节　领导方式理论

一、人性假设理论

(一)人性假设与领导方式

在管理活动中,领导者采取什么样的领导方式,在很大程度上取决于领导者对人性的假设。所谓"人性假设"是指领导者在管理活动中对人的本质属性的基本看法。在我国古代对人的本性有"性恶说"、"性善说"。西方管理理论在其发展的不同阶段对人的本性认识也各不相同。对人的本性认识受阶级、社会发展的影响,不同时期、不同管理学派而有所不同。人性假设问题是一切管理思想和管理行为的认识基础。

领导方式是指领导者实施领导行为所采取的各具特色的基本方式和风格。不同管理者,由于管理观念、自身素质、所处环境的不同,领导方式有很大的差别。而不同的领导方式直接关系到领导的成效。管理者必须选择适宜、科学、有效的领导方式。

人性假设,作为管理思想、管理观念的认识基础,直接决定着管理者的领导方式。有什么样的人性假设,就会形成与之相适应的领导方式。

(二)人性假设理论的演进

随着管理实践的发展,科学技术的进步,在社会发展的不同阶段人们在生产经营活动中所处的地位不同,人们对管理中人性的认识也在不断地变化,先后经历了"经济人"—"社会人"—"自我实现人"—"复杂人"等假设阶段。

1."经济人"假设

在传统管理阶段,亚当·斯密最早提出了"经济人"假设。"经济人"观念认为,人的一切行为是最大限度满足自己的经济利益。人天生好逸恶劳,缺乏进取心,逃避责任,以自我为中心,漠视组织的要求。既然人的本性如此,管理者在管理活动中应采用严格监管和控制的领导方式,必须强调服从和惩罚。

2.“社会人”假设

随着人际关系学说的产生,形成了管理中的“社会人”人性假设。“社会人”观点认为:人不是孤立存在的,而是归属于某一工作集体,并受这一集体的影响。人的行为不单纯追求金钱收入,而且还有追求人与人之间的友情、安全感、归属感等方面的社会和心理的欲望。满足职工的欲望、提高士气,是提高劳动生产率的关键。因此,要重视人际关系的协调,重视非正式组织的作用,鼓励职工参与管理。与这种人性观相适应,管理上采取一种重视人际关系,鼓励职工参与的领导方式。

3.“自我实现人”假设

随着管理实践的进一步发展,行为科学的兴盛,在管理界出现了“自我实现人”的人性观。“自我实现人”的观点认为,人特别注重自身社会价值,以自我实现为最高需要。与这种人性观相适应,管理者采用一种管理贡献,实现自我控制的领导方式。

4.“复杂人”假设

“经济人”、“社会人”及“自我实现人”的观念,都从某一角度反映了人的一些本质属性,具有其合理性。但是,任何人都不可能是单纯具有某一方面属性的,而且,也会因人、随条件不同而不同。于是,提出了“复杂人”假设。这个观念认为:人是复杂的,其需要是多种多样的,其行为会因时、因地、因条件的不同而不同。与这种人性观相适应,管理者应采用权变领导方式。

二、领导方式理论

(一)三分法理论

根据领导者控制或影响被领导者采用的方式不同,可以把领导方式划分为集权型领导方式、民主型领导方式和放任型领导方式。

1.集权型领导方式

这是指领导者个人决定一切,独揽大权,靠命令组织实施,要求下属绝对服从,以工作为导向,并实行严格的监督控制。这种领导方式的优点是决策迅速统一,责任清楚,可保证管理目标在尽快的时间内得以实现。缺点是容易造成决策失误,会使下属缺乏工作的主动性,形成依赖性,引起成员的消极自卑,甚至会导致下属的不满与反抗,对下属的主动行为构成障碍。

2. 民主型领导方式

这是指领导者发扬民主，与下属共同讨论，集思广益，然后决策。努力形成上下融洽，合作一致的工作环境。这种领导方式的优点是能够充分调动下属参与管理的积极性，鼓励下属积极主动地开展工作，使下属个性得到发挥，使全体成员形成并发挥团队观念，关系融洽，凝聚力增强。缺点是不适合紧急情况下的管理，容易贻误时机。

3. 放任型领导方式

这是指领导者对决策与实施放任不管，完全由下属自由处置，以组织成员个人为中心。领导者的职责只是为下属提供信息并与组织外部环境进行联系，以利下属工作。这种领导方式的优点是可以充分发挥下属的作用。缺点是缺乏领导和协调，各自为政，缺乏团队精神，组织的管理目标难以实现。

在实际的工作环境中，这三种极端的领导作风并不常见，大多数领导者的领导方式往往是一种混合型的。一种领导方式的形成与采用，必须根据管理的目标、组织环境、任务、条件，领导者及其下属的素质状况等的不同因素综合考虑后来决定。

（二）领导行为统一体理论

这种理论是美国管理学者坦南鲍姆和施米特于1958年提出来的。这种理论认为从集权型领导方式到放任型领导方式之间存在着若干过渡型式的领导方式，它们组成了领导行为连续统一体。如图5-1所示。

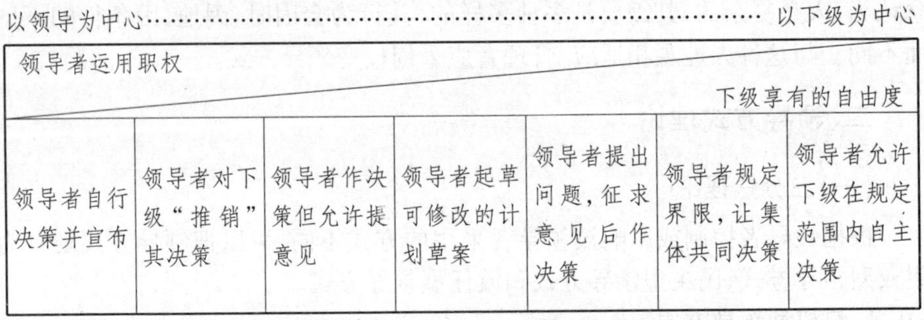
以领导为中心
以下级为中心
领导者运用职权
下级享有的自由度
领导者自行决策并宣布
领导者对下级“推销”其决策
领导者作决策但允许提意见
领导者起草可修改的计划草案
领导者提出问题，征求意见后作决策
领导者规定界限，让集体共同决策
领导者允许下级在规定范围内自主决策

图5-1 领导行为连续统一体

图5-1表明，从集权型领导方式到放任型领导方式之间，存在多种领导方式，其中有代表性的主要有七种：

1. 领导做出并宣布决策

在这种方式中决策一般是由领导者自己做出，并强迫下属执行，不给下属任何直接参与决策的机会。

2. 领导推销决策

确认和做出决策仍然是领导者自身，但其不是简单地宣布这个决策，而是采用说服下属接受其决策，试图说明该决策的实施可以给下属带来某种利益，以消除反对意见。

3. 领导提出计划并允许提出意见

领导做出了决策，并期望下属能够接受，但向下属提出其做出该项决策的想法和意图，允许下属提出意见，搞好沟通，彼此加强对该决策的理解。

4. 领导提出可修改的计划草案

允许下属在决策中发挥某些影响作用，但最终确认和决定问题的主动权仍然在领导者手中。

5. 领导提出问题，征求意见，做出决策

虽然确认问题和进行决策仍由领导来做，但下属有建议权。领导可先提出需解决的问题，再由下属集思广益，提出解决方案，领导再从中选择一种可行的方案。

6. 领导规定界限，集体做出决策

领导先规定一些管理的规章和界限，在此界限内将决策权交予集体。

7. 领导允许下属在一定范围内自主决策

下属在一定范围内拥有较大的自由。领导者即使参与决策过程，往往以普通一员的身份出现，并执行集体所做的任何决定。

上述领导方式，不能抽象地判断其孰优孰劣，具体如何选择运用，要根据组织环境、下属的素质、领导的个性、能力等灵活运用。

（三）管理方格理论

美国管理心理学家布莱克和穆顿根据领导者对组织目标和个人需要的关心程度对领导方式进行了研究，提出了管理方格论。

管理方格是一绝对等分的方格图，其中横轴表示管理者对生产的关心，纵轴表示管理者对人的关心。每根坐标轴划分为9格，第一格表示关心程度最低，第九格表示关心程度最高。整个方格图共有81个小格，每一小格代表“对生产的关心”和“对人的关心”，这两个因素以不同比例相结合而形成了不同的领导方式。如图5-2所示。

上述两个标准九种程度的组合应能形成81种不同的领导方式。其中有五种典型的领导方式类型：

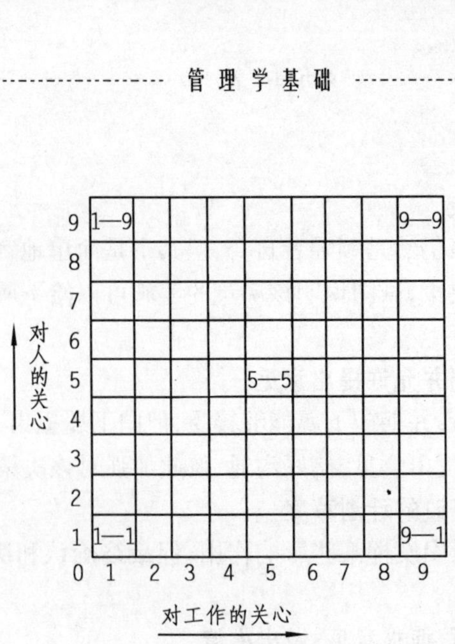

图 5-2 **管理方格**

1.“1—1 型管理”——贫乏管理

这种领导方式对生产任务和对职工的关心都做得很差。这种管理最终会导致整个组织的失败。但是,一般很少出现这种情况。

2.“9—1 型管理”——任务型管理

这种领导方式偏重任务管理,只注重任务的完成,而不重视人的因素,职工都变成机器。这种领导是一种独裁式的领导。下级只能奉命行事,一切都受到上级的监督和控制,使职工失去进取精神,不用创造性的方法去解决各种问题,并且不愿施展他们所具有的本领。最后管理者同职工可能转向“1—1 型的管理”。

3.“1—9 型管理”——乡村俱乐部型管理

这种领导方式,管理者只强调人的因素,特别关心职工。认为只要职工精神愉快,生产成绩自然高。这种管理的结果,往往是很脆弱的,一旦和谐的人际关系受到影响,生产成绩就会随之下降。

4.“5—5 型管理”——中间道路型管理

这种领导方式既不过分偏重人的因素,也不过分偏重任务,努力保持和谐的妥协,碰到真正的问题,总想敷衍了事,这种管理虽然比“1—9 型管理”和“9—1 型管理”强些,但是,由于甘居中流,所以从长远的观点看,会使企业逐渐落伍。

5.“9—9 型管理”——团队式管理

这种领导方式对生产的关心和对职工的关心达到了最高点,领导层能努力协调各项活动,并使它们一体化。其结果是,职工都能运用智慧和创造力进行工作,关系和谐,出色完成任务。

以上五种典型的领导方式,以"9—9 型"最理想,工作效率最高,人际关系协调;其次是"9—1 型",再次是"5—5 型"、"1—9 型",最差的是"1—1 型"。作为一个领导者,既要发扬民主,又要善于集中;既要关心企业任务的完成,又要关心职工的正当利益。只有这样,才能使领导工作卓有成效。

(四)权变领导方式

很多管理心理学者认为,管理者的行为不仅取决于其品质、才能,也取决于其所处的具体环境。领导的有效性是领导者、被领导者和环境条件三者相互作用的结果。领导的行为应随组织环境的变化而变化。权变领导方式理论主要有:

1. 费特勒模式

弗雷德·费特勒是美国著名的管理学家,他对各种领导模式进行了长达 15 年的研究之后,提出了权变的领导理论。他认为影响领导行为的有三个主要因素:

(1)领导者与下属之间的相互关系　如果领导者与下属之间相互信任、相互尊重、相互喜欢的程度越高,领导者的权力和影响力也越大,反之,其权力和影响力就会越小。

(2)任务结构,即下属所承担任务的明确性　如果下属任务明确,成员有章可循,领导就会处于有利的地位。如果工作规定不明确,成员就不知道如何去做,那么,领导也就会处于被动地位。

(3)岗位权力　这是指组织赋予领导者所拥有的权力。领导者职权的强弱会影响下属服从领导的程度,职权越大,越能取得他人真诚的追随。

根据上述三种因素状况,把领导者所处环境从最有利到最不利分为八种类型、三种状况,并把领导方式分为两大类:一类以任务为中心的方式,即领导者从完成任务中获得满足;另一类以人际关系为中心的领导方式,即以实现良好的人际关系和达到有声望的职位为满足。在环境不同的情况下,领导者会采取不同的领导方式。在最有利和最不利两种情况下,采用以任务为中心的"指令型"领导方式的效果最好;对于处于中间状态的环境,则采用以人为中心的"宽容型"领导方式效果较好。如图 5-3。

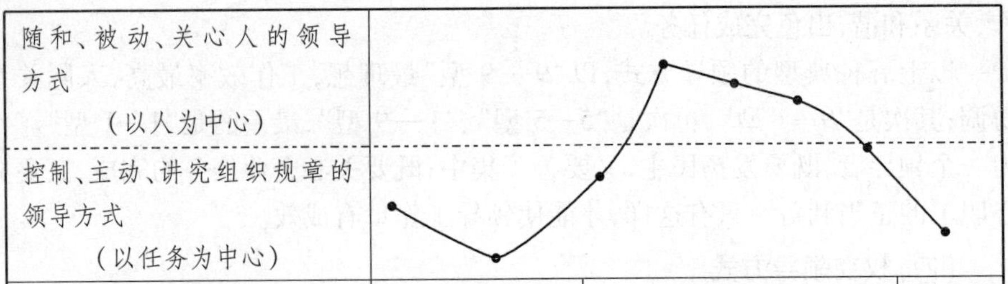

环境状况	最有利			中间状态				最不利
上下级关系	好			好	差			差
任务结构	明确		不明确	不明确	明确		不明确	不明确
岗位权力	强	弱	强	弱	强	弱	强	弱

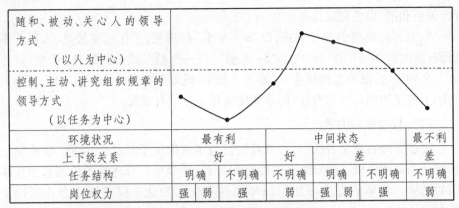

图 5-3　费特勒领导行为模式图

2. 生命周期模式

这一理论是由美国管理学家赫塞和布兰查德于 1966 年提出的。该理论的主要观点是：领导的有效性，在于把组织内的工作行为、关系行为和下属的心理成熟度（指被领导者掌握知识和经验的多少，独立工作能力的高低，承担责任的愿望以及对成就感的向往，等等）结合起来考虑。随着被领导者从不成熟走向成熟，领导者要不断调整工作型和人际关系型领导方式的比例，这样领导行为才能有效。领导的生命周期理论可以用四个象限来表示四种适合下属不同成熟阶段的领导方式，如图 5-4 所示。

在图 5-4 中，基本领导方式可用四个象限 S_1，S_2，S_3 和 S_4 表示，下属的成熟度可用 M_1，M_2，M_3 和 M_4 表示。S_1 表示高任务、低关系型的领导；S_2 表示高任务、高关系型的领导；S_3 表示高关系、低任务型的领导；S_4 表示低任务、低关系型的领导。M_1 表示低度成熟；M_2 表示中度成熟；M_3 表示中至高度成熟；M_4 表示高度成熟。领导者应该按照下属的成熟过程，改变领导方式。一般按照下列程序转移：高任务、低关系→高任务、高关系→高关系、低任务→低任务、低关系。与此程序转移的相应领导形态是：命令式→说服式→参与式→授权式。在 M_1 阶段，下属刚进入组织，领导者应向他们介绍组织情况，下达任务。在这一阶段采用高任务、低关系的命令式的领导；在 M_2 阶段随着下属对工作的熟知，工作技能的提高，领导者对下属的支持变得重要，采用高任务、高关系的说服式领导；在 M_3 阶段随着下属对工作的进一步熟练，与同事关系的融洽，应采用高关系、低任务的参与式领导方式，强调下属的参与；在 M_4 阶段，下属成熟了，对工作熟练，愿意承担责任，能独立地、有效地做好工作，应采用低任务、低关系的授权式领导方式。

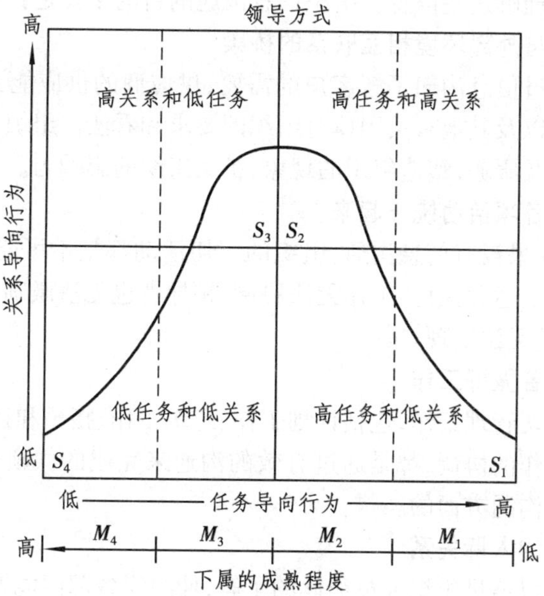

图 5-4　生命周期模式

第三节　沟　通

一、沟通的概念与目的

(一)沟通的概念

在现代组织管理中,有效的沟通,是领导与指挥的重要形式之一。领导者日常工作中的大部分内容都与沟通有关。所谓沟通,是指信息的发送者通过各种渠道把信息传递给接受者,并使接受者接受和理解所传递的信息过程。在实际生活中,沟通的目的可分为两类:一是组织沟通,即组织上下级以及各部门间信息的传递和意见的交流;二是人际的沟通,即两个以上的人的信息传递和思想感情交流。本节所涉及的内容主要是指组织沟通。

(二)沟通的目的

组织沟通的主要目的是通过有效的沟通来传递组织所要传达的信息,并使

组织成员接受和理解这些信息。组织信息沟通的目的主要是:

1.建立组织与外部环境相互联系的桥梁

组织可以通过信息沟通了解客户的需要、供应商的供应能力、股东的要求、政府的法规条例以及其他有关团体对组织的要求和看法。组织也可以通过信息沟通宣传其产品及服务,塑造组织的现象,扩大组织的影响力。

2.把组织的各项活动统一起来

可以想象,如果没有信息沟通,组织的一切活动都是不可能进行的:组织的目标和计划无法下达和执行,工作无法协调,领导者也无法激励和领导下属有效地工作,目标也就无法实现。

3.帮助领导者做好工作

领导者的一切管理工作,包括计划工作、组织工作、指挥和控制工作、员工激励和各项管理工作的协调,都是通过有效的沟通来完成的。领导者的时间绝大部分是花在信息沟通方面的。

4.建立良好的人际关系

信息沟通可以增进组织成员彼此的了解,使组织各部门能够对组织的目标、计划、任务和责任达成共识,产生协作的意愿。通过信息沟通,可以减少意见的分歧和冲突,增加组织成员间的相互信任,增进合作,产生和谐的工作气氛及良好的人际关系。

【课堂讨论】

有种说法,管理就是沟通,为什么管理沟通很重要?

二、组织信息沟通的过程和要素

(一)组织信息沟通的过程

组织信息沟通的过程,是指一个信息发送者通过选定的沟通渠道把信息传递给信息接受者的过程。如图5-5所示。信息的发送者需要把某种意图通过一定形式把它转变成信息接收者所能理解的信息(如语言、文字、手势、表情等),然后通过一定的沟通渠道(如电话、文书、电报、互联网和电视等),传递给信息的接收者,信息接收者对所接收的信息进行加工、处理、分析以接受和理解信息,然后把所理解的信息反馈给信息发送者,以便确认其所接收的信息的正确性。在信息沟通中,还可能存在着各种各样的“噪音”的干扰。

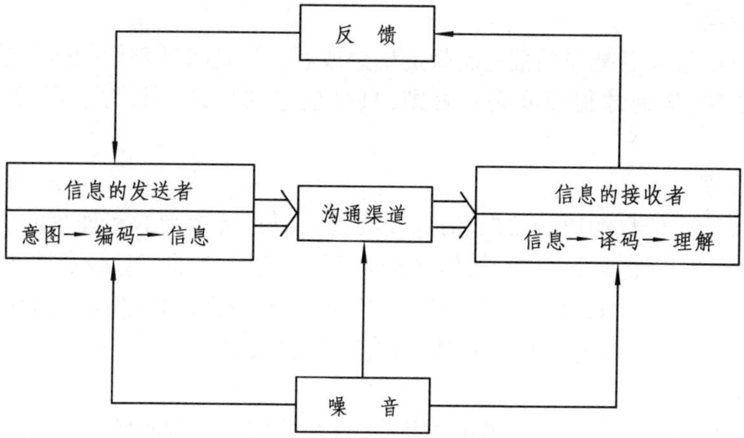

图 5-5　组织信息沟通过程的模型

（二）组织信息沟通的要素

从上述信息沟通过程看，组织信息沟通的要素包括：信息发送者、编码、信息、沟通渠道、信息接收者、译码、反馈和噪音。

1. 信息发送者

信息沟通始于有了某种意图或想法的发送者。在一个组织内，信息的发送者主要是该组织的高层经营管理者。信息发送者可能要告诉某人做某事，或者是有某个问题向某人请教，或者是向某人提供信息。

2. 编码

信息发送者要把其意图或想法传递给信息的接收者，首先应把其意图转换成信息接收者所能接受和理解的形式，如语言、文字、图表等。

3. 信息

信息发送者通过编码把其意图或原始的资料转换成信息。信息就是所需要沟通的内容。

4. 沟通的渠道

沟通的渠道是信息从发送者到达接收者的途径。信息的传递可以是口头或者书面的，也可以通过电话、电报、电视和互联网来传递。信息沟通渠道有各种各样，各有优缺点，选择恰当的沟通渠道对有效的信息沟通非常重要。

5. 信息的接收者

接受信息传递的对象。信息的接收者在沟通过程中应注意接受信息，把原始信息全部接收，在此基础上才有利于信息的处理。

6. 译码

信息的接收者把原始信息转换成思想或者与发送者所理解的信息的含义相同或相近时,沟通才得以实现。否则,只是信息的传递,但信息没有被接受和理解。

7. 反馈

为了检查信息沟通的效果,信息接收者应把其所接受的和理解的信息反馈给信息的发送者。通过反馈,使信息发送者明白其传递的信息是否被理解,下属对指令的执行情况如何。反馈把信息沟通的双方转换过来,使信息的接收者成为信息的发送者,而信息的发送者成为信息的接收者。

8. 噪音

信息的沟通通常受到噪音的干扰,还会受到因语言方面所理解的差异、用词不当、各种成见等因素的干扰,这些对有效的沟通都有很大的影响。

三、组织信息沟通的障碍与有效沟通

(一)组织信息沟通的障碍

为了实现有效的沟通,必须对影响组织信息沟通的障碍进行分析。信息沟通主要涉及信息的发送者、信息的接收者和沟通渠道。影响组织信息沟通的障碍也主要来源于信息的发送者、信息的接收者和沟通渠道。

1. 来源于信息发送者的问题

信息发送者是信息沟通的发起者,有责任把所要传递的信息有效地传递给信息接收者使其接受和理解,但由于以下种种原因而无法有效地沟通。

(1)信息沟通的目的不明确。

(2)缺乏明确的计划　信息沟通不仅要有明确的目的,还应有明确的计划。如沟通渠道的选择、时间选择以及沟通全过程的控制,都应事先做好计划。

(3)信息表达不清楚　尽管信息的沟通者头脑中的想法是多么的清晰,但仍可能由于用词不当、条理不清楚、语言不清等原因而未能把想法转换成信息接收者所能接受和理解的信息。

(4)信息本身缺乏真实性、完整性和严密性　所传递的信息若是建立在某种假设的基础上,或者是残缺不全、信息本身比较松散、没有经过加工处理,都会影响信息沟通的有效性。

(5)信息沟通的时间不恰当　如果信息沟通的时间选择不当(时间紧张或有其他事情的干扰),将会影响沟通的效果。

(6)感情因素的影响　下属在向上级报告时,可能由于地位的差别而导致紧张、恐惧，或者过去有过沟通失败的经历，或者沟通双方人际关系不良，或者因种种偏见、个性特征等感情因素的影响，都会阻碍正常的沟通。

2. 来源于信息接收者的问题

信息的接收者首先应注意接收信息，然后对其所理解的信息进行反馈，但由于以下种种原因会影响信息的有效沟通。

（1）不善聆听及过早地评价　信息的接收者可能不善于聆听，在没有了解全面的情况时就过早地做出评价，或者没有耐心地听取报告而不断打断对方的谈话，或者在讨论过程中转换话题，大发议论，只顾讲，很少听，这都会无法接受到完整的信息。

（2）曲解语意　由于认知的差异及个性特征而曲解信息的原意，或者由于主观的愿望而有选择地接受信息，都会影响信息的接收。

（3）对信息传递者的偏见、猜疑和不信任　信息接收者如果对信息传递者存在偏见、猜疑和不信任，会从主观上曲解信息的原意，错误地判断信息的真实性和拒绝对某一类信息的接受；同样，对信息传递者的偏爱、过分亲密也会影响信息的沟通。

（4）时间紧迫　信息接收者可能由于时间紧迫而无法完成良好的沟通。

（5）信息的超负荷　信息接收者因接受太多信息而没有时间和精力去处理，这就会导致对某些信息不予理睬、或者拖延处理、或者对信息进行过滤、或者草率地处理，这都会影响信息的沟通。

（6）没有及时反馈　对一些含混不清的重要信息，如果没有及时地反馈，仅仅凭猜测和推断可能导致对信息的误解。

3. 来源于信息沟通渠道的问题

信息发送者需通过信息渠道传递给信息接收者，因为渠道问题，也会对信息的沟通产生影响。

（1）选择不适当的信息沟通渠道　信息传递者应根据信息和信息接收者的特点选择沟通的媒介，否则，将影响信息沟通的效果。

（2）噪音　沟通渠道噪音干扰，也会影响正常的信息沟通。

（3）信息沟通渠道太长　如果信息沟通渠道太长，信息在从一个人传到另一个人的一系列传递过程中，由于对信息的过滤以及遗忘将使信息失真和不完整。因此，在信息沟通渠道太长时，应借助其他沟通渠道反复地沟通信息。

（4）不合理的组织结构　当一个组织的结构设置不合理，管理层次过多，纵横关系设计与规定不清楚，信息传递程序及通路规定模糊，命令不统一，也会导致信息沟通效率低下。

除此之外,影响信息沟通还有其他一些因素,领导者应充分认识这些因素,采取针对性的措施,确保信息沟通的有效性。

(二)有效沟通的实现

针对组织信息沟通中存在的障碍,有效沟通的实现必须采取恰当的沟通方法与措施,以提高组织信息沟通的有效性。

1. 信息传递者必须有明确的沟通目的和计划

信息沟通不是为了沟通而沟通,而是为了实现组织目标的一种手段。信息沟通或者为了解决问题,或者为了提出改革建议,或者为了激励,或者为了建立良好的人际关系,或者有多种目的,但首先应确定沟通的目的,才能制订沟通的计划。沟通计划包括:所要沟通的信息、信息接收者、沟通的媒体和沟通的时间。

2. 领导者自身要提高素质,提高领导艺术和发送信息的技能

发送信息情报时要注意对方的反馈意见,注意聆听,使用对方熟悉的语言、术语。同时,还要根据本组织的具体情况,设计好沟通的渠道,以保证沟通的方式适应本组织的特点。要注意跟踪信息沟通与反馈的结果,以确保指令的执行。

3. 发展双向沟通技术

信息不是单向的流动。领导者不是单方面给下属下命令、发指令,而是使信息双向流动,允许下属对不清楚不理解的命令和指示提问题、提建议,请信息发出人对命令和指示做进一步的解释和说明。

4. 利用和发挥非正式沟通渠道的作用

非正式渠道具有人们能充分表达自己真实感觉和动机的优点,便于领导者根据真实的情况做出反应,修正信息传递过程中存在的问题。在完善正式沟通渠道的同时,充分利用和发挥非正式沟通渠道的作用。

5. 进行公开的沟通

公开沟通就是要公开告诉下属要做什么和怎样去做。这就要求领导者应将有关决策的背景及相关信息告知下属,以激励他们努力工作。

6. 建立良好的人际关系

良好的人际关系有助于相互的理解、相互信任,坦诚相待,使沟通更加自由和有效。

7. 建立和健全信息沟通渠道的管理制度

对各类信息的传递渠道、传递程序、传递时效与有关责任进行明确规定。

8. 选择有效的沟通方式

为了提高信息沟通的有效性,必须选择恰当的沟通渠道、沟通时间和沟通环境。

9. 站在听者的角度看问题，并在信息反馈过程中成为良好的听者

作为信息发送者，应能够理解信息接收者，站在信息接收者的角度去理解你所传递的信息。

总之，组织信息沟通是领导者一项重要的工作，领导者要不断提高自己沟通的技巧和技能，不断改进沟通的方法，提高信息沟通的有效性以达到沟通的目的。

【小 结】

本章主要阐述领导、激励和沟通的有关理论和知识。领导是指管理者利用组织赋予的职权和个人具备的能力去指挥、命令和影响，引导职工为实现组织目标而努力工作的活动过程。领导是一种影响力，领导的影响力来自于权力影响力和非权力影响力。前者包括法定权、强制权、奖励权三个方面，后者包括专长权、表率权和亲和权。

不同的领导方式会产生不同的领导效果。不同领导方式的形成在很大程度上基于人性假设的不同，有关人性假设主要有经济人、社会人、自我实现人和复杂人的假设。领导方式理论主要包括领导方式三分法理论、领导行为统一体理论、管理方格理论、权变领导方式理论等。

激励就是指管理者运用各种管理手段，刺激被管理者的需要，激发其动机，使其朝向所期望的目标前进的心理过程。激励最显著的特点是内在驱动性和自觉自愿性。过程激励的要素包括动机、需要、外部激励和行为。激励的理论包括内容激励和过程激励理论。前者包括马斯洛的需求层次理论、成就需要理论、赫茨伯格的双因素理论；后者包括公平理论、期望理论。激励的方式和手段分为物质利益激励、社会心理激励、工作激励三类。

领导者要加强管理必须要搞好沟通。组织信息沟通的要素包括：信息发送者、编码、信息、沟通渠道、信息接收者、译码、反馈和噪音。组织信息的沟通存在着来源于信息的发送者、信息的接收者和沟通渠道三个方面的障碍，针对沟通存在的障碍，应有针对性地采取恰当的沟通方式和措施。

【思考与练习】

一、重点名词

(1)领导 (2)领导权力 (3)沟通

二、填空题

(1)领导的作用体现在(　　)、(　　)、(　　)和(　　)四个方面。

(2)领导是一种影响力,其影响力来自于(　　)和(　　)两方面。

(3)信息沟通必须具备(　　)、(　　)和(　　)三个要素。

三、选择题

(1)按照管理方格理论,那种领导方式最具战斗力(　　)。

A.1.1 型　B.9.1 型　C.1.9 型　D.5.5 型　E.9.9 型

(2)信息发送者与信息接受者彼此不断进行着信息的沟通与反馈,这种沟通属于(　　)。

A. 单向沟通　B. 双向沟通　C. 斜向沟通

(3)所有政策均由领导者决定,不受下级的影响,这种领导方式属(　　)。

A. 权威式领导　B. 民主式领导　C. 放任式领导

(4)领导者个人决定一切,独揽大权,靠发号施令领导下属,这种领导方式属于(　　)。

A. 集权式领导　B. 民主式领导　C. 放任式领导

(5)在自我实现人假设下,管理者应该采取(　　)领导方式。

A. 萝卜加大棒式

B. 权变式

C. 重视人际关系,鼓励职工参与

四、判断题

(1)领导的影响力来自于其职位权力的大小。(　　)

(2)权力影响力的大小不取决于个人本身,而取决于职位的高低。(　　)

1. 什么是领导? 领导有哪些作用?

2. 领导的影响力包括哪些方面? 如何正确发挥其影响力?

3. 在管理中人性假设有哪几种? 这些人性假设不同对领导方式有哪些影响?

4. 领导方式理论包括哪些内容? 试结合企业管理及工作的实际用这些理论进行分析。

5. 沟通的目的是什么?

6. 组织信息沟通的障碍有哪些? 如何实现有效的沟通?

六、案例思考题

哪种领导类型最有效?

ABC公司是一家中等规模的汽车配件生产集团。他们最近对公司的三个重要部门经理进行了一次有关领导类型的调查。

1. 安西尔

安西尔对他本部门的产出感到自豪。他总是强调对生产过程、产出量控制的必要性,坚持下属人员必须很好地理解生产指令以得到迅速、完整、准确的反馈。安西尔当遇到小问题时,会放手交给下级去处理;当问题很严重时,他则委派几个有能力的下属人员去解决问题。通常情况下,他只是大致规定下属人员的工作方针、完成怎样的报告及完成期限。安西尔认为只有这样才能导致更好的合作,避免重复工作。安西尔认为对下属人员采取敬而远之的态度对一个经理来说是更好的行为方式,所谓的"亲密无间"会松懈纪律。他不主张公开谴责或表扬某个员工,相信他的每一个下属人员都有自知之明。

据安西尔说,在管理中的最大问题是下级不愿意接受责任。他讲到,他的下属人员可以有机会做很多事情,但他们并不是很努力地去做。

他表示不能理解在以前他的下属如何能与一个毫无能力的前任经理相处。他说,他的上司对他们现在的工作运转情况非常满意。

2. 鲍勃

鲍勃认为每个员工都有人权,他欣赏管理者有义务和责任去满足员工需要的学说。他说,他常为他的员工做一些小事,如给员工两张下月在伽利略城举行的艺术展览的入场券。他认为,每张门票才15美元,但其意义对员工和他的妻子来说却远远超过15美元。通过这种方式,也是对员工过去几个月工作的肯定。鲍勃说,他每天都要到工场去一趟,与至少25%的员工交谈。鲍勃不愿意去为难别人。他认为安西尔的管理方式过于死板,其员工也许并不满意,但除了忍耐别无他法。

鲍勃说,他已经意识到在管理中有不利因素,但大都是由于生产压力造成的。他的想法是以一个友好、粗线条的管理方式对待员工。他承认尽管在生产效率上不如其他单位,但他相信他的雇员有高度的忠诚与士气,并相信他们会因他的开明领导而努力工作。

3. 查里

查里说他面临的基本问题是与其他部门的职责分工不清。他认为不论是否属于他们的任务都安排在他的部门,似乎上级并不清楚这些工作应该谁做。查里承认他没有提出异议，他说这样做会使其他部门的经理产生反感。他们把查里看成朋友，而查里却不这样认为。

查里说过去在不平等的分工会议上，他感到很窘迫，但现在适应了，其他部门的领导也不以为然了。查里认为纪律就是使每个员工不停地工作，预测各种问题的发生。他认为作为一个好的管理者，没有时间像鲍勃那样握紧每一个员工的手，告诉他们正在从事一项伟大的工作。他相信如果一个经理声称为了决定将来的提薪与晋职而对员工的工作进行考核，那么，员工则会更多地考虑他们自己，由此而产生很多问题。

他主张，一旦给一个员工分配了工作，就让他以自己的方式去做，取消工作检查。他相信大多数员工知道自己的工作做得怎么样。

如果说存在问题，那就是他的工作范围和职责在生产过程中发生的混淆。查里的确想过，希望公司领导叫他到办公室听听他对某些工作的意见。然而，他并不能保证这样做不会引起风波而使情况有所改变。他说他正在考虑这些问题。

问题1 你认为这三个部门经理各采取了什么领导方式？各有何优缺点？试预测它们各自将产生什么结果？

问题2 是否每一种领导方式在特定的环境下都有效？为什么？

问题3 你若是一名领导者，会如何领导你的下属。

第六章 激励

管理格言:激励能使人的潜力得到最大限度的发挥

【学习目的与要求】

- **知识点**

1. 知晓激励的概念,了解激励构成要素;
2. 掌握主要的激励理论;
3. 了解激励的原则,学会激励的方法;
4. 掌握绩效考核的基本方法。

- **技能点**

学会用激励的方法去激励组织成员

【案例导入】

一家在同行业中领先的跨国公司,在报酬体制方面出现了问题,致使两名精明能干的年轻财务管理人员辞了职 ,到竞争对手的公司里去任职,而辞职的原因,是因为对手为他们提供了明显更高的薪水。其实,这家大公司的财务主管曾在数月前,就曾要求给这两位年轻人增加工资,因为他们的工作表现十分出色。但人力资源部门的主管知道,这种加薪与公司现行的工资制度不符。一般情况下,现行的工资级别是建立在职位、年龄和资历等基础上的。另外,他的年度调查也显示,这两位年轻财务管理人员的薪资水平,按同行业平均水平来说,已经是有相当的竞争力了。

当这两位优秀的年轻人宣布辞职后,问题就暴露出来了。各方面都在说长道短,指指点点。如何解决这个问题,有关激励的理论会给我们提供帮助。本章就主要介绍激励的原理与基本理论。

"激励"一词源于拉丁文,意为"推动"。从管理角度对激励的定义是:激励就是通过采取措施,使员工自愿地、努力地去从事工作和创造,以实现组织的目标,也就是我们通常说的激发人在工作中的积极性、主动性和创造性。管理学中对激励问题进行了多年的研究,产生了一系列的激励观念,并得出了许多结论,成为我们讨论各种激励的基础。

目前,组织中的激励问题已越来越成为管理学的重要的课题。这是因为越来越激烈的竞争环境迫使组织必须最有效地利用和开发组织中的有限的资源,特别是人力资源。近代的管理学对此问题一方面不断地创新激励理论、方法和模式,另一方面对组织员工本身的认识也有了重大的变化。初期的,视员工如机器上的螺丝钉,认为简单地用金钱就可以激励他们;现在则逐步认识到,每个员工都是有个性的、主动的和有创造力的人,存在着许多可以激励他们的因素和方式。

第一节　激励的基本模式与理论

一、激励的基本模式

人们的行为是由动机支配的,动机又是由人的需要而引起的。需要产生动机,动机促使人们去寻找目标。当人们产生了某种需要,一时又不能得到满足时,心理上会呈现出一种不安和紧张状态,并成为一种内在的驱动力——动机。人有了动机后,就要寻找和选择满足需要的目标,进而产生满足需要的行为;需要满足后,紧张和不安会消除,但接着又会产生新的需要,并引发新的动机和行为。如此不停地反复进行下去(见图6-1)。激励所利用的正是这一过程。它在分析人们需要的基础上,不断激发、引导人们沿着组织所希望的方向去行动,以取得预期的效果。从这个意义上说,激励也就是对需求与动机的诱导。

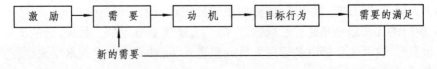

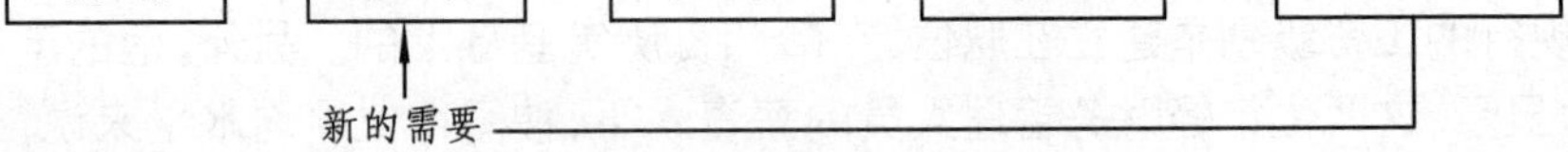

图6-1　激励的基本模式

(一)需要

是一种没有得到某种基本满足的感受。表现为人在心理上的不足感、欠缺感和不平衡状态,引起某种心理紧张。需要得到满足后,紧张和不安会消除,但接着又会产生新的需要。管理者在进行激励时,必须了解人们的不同需要,才能影响人们的动机和行为。

(二)动机

是驱动和诱发人们从事某种行为的念头。它规定着人们行为的性质和方向。有了动机才能产生行为,动机的特性决定了行为的特性,二者是因果关系。但二者的关系也不能绝对化,动机与行为也有不一致的时候。由于需要的多样性,动机也是多种多样的。行为的结果,可能使需要得到满足,之后再发生对新需要的追求;行为的结果也可能是遭受挫折,追求的需要未得到满足,由此而产生消极的行为。

【课堂讨论】

管理里有个鲶鱼效应,是说远洋捕虾回来在船上的水箱里放几只吃虾的鲶鱼,虾会不断逃避鲶鱼的攻击保持活力而不会死掉。这说明了什么?

二、激励理论

有关激励的理论及研究比较多,大致可将其分为两大类:内容激励理论和过程激励理论。

(一)内容激励理论

内容激励理论是研究需要的内容和结构以及它们推动人们行为的理论。

1. 需要层次理论

需要层次理论是美国心理学家马斯洛(Abraham H. Maslow)于1943年提出来的,该理论的内容包括三个要点,即:

(1)人类的需要分为五个层级

①生理的需要。这是人类维持生存所必需的最基本的需要,包括对食物、水、衣物、住所、睡眠和性的满足等。马斯洛认为:如果这些需要得不到充分的满足,以致使生命都难以维持,那么,其他的需要都不能起到激励人的作用。

②安全的需要。这是有关人类免受危险和威胁的需要。人们的安全需要是多方面的,除了最基本的身体、生命安全外,还包括职业安全、心理安全、财产安全等。例如,要求摆脱失业的威胁,要求在生病及年老时生活有保障,要求工作安全并免除职业病的危害,希望解除严格的监督及不公正的待遇等。

③社交的需要。这是有关感情和归属方面的需要。包括与他人保持良好关

系,希望得到他人的友爱、安慰和支持,希望在同事之间保持忠诚和友谊,希望受到信任等。社交需要比生理和安全需要来得细致,不同人之间差别较大,它与一个人的性格、经历、教育、信仰等都有关系。

④尊重的需要。人一旦满足了社交的需要,就会要求自尊和被别人所尊重,从而产生尊重的需要。具体地,这一需要包括自尊心、自信心、威望、荣誉、表扬、地位的需要等。

⑤自我实现的需要。马斯洛认为这是最高层次的需要。它指的是要实现个人理想和抱负、最大限度地发挥个人潜力并获得成就的需要。这种需要往往是通过胜任感和成就感来满足的。所谓胜任感,是指希望自己担当的工作与自己的知识能力相适应,工作带有挑战性,负更多的责任,工作能取得好的结果,自己的知识与能力在工作中也能得到成长。成就感则表现为进行创造性的活动并取得成功,具有这种特点的人一般给自己设立相当困难但可以达到的目标,而且往往把工作中取得的成就本身看得比成功后所得到的报酬更为重要。

(2)五种需要呈递进关系　马斯洛认为,对一般人来说,这五种需要由低到高依次排成一个阶梯(图6-2)。当低层次的需要获得相对的满足后,下一个较高层次的需要才能占据主导地位,成了驱动行为的主要动力。也就是说,任何一个人在同一时期的各种需要不是等量齐观的,但是总有一个决定他们行动方向的主导需要。

(3)人们的需要结构不同　马斯洛认为,由于各人动机结构发展的不同,这五种需要对于每一个人的优势位置也就不同。任何一种需要都不会因为高层次的需要获得满足而消失,只是对行为的影响力会减轻而已。此外,当一个人的高层次需要和低层次需要都能满足时,便往往追求高层次需要,因为高层次需要能给其更深刻的幸福感和满足感。但是如果满足了高层次需要,低层次却得不到满足,有些人就可能牺牲高层次需要而去谋取低层次需要;还有些人可能为了实现高层次需要而舍弃低层次需要。总之,不同人以及同一人在不同情况下的需要结构是不同的。

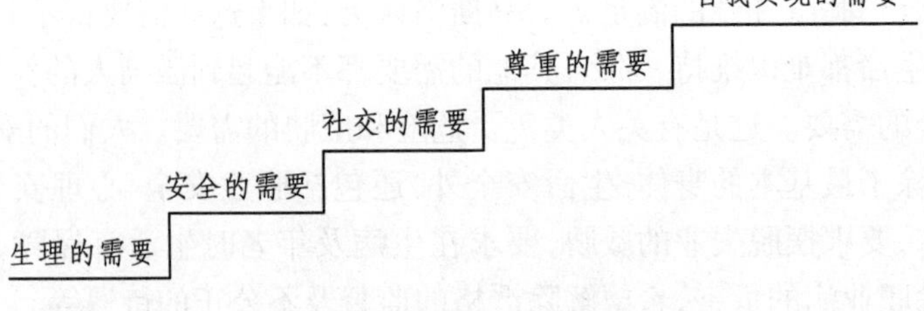

图6-2　马斯洛的需要层次

马斯洛需要层次理论的主要贡献是对人类的基本需要层次进行了分类，并对各种需要之间的关系做了表述。这对管理者进行激励是有启发意义的。管理者如果能根据下属各自的需要层次，用下属正在追求的那一层次的主导需要来激励他们，就会取得较好的激励效果。但这一理论又过于机械和简单，它对人的信仰和精神的作用估计不足。该理论中关于人的需要是阶梯状由低向高递进的原理，但未说明人们复杂的需求和行为过程。因此，这一理论可资借鉴，但不能生搬硬套。

2. 双因素理论

双因素理论是美国心理学家弗雷德里克·赫兹伯格(Frederick · Herzberg)于1959年提出的。20世纪50年代后期，赫兹伯格为了研究人的工作动机，对匹兹堡地区的200名工程师、会计师进行了深入的访问调查，提出许多问题。如，在什么情况下你对工作满意，在什么情况下对工作特别厌恶，原因是什么，等等。调查结果发现，使他们感到满意的因素都是工作的性质和内容方面的，使他们感到不满意的因素都是工作环境或者工作关系方面的。赫兹伯格在广泛调查的基础上写作出版了《工作与激励》一书，正式提出了激励的双因素理论。

首先，赫兹伯格认为，传统的把“不满意”作为“满意”的对立面的看法是不正确的，“满意”的对立面应当是“没有满意”，“不满意”的对立面应当是“没有不满意”。他通过调查发现，使职工感到满意的因素都是属于工作本身或工作内容方面的；使职工感到不满的因素，都是属于工作环境或工作关系方面的。他把前者叫做激励因素，后者叫做保健因素或维持因素。保健因素不能直接起激励职工的作用，但能防止职工产生不满情绪。它就像卫生保健一样，只能预防疾病，而不能提高健康水平。只有激励因素才能产生使职工满意的积极效果，才能激励职工的工作热情。表6-1中是一些激励因素和保健因素的实例。

表6-1 保健因素与激励因素

保健因素	激励因素
工资	工作本身
监督	常识
地位	提升
安全	成长的可能性
工作环境	责任
政策与管理制度	成就
人际关系	成就

赫兹伯格同时也注意到激励因素与保健因素也有若干重叠现象。例如赏识属于激励因素,基本上起积极作用,但当没有受到赏识时,又可起消极作用,也会引起不满意。又如,工资是保健因素,但有时也能产生使职工满意的结果。

赫兹伯格的双因素理论与马斯洛的需要层次理论有很大的相似性。马斯洛的高层需要即赫兹伯格的主要激励因素,而为了维持生活必须满足的低层需要则相当于保健因素。可以说赫兹伯格对需要层次理论做了补充。他划分了激励因素与保健因素的界限,分析出各种激励因素主要来自工作本身,这就为激励工作指出了方向。图 6-3 是马斯洛模式与赫兹伯格模式的比较。

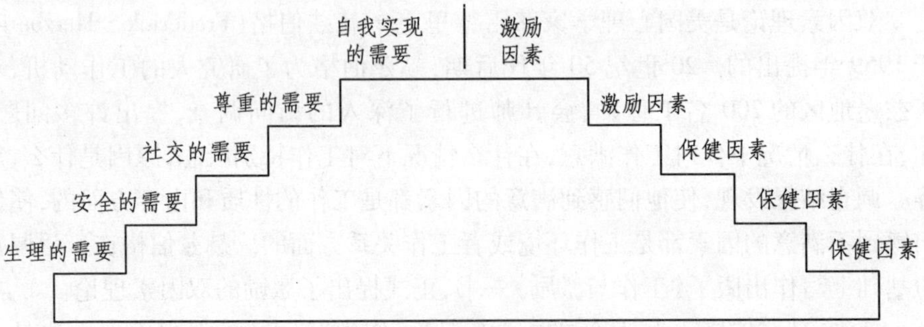

图 6-3　马斯洛模式与赫兹伯格模式比较图

双因素理论对于实际管理工作有一定的指导意义。它为我们认识不同因素对人的作用提供了一个新的视角,提醒我们要注意运用激励因素。以奖金为例,奖金本来是职工超额劳动的报酬和由于良好的工作成绩得到的奖励,它属于激励因素。但在我国许多企事业单位中,奖金上的平均主义倾向以及奖金的"工资化",使它从原来意义上的激励因素变为保健因素,多花了钱却并未收到意想的激励效果。

也有人对双因素理论提出了批评,包括认为赫兹伯格调查的对象缺乏全面性和代表性,调查分析工作过于简单化,等等。这些不同的看法指出了双因素理论的不足,但对于其合理成分,我们还是要学习和运用的。

3. X—Y,Z 理论

X—Y,Z 理论是基于对"人性"的不同看法而确立的。

(1)X 理论和 Y 理论　美国麻省理工学院教授道格拉斯·麦格雷戈(Douglas·McGregor)于 1957 年首次提出 X 理论和 Y 理论。麦格雷戈所指的 X 理论主要有以下观点:①一般的人天性厌恶工作,因此只要有可能就一定会逃避工作;②由于有这种厌恶工作的特性,所以对大多数人来说,都必须通过强迫、控制、指挥和惩罚性的威胁,才能使他们做出足够的努力来实现组织目标;③一般的人宁可受人指挥,力求避免负担责任,胸无大志,只图太平。

与X理论相反的是Y理论。麦格雷戈认为,Y理论是较为传统的X理论的合理替代物,Y理论的主要观点是:

①工作中无论在体力和脑力方面的支出,都像在游戏或休息一样地自然;②外来的控制和惩罚性的威胁都不是使人做出努力来达到组织目标的惟一手段。人们在实现他们所承诺的目标任务时会进行自我管理和自我控制;③对目标、任务的承诺取决于实现这些目标、任务后所能得到的报酬的多少;④在适当的条件下,一般的人不但懂得接受,而且懂得寻求负有职责的工作;⑤在解决组织所遇到的问题时所运用的较高的想像力、机智和创造性的能力,不是少数人才具有,而是大多数人所共有;⑥在现代工业化社会的生活条件下,一般人的潜在智能只得到了部分发挥,由于两种理论观点对人的看法不同,因此采用的管理方法也不相同。按X理论来看,进行管理就采用严格控制,强制方式;如按Y理论来进行管理,管理者就要创造一个能多方面满足员工需要的环境,使人们的智慧、能力得以充分发挥。在实现组织目标的过程中实施自我管理。

(2)超Y理论　在麦格雷戈提出X理论和Y理论之后,美国的乔伊·洛尔斯和约翰·莫尔斯对此进行了试验,他们选用两个工厂和两个研究所作为试验对象,实验结果如表6-2所示:

表6-2　X理论和Y理论试验结果

试验对象 / 理论依据	工厂	研究所
X理论	效率高	效率低
Y理论	效率低	效率高

从表中看出,采用两种理论的单位都有效率高的和效率低的。可见Y理论不一定都比X理论好。通过实验及分析,洛尔斯等人认为,管理方式要由工作性质、成员素质等来决定,并据此提出了超Y理论。其主要观点是:①人的需要是多种多样的,而且随着人的发展和生活条件的变化而发生变化,每个人的需要都各不相同,需要的层次也因人而异;②人在同一时间内有各种需要和动机,这些需要和动机会发生相互作用,并结合为统一的整体,形成错综复杂的动机模式;③人在组织中的工作和生活条件是不断变化的,因而会产生新的需要和动机;④一个人在不同单位或同一单位的不同部门工作,会产生不同的需求;⑤由于人的需要不同、能力各异,对不同的管理方式会有不同的反应,因此没有适合

于任何组织、任何时间、任何个人的统一管理方式。

(3)Z理论　Z理论是美国加州大学管理学院日裔美籍教授威廉·大内在研究分析了日本的管理经验之后,提出了他所设想的Z理论。按照Z理论,管理的主要内容是:①企业对职工的雇佣应是长期的而不是短期的,这样,就可能使职工感到职业有保障而积极关心企业的利益和前途。②集体决策,即鼓励职工参与企业的管理工作。③个人负责制,即要求基层管理人员不是机械地而是创造性地去执行上级命令;中间管理人员对各方面的建议要统一(统一的过程就是反复协商的过程)。④缓慢的评价和晋升。对职工进行长期而全面的考察,不以"一时一事"为根据对职工表现下结论。⑤控制机制要较为含蓄,但检测手段要正规。⑥职业途径适度专业化。对职工要进行全面的培训,使职工有多方面的工作经验。⑦全面关怀员工。管理者要处处显示对职工的全面关心,使职工心情舒畅。

4.三种需要理论

大卫·麦克莱兰(David·McClelland)等人于1953年提出了三种需要理论,他们认为个体在工作情境中有三种主要的动机或需要。

(1)成就需要　即达到标准、追求卓越、争取成功的需要。具有强烈成就需求的人对成功有强烈的欲望,但他们追求的是个人的成就感,而不是之后所带来的奖励。他们需要挑战,并给自己设立一个有难度(但并非不可能)的目标。他们对风险采取现实主义态度(他们不大可能是赌博者);相反,他们喜欢分析和评价问题,乐意承担工作责任,希望得到关于自己工作的具体而迅速的反馈。他们愿意接受困难的挑战,并能承担责任;但他们不愿使结果受运气或他人的左右。也就是说,他们不喜欢接受那些在他们看来特别容易或者特别困难的工作任务。他们通常闲不住,喜欢长时间地工作。

(2)权力需要　即影响或控制他人且不受他人控制的欲望。具有强烈权力需求的人,特别在意施加影响和控制;他们善于交谈,也经常喜欢争论;他们坚忍不拔、坦率,不感情用事,对人对己均要求严格;他们还喜欢教导他人和在公共场合谈话。

(3)归属需要　即建立友好亲密的人际关系的愿望。高归属需要者渴望友谊,喜欢合作而不是竞争的环境,希望彼此之间的沟通和理解。

不同的人对三种需要的排列层次和比例不同,个人行为主要决定于其中被环境激活的那些要素。具有高成就需要的人具有事业心强、比较实际、敢冒风险的特点。他们对企业和国家有重要作用,而高成就需要的人才可通过教育和培训来造就。

(二)过程激励理论

激励的过程理论把重点放在行为是怎样开始、改变和终止。过程激励理论主要有以下三种。

1.期望值理论

1964年,美国行为科学家维克托·弗鲁姆(Victor H. Vroom)在他的著作《工作与激励》一书中首先提出了期望值理论。

期望值理论的基础是:人之所以愿意从事某项工作并达成组织目标,是因为这些工作和组织目标会帮助他们达成自己的目标、满足自己某方面的需要。

该理论认为,某一活动对某人的激发力量取决于其所能得到的成果的全部预期价值与其认为达到该成果的期望概率,用公式表示就是:

$$M = V \times E$$

式中　M——激发力量,指调动一个人的积极性、激发人的内部潜力的强度;

V——效价,指某项活动成果所能满足个人需要的价值的大小,或者说是某项活动成果的吸引力的大小,其变动范围在 $-100\% \sim +100\%$;

E——期望值,指一个人根据经验所判断的某项活动导致某一成果的可能性的大小,以概率表示。

例如,一位职工从上级的暗示或自己的估计得出一个结论,如果自己在工作上做出优良成绩,就有可能在职务上得到提升。在这里,"提升"就是上面所说的"成果","工作做出成绩"就是上面所说的"活动"。"提升"的效价的大小,因各人的不同需求而异。对一个不愿提升的人,其效价则为负数(例如 -99%)。工作做出成绩导致提升的可能性就是期望值,它只是个人的主观判断,与客观上是否符合实际情况无关。

当然,这只是一个简单的例子,实际中的情况常常要复杂得多。

期望值理论对我们实施激励有如下启示:

(1)管理者不要泛泛地推行各种激励措施,而应当实施多数组织成员认为效价最大的激励措施。

(2)设置激励目标时应尽可能加大其效价的综合值。

(3)适当控制实际概率和期望概率。期望概率既不是越大越好,也不是越小越好,而是要适当。期望概率过高,容易产生挫折;期望概率太低,又会减小激发力量。但期望概率并不完全由个人决定,它与实际概率的大小有关,而实际概率在很大程度上是由组织或者领导者决定的。实际概率应使大多数人受益,它最好大于平均的个人期望概率，让人喜出望外，而不要让人大失所望。但实际概率应当与效价相适应：效价大，实际概率可小些；效价小，实际概率可大些。

2. 公平理论

公平理论又称社会比较理论，它是美国的亚当斯（J. S. Adams）于20世纪60年代首先提出来的。该理论侧重于报酬对人们工作积极性的影响。其基本观点是：当一个人做出了成绩并取得报酬以后，其不仅关心所得的绝对量，而且关心自己所得报酬的相对量。因此要进行种种比较来确定自己所获报酬是否合理。比较的结果将直接影响今后工作的积极性。

该理论的核心是如下的公平方程式：

$$\frac{O_p}{I_p}=\frac{O_a}{I_a} \quad 或 \quad \frac{O_p}{I_p}=\frac{O_H}{I_H}$$

式中 O_p——对自己报酬的感觉；

O_a——对别人所获报酬的感觉；

I_p——对自己所作投入的感觉；

I_a——对别人所作投入的感觉；

O_H——对自己过去报酬的感觉；

I_H——对自己过去投入的感觉。

公平理论指出，每个人都会自觉或不自觉地把自己付出的投入和所获报酬相比的收支比率，同其他人在这方面的收支比率做社会比较，又同自己过去在这方面的收支比率做历史比较。如果这种收支比率相等，即上述等式成立，便会感到自己受到了公平的待遇，因而心情舒畅，努力工作；如果收支比率不等，即上述等式不成立，则可能出现以下情况：

（1）当$\frac{O_p}{I_p}<\frac{O_a}{I_a}$时，会感到不公平，可能要求增加自己的报酬或降低自己今后的努力程度；或者要求组织减少比较对象的报酬；或者另外找人作比较对象，以求得心理上的平衡；也可能发牢骚，讲怪话，消极怠工，制造矛盾甚至弃职他就。

（2）当$\frac{O_p}{I_p}>\frac{O_a}{I_a}$时，可能要求自己的报酬或在开始时自动多做些工作，但久而久之，会重新估计自己的技术和工作情况，确定自己应当得到比较高的待遇，于是工作状态又会回到过去的水平了。

（3）当$\frac{O_p}{I_p}<\frac{O_H}{I_H}$时，也会有不公平的感觉，并因此导致工作积极性的下降。

(4)当$\frac{O_p}{I_p} > \frac{O_H}{I_H}$时,一般不会感到不公平,而会认为就应该这样,因而不会更加积极地工作。

心理学认为,不公平会使人们的心理产生紧张和不安状态,因而影响人们的行为动机,导致工作积极性和工作效率的降低,旷工率、离职率随之上升。因此,管理者在工作任务的分配、工资和奖金的评定以及工作成绩的评价中,应力求公平合理,以保护和调动职工的积极性。但是,公平也是相对的、主观的,在客观上要做到让多数人认为公平、让每个人都感到公平是不可能的。

3. 强化理论

美国心理学家斯金纳(B. F. Skinner)提出的强化理论认为:人们为了达到某种目的,都会采取一定的行为,这种行为将作用于环境。当行为的结果对人有利时,这种行为就会重复出现;当行为的结果对人不利时,这种行为就会减弱或消失。这就是环境对行为强化的结果。根据强化的性质和目的,强化可以分为两大类型。

(1)正强化　所谓正强化,就是奖励那些符合组织目标的人或行为,以便使这些行为得到进一步加强,从而有利于组织目标的实现。正强化的刺激物不仅仅包含奖金等物质奖励,还包含表扬、提升、改善工作关系等精神奖励。为了使强化能达到预期的效果,还必须注意实施不同的强化方式。有的正强化是连续的、固定的正强化,譬如对每一次符合组织目标的行为都给予强化,或每隔一段固定的时间都给予一定数量的强化。尽管这种强化有及时刺激、立竿见影的效果,但久而久之,人们就会对这种正强化有越来越高的期望,或者认为这种正强化是理所应当的。管理者要不断加强这种正强化,否则其作用会减弱甚至不再起到刺激行为的作用。另一种正强化的方式是间断的、时间和数量都不固定的正强化,即管理者根据组织需要和个人行为在工作中的反映,不定期、不定量实施强化,使每一次强化都能起到较大的作用。实践证明,后一种正强化更有利于组织目标的实现。

(2)负强化　所谓负强化,就是惩罚那些不符合组织目标的行为,以使这些行为削弱直至消失,从而保证组织目标的实现不受干扰。实际上,不进行正强化也是一种负强化。譬如,过去对某种行为进行正强化,现在组织不再需要这种行为,但基于这种行为并不妨碍组织目标的实现,这时就可以取消正强化,使行为较少或不再重复出现。同样,负强化也包含着减少奖酬或罚款、批评、降级等。实施负强化的方式与正强化有所差异,应以连续负强化为主,即对每一次不符合组织的行为都应及时予以负强化，消除人们的侥幸心理，减少直至完全避免这种行为重复出现的可能性。

强化理论的应用原则主要有以下三条：

①要针对强化对象的不同需要采取不同的强化措施。②小步子前进，分阶段设立目标，及时给予强化。如果目标一次定得太高，就难以发挥强化的作用，也很难充分调动强化对象的积极性。③及时反馈。即要通过一定形式和途径，及时将工作结果告诉行动者。结果无论好坏，对行为都具有强化的作用。对好的结果的及时反馈能够更有力地激励行动者继续努力；对较差结果的及时反馈可以促使行动者分析原因，以及及时纠正。

(三)激励理论的综合

图6-4总结了我们以上介绍的大部分激励理论。由图可见，期望值理论涉及整个工作流程，而其他理论只涉及其中一个或部分环节。

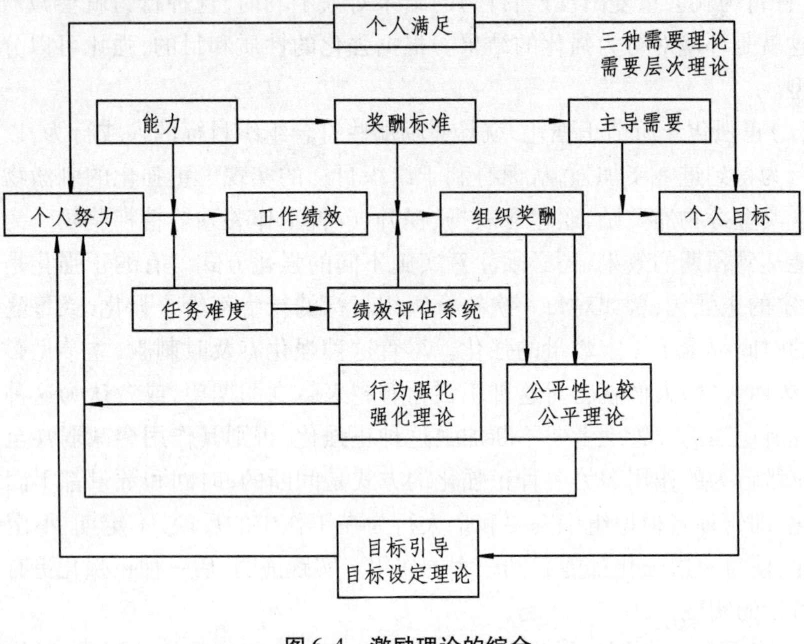

图6-4 激励理论的综合

我们在前面没有介绍的是目标设定理论。这种理论认为：具有一定难度且具体的目标，一旦被接受，将会比容易的目标更能激发高的工作绩效。使工作指向目标的主要原因来自于工作动机。有关目标设定的研究表明，设定恰当而具有挑战性的目标能够产生强烈的激励作用。这种理论从一个角度解释了目标管理的有效性。

第二节 激励的原则与常用方法

一、激励的类型

激励可按不同的方法分类。

(一)物质激励与精神激励

这是按激励的内容分的。物质激励作用于人的生理方面,着眼于满足人们的物质需要;精神激励作用于人的心理方面,着眼于满足人们的精神需要。物质激励的形式主要是颁发奖金和实物;精神激励则有授予称号、颁发奖状、奖章、记功、开会表扬、宣传事迹等多种具体形式。

(二)正激励与负激励

从激励的性质划分,激励可分为正激励和负激励。所谓正激励,就是当一个人的行为表现符合社会需要和组织目标时,通过表彰和奖励来保持和巩固这种行为,更加充分地调动成员的积极性;所谓负激励,就是当一个人的行为不符合社会需要或组织目标时,通过批评和惩罚来抑制这种行为并使其不再发生,同时引导组织成员的积极性向正确的方向转移。正激励和负激励都是对人的行为进行强化,所不同的是取向相反。正激励起正强化的作用,是对行为的肯定;负激励起负强化的作用,是对行为的否定。

(三)内激励与外激励

按照激励的方式,可以把激励分为内激励和外激励。内激励是通过启发诱导的方式,激发人的主动精神,使他们的工作热情建立在高度自觉的基础上,充分发挥内在的潜力;外激励则是运用环境条件来制约人们的动机,以此来强化或削弱有关行为,提高成员的工作意愿。内激励着眼于调动人的内因,带有自觉性的特征;外激励则倚重外因,具有一定程度的强迫性。

二、激励的原则

(一)物质激励与精神激励相结合的原则

人既有物质需要,也有精神需要,相应地,激励方式上就应该坚持物质激励与精神激励相结合。因为物质需要是人类最基本的需要,也是最低层次的需要,所以,物质激励是一种基本的激励形式(但其激励作用也是有限的)。随着生产力水平和人的素质的提高,人们的精神需求增强,激励的形式就应该更加强调精神激励。即:物质激励是基础,精神激励是根本,应在两者结合的基础上,逐步过渡到以精神激励为主。在这个问题上,应该避免走极端,迷信物质激励则导致拜金主义,迷信精神激励又导致唯意志论或精神万能论。事实证明,这两种做法都是片面的、有害的。

(二)外激励与内激励相结合的原则

人的行为既受到内因的驱动,又受到外因的影响;内因的作用是根本的,外因必须通过内因而起作用。这就要求领导者要善于将外激励和内激励相结合,并且以内激励为主;要着眼于激发职工的高层次需要和深层次动机,使其内心深处焕发出工作的热情和动力。这种工作动力比外激励所引发的动力要深刻和持久得多。

(三)正激励与负激励相结合的原则

正激励和负激励各自针对不同的行为,而这两种行为在组织中都是常见的,所以,正激励和负激励都是必要而有效的。它们不仅作用于当事人,而且会间接地影响周围的其他人。只有将二者结合运用,才能树立正面的榜样和反面的典型,扶正祛邪,形成一种好的风气,产生无形的力量,使整个群体或组织的行为更积极、更有生气。但鉴于负激励有一定的消极作用,容易产生挫折心理和挫折行为,应该慎用。领导者在坚持正激励和负激励相结合的同时,应坚持以正激励为主。

(四)目标结合原则

在激励机制中,设置目标是一个关键环节。目标设置首先必须体现组织目标的要求,否则激励就会偏离正确的方向;其次,目标设置也必须能够满足职工个人的需要,否则无法达到满意的激励强度。只有将组织目标与个人目标结合好,使组织目标包含较多的个人目标,使个人目标的实现离不开为实现组织目标所做的努力,才能收到良好的激励效果。

(五)按需激励原则

激励的起点是满足职工的需要,但职工的需要存在着个体差异性和动态性,因人而异、因时而异,并且只有满足最迫切的需要(即主导需要)的措施,其激励强度才大。因此,领导者在进行激励时,必须进行深入的调查研究,不断了解职工需要层次和需要结构的变化趋势,然后采取有针对性的激励措施,这样才能收到实效。

（六）民主公正原则

公正是激励的一个基本原则。如果奖罚不公，不仅收不到预期的效果，反而会适得其反，造成许多消极后果。公正就是赏罚严明并且赏罚适度。赏罚严明就是要铁面无私，不论亲疏、不分远近，一视同仁，正如韩非子所说："诚有功，则虽疏贱必赏；诚有过，则虽近爱必诛。"赏罚适度就是要从实际出发，赏与功相匹配、罚与罪相对应，既不能小功重奖、也不能大过轻罚。

公正的一个主要体现就是在物质激励上要贯彻按劳分配原则。使职工多劳多得、少劳少得。只有这样，才能破除平均主义的传统观念，激励职工勤奋劳动、积极竞争，在为组织做出贡献的同时获得更多的个人利益。也只有这样，物质激励手段才能真正起到其应有的作用。

民主是公正的保证，也是激励的基本要求，在制定激励制度、奖惩方案的过程中吸收职工的参与和监督，可以有力地防止不正之风，最大限度地确保公正。

三、激励的方法

（一）物质激励的方法

物质激励是以物质利益为诱因，通过调节被管理者物质利益来刺激其物质需要的方式和手段。物质利益激励是调动人的积极性的最基本动力。在消费低水平的条件下，需求大多以物质利益为中心，绝大多数人对物质利益相当关心，物质利益对人行为的激发作用就越加明显。物质利益激励的主要形式有：

1. 薪酬激励

包括工资、奖金、各种形式的津贴及实物奖励等。在商品经济条件下，人们的消费是有支付能力的消费，薪酬对于绝大多数人来讲是满足其物质消费的主要经济来源，是最重要和根本的激励因素。因此，在薪酬激励过程中，要坚持按劳分配与责权利相结合的原则，把组织成员的收入与其贡献及组织的效益挂钩，掌握恰当的刺激量。

2. 产权激励

就是将一个组织的产权卖给员工或根据员工的贡献和业绩给予红股激励、股票期权等。对于高层次的经营管理者和技术人员而言，为了体现贡献与收益成正比，持久地、最大限度地调动其积极性，既在物质利益上保证其合理的收入，又能从制度上保证其主人翁的地位。

3. 关怀激励

即领导者通过对下属生活的关心照顾来激励职工。关怀激励不但可以使下属获得好的物质上的利益和帮助,而且能获得尊重和归属感上的满足。领导者对下属关怀的内容是多种多样的,既包括物质上的,也包括精神上的。

4. 处罚

就是从经济上对下属进行惩罚,对下属偏离管理目标的行为进行约束。物质利益激励、产权激励、关怀激励都是从正面来对下属的行为进行正强化,但有时对下属出现违反组织的规章制度、不听从领导者的指挥管理等行为也需要进行必要的处罚和经济制裁。在处罚过程中应当有充分的事实根据和政策依据,做好思想转化与疏导工作,处罚的"刺激量"要适度。

(二)精神激励的方法

精神激励是十分重要的激励手段。国内外的先进企业在实践中创造了许多行之有效的精神激励的具体方法。

1. 目标激励

组织目标体现了职工工作的意义,预示着组织光明的未来,能够在理想和信念的层次上激励全体职工。组织目标与职工的个人目标应该是一致的,这种一致性,是目标激励发挥作用的保证。

2. 荣誉激励

荣誉是众人或组织个人或群体的崇高评价,是满足人们自尊需要,激发人们奋力进取的重要手段。中国自古以来就有重视名节、珍视荣誉的传统,这种激励方法就显得尤其重要而有效。荣誉激励的对象既包括个人,也包括集体,在实际中应灵活运用,有时,给集体荣誉比突出个人能够起到更有效的激励作用。

3. 形象激励

一个人通过视觉感受到的信息,占全部信息量的80%,因此,应该充分利用视觉形象的作用,通过光荣榜、图片展览、电视等媒介和途径表彰先进人物,宣传先进事迹,从而激发职工的荣誉感、成就感、自豪感。

4. 榜样激励

模仿和学习是人们的一种普遍需要,其实质是完善自我的需要,对于青年人,这种需要尤为强烈。榜样激励就是通过树立英雄模范人物来满足职工的模仿和学习需要,把职工的行为引导到组织目标所期望的方向。在这方面,领导者本人的身先士卒、率先垂范是最重要的榜样激励形式。

5. 情感激励

人是有思想、有感情的,感情因素对人的工作积极性有重大影响。情感激励就是加强与职工的感情沟通,尊重职工、关心职工,与职工之间建立平等和亲切的感情,让职工体会到领导的关心、企业的温暖,从而激发出主人翁责任感。情感激励不同于西方企业常用的“感情投资”，二者有本质的不同：前者是出于对职工的真诚关心，后者是资方对职工施展的手腕，是虚伪的感情游戏，其目的在于“获利”。二者的效果也不同，前者可使管理者与职工之间建立真诚的友谊，进而实现上下同心；后者充其量是维持表面的和谐，一旦职工发现其虚伪性，便会产生强烈的逆反心理，甚至造成难以挽回的严重后果。

6. 内在激励

所谓内在激励，是指增加工作的创造性、挑战性，使工作内容丰富多彩、引人入胜，从而让职工从工作中获得无穷的乐趣、感受到生活的意义，并获得自尊，实现自我价值。就是说，内在激励是靠工作本身激励职工。其具体形式包括实行人与工作的双向选择、工作轮换、设立工人技术职称、进行“工作设计”以使工作内容丰富化和扩大化，等等。

7. 兴趣激励

兴趣是人的爱好，也常常是人的长处。它往往与求知、求美和自我实现等心理活动相关联，对人的工作态度、钻研程度、创造精神影响很大。在管理中重视兴趣因素会取得很好的激励效果。除了进行工作分配时要考虑职工的兴趣外，组织各种兴趣小组，针对职工兴趣开展业余文化活动等都是行之有效的兴趣激励方式。

8. 参与激励

在我国，职工是国家的主人，也是企业的主人。领导者应该把职工摆在主人的位置上，尊重职工、信任职工，让职工在不同层次、不同深度上参与企业的决策，吸收职工中的正确意见，全心全意依靠职工办好企业。这在管理学中就叫“参与激励”。通过参与，职工对企业就会形成归属感、认同感。

【小　结】

本章主要介绍了激励理论及其在管理实践中的应用。

激励就是通过采取措施，使员工自愿地、努力地去从事工作和创造，以实现组织的目标，也就是我们通常说的启动人在工作中的积极性、主动性和创造性。人们的行为是由动机支配的，动机又是由人的需要而引起的，激励就是在分析人们需要的基础上，不断激发、引导人们沿着组织所希望的方向去行动，以取得预期的效果。

有关激励的理论及研究比较多，大致可将其分为两大类：内容激励理论和过程激励理论。马斯洛需要层次理论第一次对人类的基本需要层次进行了分类，并对各种需要之间的关系做了表述。从人性角度分析，产生了 X—Y，Z 理论。

过程激励理论中，期望值理论贯穿在各理论的始终。

人既有物质需要，也有精神需要，相应地，激励方式上就应该坚持物质激励和精神激励相结合。只有综合利用各种激励手段，才能实现有效的激励。

【思考与练习】

一、重点名词

(1)激励　(2)动机　(3)公平理论　(4)期望理论

二、填空题

(1)公平理论的基本内容是，人的劳动积极性不仅受(　　)的影响，更重要的是受(　　)的影响。

(2)激励理论大致可以分为(　　)和(　　)两大类。

(3)按照期望理论人的激发力量大小取决于(　　)和(　　)。

三、选择题

(1)激励过程就是一个由(　　)开始，到(　　)得到满足为止的连锁反应。

A. 需要 需要　B. 需要 动机　C. 动机 需要　D. 动机 动机

(2)人们在通往目标的道路上所遇到的障碍就是(　　)。

A. 抑制　B. 紧张　C. 防范　D. 挫折

(3)需要层次理论是美国著名管理心理学家和行为学家亚伯拉罕·马斯洛提出来的一种激励理论，属于(　　)。

A. 内容型激励理论　B. 过程型激励理论

C. 行为改造激励理论　D. 权变型激励理论

(4)赫茨伯格提出的双因素理论认为(　　)不能直接起到激励的作用，但能防止人们产生不满情绪。

A. 保健因素　B. 激励因素　C. 成就因素　D. 需要因素

(5)当一个人的行为符合管理目标、组织意图是应给予(　　)。

A. 负强化　B. 正强化　C. 正打击　C. 负打击

(6)给予员工与产权激励，这属于(　　)。

A. 精神激励　B. 物质激励　C. 工作激励

四、判断题

(1)根据戴维·麦克利兰的研究，对一般职员来说，成就需要比较强烈。(　　)

(2)表彰和奖励能起到激励的作用，批评和惩罚不能起到激励的作用。(　　)

(3)高层次的专业人员和管理人员不是工作丰富化的重点对象。(　　)

(4)按照公平理论员工只关心其绝对报酬的多少。( )

五、复习思考题

1. 激励包括哪些要素?

2. 内容激励理论主要包括哪几种? 其内涵是什么?

3. 过程激励理论主要包括哪几种? 其内涵是什么?

4. 试以实例说明如何运用好薪酬激励、产权激励、情感激励方法?

5. 说明激励的过程及其动因。

6. 理解需要层次理论的主要内涵,谈谈对实际工作的启发。

7. 解释期望值理论的激励模式。

8. 解释公平理论、强化理论的主要观点,谈谈对实际工作的启发。

六、案例分析题

宏基公司的人员管理

在台湾,有一个响彻全球的著名品牌,它就是宏基电脑(Acer)。《亚洲商业周刊》发表亚洲企业评价报告,评选宏基为最受推崇的亚洲籍高科技公司,超越索尼、东芝和松下。宏基集团目前是台湾第一大资讯公司和最大的自创品牌厂商,同时也是全球第三大 PC 制造厂商。宏基的发展与其创业者施振荣所提倡和实施的企业文化和管理方式有很大关系。

为了让员工将个人利益与公司利益紧密地联系在一起,将眼前利益与长远利益结合在一起,宏基在创立的第三年推动员工入股制度。施振荣认为,要让员工有信心入股,财务透明化是第一前提。于是公司设计了一套制度,包括每季公布财务报表,以净值作为买回离职员工股票的价格,等等,因此,在宏基电脑股票上市之前,内部就已经有公平的交易市场。

其实,宏基从创立第一天开始,财务就是公开的。因为公司当时只有 11 个人,会计账本放在桌上,谁都看得见,但重要的是,公司一直认为员工理所当然有权了解公司财务状况。财务公开的做法,刚开始的确为管理带来一些困扰。例如,有一位业务人员发现公司代理发展系统的毛利较高,就把业务拓展困难的责任,归咎于价格太高。事实上,这种产品的毛利高是因为售后服务成本较高。然而,公司并没有从此把会计账本藏起来,而是去和员工沟通清楚。

除了财务透明化之外,公司领导也想到,大多数同仁没有足够的资金入股,怎么办? 那就由公司来贴钱吧! 早期,因为有股东撤股,公司就买下这部分股权,推动员工入股的时候,打八折卖给公司,公司再打对折卖给员工,差价则由公司消化。就这样,宏基的员工入股制跨出了第一步。

在施振荣的理念里，"人性本善"是最重要的核心价值。他相信，当同仁被尊重、被授权的时候，就会将潜力发挥出来。施振荣对同仁一向客气，并尽可能向下授权。开会时，施振荣通常不先发言，而是先让同仁充分发表意见之后，才提出他的想法。有时，他和同仁的想法并不相同，但如果同仁坚持按照自己的方案，他会尊重同仁让他们去试。结果是：同仁非常珍惜这样的机会，努力去印证自己的想法，其独立自主的责任感也因此培养出来。特别是新进同仁，总会有些顾忌，放不开，但当主管愿意主动授权给他们之后，胆子大了，能力就施展出来了。

当然，也并不是每个人、都喜欢施振荣的授权风格，有些人就是喜欢主管帮他出主意。有时候，同仁之间意见相左，而施振荣向来不愿在自己还未全盘了解之前就下决定，他通常会让同仁先自行协调，因此有些人抱怨他不够决断。但他的想法是，事事帮同仁做决策，同仁会养成依赖的习惯，做错了就把责任往上推，做对了也不知所以，经验无法累积，成长也相对有限。

因为宏基的授权管理，同仁对公司的决策介入很深，难免会出现不同的意见。施振荣很能包容同仁提出的不同意见。当少数有异议的同仁被其他人"围剿"时，他还会劝大家："公司能有不同的声音是件好事。"有人就戏称他是"刻意容忍异己"。

也因为这个风气的养成，施振荣在面对同仁的挑战时，必须以沟通、说服来代替命令，他只好又开始"脑力运动"，想出好的表达方式来回应同仁。这产生了两个结果：第一，他的表达能力与日俱增，可以将自己的想法推广成同仁的共识；第二，想出让公司更进步的策略。

最典型的例子，就是1989年宏基将组织改成分散式多利润中心，在此之前，总部对转投资事业的股权比例都相当高，因此关系企业的收益也都是统筹分配。但是，因为关系企业的表现互有高低，于是，获利状况较好的明基就坚持要分家，不吃大锅饭。这个主张出现之后，有些事业的负责人很不以为然，他们认为，每一家公司都是有起有落，为什么钱赚得少的时候不提分家，赚多了就要分家？

站在公司领导人的角度，施振荣是可以采取强制拒绝的做法，但是他觉得伙伴会这样想，其实也是人之常情，而且，让表现好的公司和表现不好的公司齐头分享利润，也不公平，所以就发展出各事业单位独立核算利润的架构。这个做法，最初是为了解决利润分配的争执，后来却因此促进了各公司的经营绩效，并且奠定了宏基主从架构的基础。

问题1　宏基公司在人员管理上采用了哪些激励手段？

问题2　你对宏基公司的管理有何评价？

第七章

AS 控制

管理格言:管理的控制工作是务使实践活动符合于计划。

【学习目的与要求】

● **知识点**

1. 掌握控制的概念,对控制的分类在理解的基础上学会判断;
2. 理解管理控制的要点或要求;
3. 掌握控制的基本程序;
4. 对控制的技术与方法有个大致了解;

● **技能点**

1. 学会判断控制的类型;
2. 有利用控制的基本原理进行必要的控制初步能力。

【案例导入】

2008 年 12 月 25 日,河北省石家庄市政府举行新闻发布会,通报三鹿集团股份有限公司破产案处理情况。至此,经中国品牌资产评价中心评定,价值高达 149.07 亿元的三鹿品牌资产灰飞烟灭。

反思三鹿毒奶粉事件,我们不难发现,造成三鹿悲剧的三聚氰胺只是个导火索,而事件背后的运营风险管理失控才是真正的罪魁祸首。

对于乳业而言,要实现产能的扩张,就要实现奶源的控制。为了不丧失对奶源的控制,三鹿在有些时候接受了质量低下的原奶。据了解,三鹿集团在石家庄收奶时对原奶要求比其他企业低。

对于奶源质量的要求,乳制品行业一般认为巴氏奶和酸奶对奶源质量要求较高,UHT 奶次之,奶粉对奶源质量要求较低,冰激淋等产品更次之。因此,三鹿集团祸起奶粉,也就不足为奇。

另外,三鹿集团大打价格战以提高销售额,以挤压没有话语权的产业链前端环节利润。尽管三鹿的销售额从2005年的74.53亿元激增到2007年的103亿元,但是三鹿从未将公司与上游环节进行有效的利益捆绑,因此,上游企业要想保住利润,就必然会牺牲奶源质量。

企业快速增长,管理存在巨大风险。

作为与人们生活饮食息息相关的乳制品企业,本应加强奶源建设,充分保证原奶质量,然而在实际执行中,三鹿仍将大部分资源聚焦到了保证原奶供应上。

三鹿集团"奶牛+农户"饲养管理模式在执行中存在重大风险。乳业在原奶及原料的采购上主要有四种模式,分别是牧场模式(集中饲养百头以上奶牛统一采奶运送)、奶牛养殖小区模式(由小区业主提供场地,奶农在小区内各自喂养自己的奶牛,由小区统一采奶配送)、挤奶厅模式(由奶农各自散养奶牛,到挤奶厅统一采奶运送)、交叉模式(是前面三种方式交叉)。三鹿的散户奶源比例占到一半,且形式多样,要实现对数百个奶站在原奶生产、收购、运输环节实时监控已是不可能的任务,只能依靠最后一关的严格检查,加强对蛋白质等指标的检测,但如此一来,反而滋生了层出不穷的作弊手段。

但是三鹿集团的反舞弊监管不力。企业负责奶源收购的工作人员往往被奶站"搞"定了,这样就形成了行业"潜规则"。不合格的奶制品就在商业腐败中流向市场。另外,三鹿集团对贴牌生产的合作企业监控不严,产品质量风险巨大。贴牌生产,能迅速带来规模的扩张,可也给三鹿产品质量控制带来了风险。至少在个别贴牌企业的管理上,三鹿的管理并不严格。

www.mba.org.cn/mbahtml/01400129/38894_1.html

从此案例可以看出,在一个组织运行过程中,按照组织目标,加强控制是保证组织正常运行所必不可少的。

一个组织的管理活动需要根据组织的目标进行。但在组织的实际活动中难免出现偏离组织目标与计划的情况,这就需要分析产生偏差的原因,通过采取恰当的控制措施来保证组织的活动按照目标和计划顺利地实现。

第一节 控制的类型与要求

作为管理的一项职能,控制工作是指主管人员对下属的工作成效进行测量、衡量和评价，并采取相应纠正措施的过程。

一、控制的类型

（一）按纠正措施的环节，可分为现场控制、反馈控制和前馈控制

1. 现场控制

现场控制是一种主要为基层主管人员所采用的控制工作方法。主管人员通过深入现场来亲自监督检查、指导和控制下属人员的活动。内容有：

（1）向下级指示恰当的工作方法和工作过程。

（2）监督下级的工作以保证计划目标的实现。

（3）发现不符合标准的偏差时，及时采取纠正措施。

在计划实施过程中，大量的管理控制工作，尤其是基层的管理控制工作都属于这种类型。因此，它是控制工作的基础。一个主管人员管理水平和领导能力常常会通过这种工作表现出来。

在现场控制中，组织机构授予主管人员的权力使他们能够使用经济的和非经济的手段来影响其下属。控制活动的标准来自计划工作所确定的目标、政策、战略、规范和制度。控制工作的重点是正在进行的计划实施过程。控制的有效性取决于主管人员的个人素质、个人作风、指导的表达方式以及下属对这些指导的理解程度。

2. 反馈控制

这类控制主要是分析工作的执行结果，将它与控制标准相比较，发现已经发生或即将出现的偏差，分析原因及可能对未来的影响，及时拟定纠正措施并实施，以防止偏差继续发展和防止其今后再度发生。反馈控制的工作重点是把注意力集中在历史结果上，并将它作为未来行为的基础。

目前，在组织中应用最广泛的反馈控制方法有下列四种：财务报告分析、标准成本分析、质量控制分析、工作人员成绩评定。其中，最重要也最困难的是“工作人员成绩评定”。在实际工作中，主管人员常常是根据诸如会计的数据、报表等资料来进行工作，这样往往会因为一些历史数据资料延时性的缺陷，使反馈无效或产生偏差。

3. 前馈控制

前馈控制又叫预先控制，是主管人员利用所能得到的最新信息，包括上一个控制循环中所产生的经验教训，反复认真地对可能出现的结果进行预测，然后将其同计划要求进行比较，从而在必要时调整计划和控制影响因素，以确保目标的实现。与反馈控制不同，它的纠正措施往往是预防式的，工作重点是防止所使用

的各种资源在质和量上产生偏差,而不是控制行动的结果。

实行前馈控制的优越性在于:前馈控制能使主管人员及时得到信息以便采取措施,也能使他们知道如果不及时采取措施就会出现相应的问题。它克服了反馈控制中因时间之差所带来的缺陷。但是,前馈控制是一个相当复杂的系统。因为它不仅要考虑各种影响计划执行的变量,还要考虑影响这些变量的各种因素,同时还必须注意各种干扰的因素。

【课堂讨论】

比较分析反馈控制、现场控制和前馈控制三种控制的优缺点?为什么现在领导干部的责任审计强调要全程跟踪审计?

(二)按确定控制标准 Z 值的方法,可分为程序控制、跟踪控制、自适应控制、最佳控制

1. 程序控制

程序控制的特点是,控制标准 Z 值是时间 t 的函数。即:

$$Z=f(t)$$

在工程技术中,如程序控制的机器人和程序控制的机床,都严格按照预先规定的程序进行动作。某种动作什么时间开始,什么时间结束,都根据计数器给出的时间数值加以控制,到时间进行规定的动作,而不管实际的情况如何。

在企业生产经营活动中,大量的管理工作都属于程序控制性质。例如计划编制程序、统计报告程序、信息传递程序等都必须严格按照事前规定的时间进行活动,以保证整个系统行动的统一。

2. 跟踪控制

跟踪控制的特点是,控制标准 Z 值是控制对象所跟踪的先行量的函数。若先行量为 W,则

$$Z=f(W)$$

例如,要求军舰的航线必须与海岸线保持 12 海里的距离。那么海岸线是先行量 W,航线就是跟踪量,控制标准 Z 就是 12 海里。军舰要不断地测量自己与海岸线的距离来控制自己的航线。

先行量也可以是某种运动中的变量。例如图 7-1 所示的狗追兔子问题。

兔子从 0 点开始沿着 X 轴线逃跑,狗从 P 点开始行动跟踪追捕。追捕中狗跟着兔子的运动随时改变自己的追捕方向,使自己与兔子始终保持最短的距离。狗的行动轨迹就形成了一条追捕曲线。兔子的先行量 W,追捕曲线是跟踪量,

Z_1, Z_2, Z_3, Z_4 就是控制标准值。

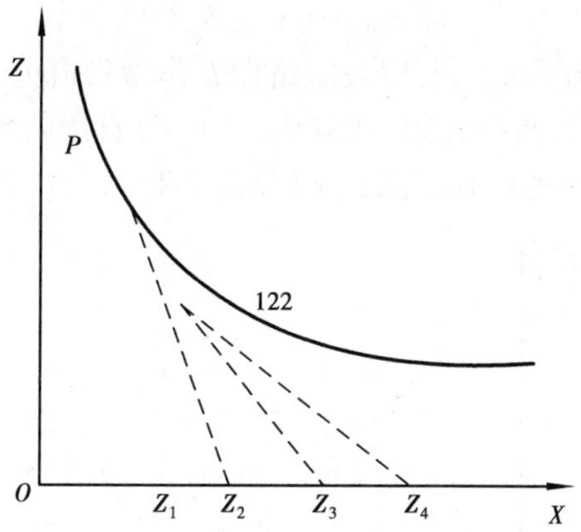

图 7-1　追捕曲线

在企业生产经营活动中,税金的缴纳,利润、工资、奖金的分配,资金、材料的供应等都属于跟踪控制性质。实行利改税后,企业产品的销售额就是先行量,税金就是跟随量,控制标准就是各个税种的税率。这是一种动态的跟踪控制。国家通过制定各种税种和税率,就可以有效地控制国家与企业在经济上的分配关系。

3. 自适应控制

自适应控制的特点是没有明确的先行量,控制标准 Z 值是过去时刻(或时期)已达状态 K 的函数,即 Z 值是通过学习过去的经验而建立起来的:

$$Z = f(K)$$

例如,工程技术中的学习机器人就是一种自适应控制的机器人。它通过学习过去的经验,会对活动中遇到的各种情况采取相应的行动。但如果发生了它在学习中没有遇到过的事情,它将无法采取行动。因此,自适应是相对的,是有一定限度的。

在企业生产经营活动中,情况千变万化,企业最高领导人对企业的发展方向很难进行程序控制或跟踪控制,而必须进行自适应控制。他们往往要根据过去企业所处的外部环境和内部已经达到的状态,凭自己的分析、判断、经验、预感做出重大的经营决策,使企业适应外部环境发生的新变化。

4. 最佳控制

最佳控制的特点是,控制标准 Z 值是由某一目标函数的最大值和最小值构成。这种函数通常含有输入量 X,传递因子 S 和 K 及各种附加参数 C,即:

$$Z = \max f(X, S, K, C) \text{或}$$
$$Z = \min f(X, S, K, C)$$

例如在前述追捕问题中,若以最短路程 L 作为狗追兔子的最佳控制标准的话,狗就不应沿着追捕曲线奔跑,而应从 $P(X,Z)$ 直接朝着两者的交叉点 W 跑去。这样,就可用最短的路程追到兔子(见图 7-2)。

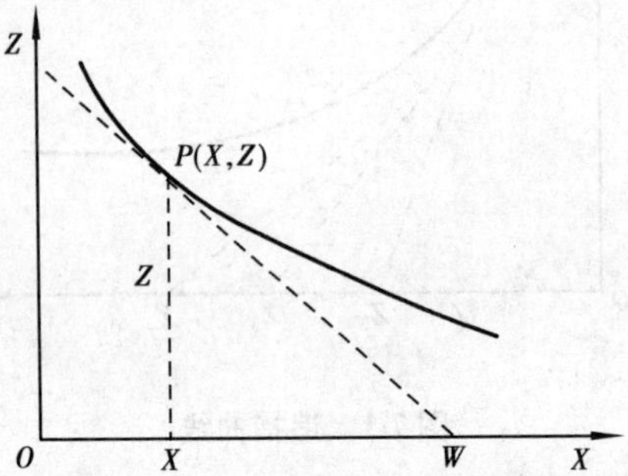

图 7-2　最佳控制

在企业的生产经营活动中,普遍应用最佳控制原理进行决策和管理。例如用最小费用来控制生产批量,用最低成本来控制生产规模,用最大利润控制投资,用最短路程控制运输路线,等等。几乎所有可以用线性规划、网络技术等运筹学方法求解的问题,都毫无例外地要得出某种过程的最优解,并以此作为对过程实行管理的控制标准。

二、控制的要求

控制的目的是保证企业活动符合计划的要求,以有效的实现预定的目标。为此,有效的控制必须注意以下几点。

(一)适时控制

企业经营活动中产生的偏差只有及时采取措施加以纠正,才能避免偏差的扩大,或防止偏差对企业不利影响的扩散。及时纠偏,要求管理人员及时掌握能够反映偏差产生及其严重程度的信息。如果等到偏差已经非常明显,且对企业造成了不可挽回的影响后,反映偏差的信息才姗姗来迟,那么,即使这种信息是非常系统、绝对客观、完全正确的,也不可能对纠正偏差带来任何指导作用。

纠正偏差的最理想方法应该是在偏差未产生之前,就注意到偏差产生的可能性,从而预先采取必要的防范措施,防止偏差的产生;或者由于某种企业无力抵抗的原因,偏差的出现不可避免,那么这种认识也可指导企业预先采取措施,消除或遏制偏差产生后可能对企业造成的不利影响。

预测偏差的产生,虽然在实践中有许多困难,但在理论上是可行的,即可以通过建立企业经营状况的预警系统来实现。我们可以为需要控制的对象建立一条警报线,反映经营状况的数据一旦超过这个警戒线,预警系统就会发出警报,提醒人们采取必要的措施防止偏差的产生和扩大。

(二)适度控制

适度控制是指控制范围、程度和频度要恰到好处。这种恰到好处的控制要注意以下几个方面的问题。

1. 要防止控制过多或控制不足

控制常给被控制者带来某种不愉快。但是如果缺乏控制则可能导致组织活动的混乱。有效地控制应该既能满足对组织活动的监督和检查需要,又要防止与组织成员发生强烈的冲突。适度控制应能同时体现两个方面的要求:一是要认识到,过多的控制会对组织中的成员造成伤害,对组织成员行为的过度限制,会扼杀他们的积极性、主动性和创造性,会抑制他们的首创精神,从而影响个人能力的发展和工作热情的提高,最终会影响企业的效率;二是要认识到,较少的控制将不能使组织活动有序进行,也就不能保证各部门活动进度和比例的协调,将会造成资源的浪费。此外,过少的控制还可能使组织中的个人无视组织的要求,我行我素,不为组织提供所需的贡献,甚至利用在组织中的便利地位谋求个人的利益,最终导致组织的涣散和崩溃。

控制程度适当与否,受到许多因素的影响。判断控制程度和频度是否适当的标准,通常要随活动性质、管理层次以及下属受训练程度等因素而变化。一般来说,科研机构的控制程度应小于生产活动;企业中对科室人员工作的控制要少于现场生产作业;对受过严格训练、能力较强的管理人员的控制要低于那些缺乏必要训练的新任管理者或单纯的执行者。此外,企业环境的特点也会影响人们对控制严厉程度的判断。在市场疲软时期,为了共渡难关,部分职工会同意接受比较严格的行为限制,而在经济繁荣时期则希望工作中有较大的自由度。

2. 处理好全面控制与重点控制的关系

任何组织都不可能对每一个部门、每一个环节的每一个人在每一个时刻的工作情况进行全面的控制。由于存在对控制者的再控制问题,这种全面控制甚至会造成组织中控制人员远远多于现场作业者的现象。然而,事实上并不是所有成员的每一项工作都具有相同的发生偏差的概率,也并不是所有可能发生的偏差都会对组织带来相同程度的影响。因此,全面系统的控制代价极高,是不可行的,而且也是不必要的。适度的控制要求企业在建立控制系统时,利用 ABC

分析法和例外原则等工具,找出影响企业经营成果的关键环节和关键因素,并据此在相关环节上设立预警系统或控制点,进行重点控制。

3.要注意控制成本与收益之间的关系

任何控制都需要一定的费用,衡量工作成绩,分析偏差产生的原因,以及为了纠正偏差而采取的措施等,都需要支付一定的费用;同时,任何控制,由于纠正了组织活动中存在的偏差,都会带来一定的收益。一项控制,只有当其带来的收益超出其所需成本时,才是值得的。

(三)客观控制

控制工作应该针对企业实际情况,采取必要的纠偏措施,或促进企业活动按原先的轨道继续前进。因此,有效的控制必须是客观的、符合企业实际的。客观的控制源于对企业经营活动状况及其变化的客观了解和评价。为此,控制过程中采用的检查、测量的技术和手段必须能正确地反映企业经营在时空上的变化程度和分布状况,准确地判断和评价企业各部门、各环节的工作与计划要求的相符或相背离程度。这种判断和评价的正确程度还取决于衡量工作成效的标准是否客观和适当。为此,企业还必须定期地检查过去规定的标准和计量规范,以使之符合现实的要求。没有客观的标准和准确的检测手段,人们对企业实际上就不易有一个正确的认识,从而难以制定出正确的措施,进行客观的控制。

(四)弹性控制

企业生产经营过程中可能经常遇到某种突发的、无力抗拒的变化,这些变化使企业计划与现实条件严重背离。有效的控制系统应在这样的情况下仍能发挥作用,维持企业营运,也就是说,应该具有灵活性和弹性。

弹性控制通常与控制的标准有关。比如说,预算控制通常规定了企业各经营单位的主管人员在既定规模下能够用来购买原材料或生产设备的经营额度。这个额度如果规定得绝对化,那么,一旦实际产量或销售量与预测数据发生偏差,预算控制就可能失去意义。经营规模扩大,会使经营单位感到经费不足;而销售量低于预测水平,这可能使经费过于富绰,甚至造成浪费。有效的预防控制应能反映经营规模的变化,应该考虑到未来企业经营可能呈现出的不同水平,从而为标志经营规模的不同参数值规定不同的经营额度,使预算在一定范围内是可以变化的。一般来说,弹性控制要求企业制定弹性的计划和弹性的衡量标准。

第二节 控制过程

一、确立标准

标准是人们检查和衡量工作及其结果的规范。也可以说,标准就是计量实际和预期工作成果的尺度。制定标准是进行控制的基础。没有一套完整的标准,衡量绩效和纠正偏差就失去了客观依据。

(一)确定控制对象

标准的具体内容涉及需要控制的对象。那么,企业经营与管理中哪些事和物需要加以控制呢?经营活动的成果是需要控制的重点对象。控制工作的最终初始动机就是要促进企业有效地取得预期的活动结果。因此,要分析企业需要什么样的结果。这种分析可以从盈利性、市场占有率等多个角度来进行。

要保证企业取得预期的成果,必须在成果最终形成以前进行控制,纠正与预期成果的要求不相符合的活动。因此,需要分析影响企业经营结果的各种因素,并把它们列为需要控制的对象。影响企业在一定时期经营成果的主要因素有:

1. 环境的因素

企业在特定时期内的经营活动是根据决策者对经营环境的认识和预测来计划和安排的。如果预期的市场环境没有出现,或者企业外部发生了某种无法预料和抗拒的变化,那么原来计划的活动就可能无法继续进行,从而难以为组织带来预期的结果。因此,制定计划时所依据的对经营环境的认识应作为控制对象,列出各项环境控制的具体标准和标志。

2. 资源的投入

企业经营成果是通过对一定资源的加工转化得到的。没有或缺乏这种资源,企业经营就会成为无源之水、无本之木。投入的资源,不但会在数量和质量上影响经营活动按期、按量、按要求进行,影响最终的物质产品,而且其费用会影响生产成本,从而影响经营的盈利程度。因此,必须对资源投入进行控制,使之在数量、质量以及价格等方面符合预期经营成果的要求。

3. 组织的活动

输入到生产经营中的各种资源不可能自然形成产品。企业经营成果是通过全体员工在不同时间和空间上,用一定技术和设备对不同资源进行不同的加工劳动才最终得到的。企业员工的工作质量和数量是决定经营成果的重要因素,因此,必须使企业员工的活动符合计划和预期结果的要求。要建立员工的工作规范,以及各部门和各员工在各个时期的阶段成果的标准,以便对他们的活动进行控制。

(二)关键控制点和标准

选择的控制点应当是关键性的,它们或是经营活动中的限制性因素,或是一切有利的因素。有了这类标准,管理人员便能有效地管理下属,从而扩大管理幅度,达到节约成本和改善信息沟通的目的。确定关键控制点,这是一条重要的控制原则。从事有效的控制,就需要注意那些对按照各种计划评价业绩时有关键意义的因素。选择关键性控制点的能力是一项管理的艺术,因为健全的控制取决于关键点。

然而,由于不同企业和不同部门的特殊性,有待衡量的产品和服务的种类繁多,以及有待执行的计划方案多得不可胜数,所以不存在可供所有管理人员都实用的专门的控制表。美国通用电气公司在分析影响和反映企业经营绩效的众多因素的基础上,建立了相应的控制标准。比如,获利能力、市场定位、生产率、产品领先地位、人员发展、员工态度、公共责任、短期目标与长期目标的平衡性等八个方面的标准。另外,管理人员在实行控制时,必须使控制行为和控制标准与其个人需要相一致。

关键点标准的种类很多,许多计划方案中的每个目标、每种活动、每项政策、每项规程以及每种预算,都可能成为衡量实际业绩或预期业绩的标准。事实上,标准大致有以下几种:

1. 实物标准

实物标准都是非货币衡量标准,在耗用原材料、雇佣劳力、提供服务及生产产品的操作层次中通用。这些标准反映了诸如每单位产出工时数、生产每吨产品所消耗的燃料数、货运的吨公里数、单位机器台时的产量等数量标志。实物标准也可反映品质,诸如轴承的硬度、公差的精确度、飞机的爬升高度、纤维的强度等。

2. 成本标准

成本标准都是货币衡量标准,像实物标准一样,通用于操作层次。这个标准是把货币值加到经营活动的成本中去。广泛使用的成本标准有:单位产品的直接成本和间接成本、单位产品或每小时的人工成本、单位产品的原材料成本、工时成本、单位销售额的销售费用等。

3. 资本标准

资本标准有多种,是以货币衡量标准应用于实物而形成的。这些标准同投入于企业的资本有关,而同营运资本无关,所以它们主要是同资产负债表有关,而同损益计算表无关。对于新投资和综合控制而言,使用最广泛的标准是投资报酬率,资产负债表会揭示其他资本标准,如流动资产与流动负债比例、债务与资本净值比率、固定投资与总投资比例、现金及应收账款与应付账款比率、票据或债券与股票比率、库存量与库存周转量比例,等等。

4. 收益标准

把货币只用之于销售量即为收益标准。例如:每辆公共汽车载乘客每公里的收入、每一个顾客的平均销售额、在既定市场范围内的人均销售额。

5. 计划标准

管理者可以编制一个可变动预算方案,一个正式实施的新产品开发计划或一个改进销售人员素质的计划。在评估计划的执行业绩时,虽然难免有一些主观判断,但也还可以运用时间安排和其他因素作为客观判断标准。

6. 无形标准

比较难以确定的是既不可能以实物又不可能以货币来衡量的标准。如管理人员的才干,广告计划是否符合短期目标和长远目标,监督管理人员是否忠诚于公司的目标,办公室人员是否精明机灵,等等,要确定是明确定量或是明确定性的标准,有时是非常困难的。

在企业中有不少无形标准,部分原因在于没有充分研究过超出车间、地区销售营业所、发货仓库或会计部门层次上的构成预期业绩的内容。也许,一个更为重要的原因是,在业绩中涉及人际关系时,要衡量何谓“良好”、“有效果”或“有效率”,那是十分困难的。心理学家和社会关系计量学家提出了测试、调查和抽样方法,这才有可能探索人的态度与动力。但对人际关系的许多管理控制必须继续以无形标准、设想判断、反复试验法,甚至必要时以纯粹的预感为依据。

7. 指标标准

一些管理较出色的企业目前的倾向是,要在每一层次的管理部门建立可考核的定性指标或定量指标,无形标准的用处日益减少。在复杂的计划工作和主管人员本身的业绩方面,经过研究和思考,尽可能确定一些指标作为业绩标准。如,地区销售营业部的计划中,包括了诸如按照一定专业性计划来培养售货员的内容,则这份计划及其本身特点也就提供了若干倾向于客观的,也就是“有形的”的标准。

二、衡量绩效

标准是衡量绩效的依据。有了标准,就可以将实际的工作成果与标准相比较,衡量管理的绩效。在绩效评估过程中应注意检验标准的客观性和有效性,衡量频度的适宜性,以及要建立良好的信息沟通和反馈系统。如果标准的确立已经比较适宜,那么衡量绩效结果的好坏则取决于管理者是否掌握关于实际工作成果的真实信息。在实际管理活动中,管理者获得信息的途径有两条:①大多数组织都已制度化的各种财务报表制度和内部报告制度,即将要求能够反映活动成果的重要指标自下而上地定期报告的一种制度,这是大型国有企业中上级管理者获得信息的主要途径;②通过管理人员的直接观察、检查或听下属口头汇报而获得的信息。

来自两种途径的信息并不一定能够真实地反映组织经营管理活动的情况。组织内部的有些部门可能会因本位主义、局部利益而在内部报告时做了隐瞒或夸张,有的下属在向管理层汇报工作时,为了留给上级一个好印象而夸大其词,或为迎合某些管理者的口味而谎报实情。当将这些信息与标准比较之后,计划与实际之间的偏差可能较大,容易引起管理者采取不恰当的纠正措施。因此,在衡量绩效的过程中,保证信息的及时性、有效性和可靠性是非常重要的。具体地说,信息必须满足以下要求:

(1)正确性　即信息要客观地反映实际情况,保证使用信息的人能做出正确的判断。只有正确的信息,才能产生效益,不正确的信息比没有信息造成的结果更糟。

(2)及时性　信息要及时传递到有关部门与使用者那里,使他们做出及时的、正确的反映。否则,即使是正确的信息而不能及时传递,也会贻误时机而失去时效。

(3)实用性　是指信息在内容、数量、精度上必须符合使用者的要求,不适用特定需要的信息等于没有信息,信息不能杂而繁多,要有针对性地满足管理者的需要。

(4)经济性　即要求管理者获得信息而支付的代价,要小于信息所能带来的收益。

丰富的信息是至关重要的,但是有的管理工作本身就使衡量绩效的工作难以开展。在所有相关信息中,可以用指标定量化表示出来的一些信息,比较容易地与相应的计划指标相对比,因而是比较客观的。但有些管理工作的绩效是很难用指标定量化的。如,组织气氛是一种无法具体观察到的变量,对其工作绩效的分析只能凭主观判断而无法准确测量；与组织气氛相关的计划指标也只能是定性的，是一些描述性的说明。因此，管理人员应尽可能多地掌握相关信息，公正、客观、实事求是地进行绩效评估。

三、纠正偏差

利用科学的方法，依据客观的标准，对工作绩效的衡量，可以发现计划执行中出现的偏差。纠正偏差就是在此基础上，分析偏差产生的原因，制定并实施必要的纠正措施。这项工作使控制过程得以完成，并将控制与管理的其他职能相互连接。通过纠偏，使组织计划得以遵循，使组织结构和人事安排得到调整，使领导活动更加完善。

为了保证纠偏措施的针对性和有效性，必须在制订和实施纠偏措施的过程中注意下述问题。

（一）找出产生偏差的主要原因

并非所有的偏差都可能影响企业的最终结果。有些偏差可能反映出计划制订和执行工作中的严重问题，而另一些偏差则可能是一些偶然的、暂时的、区域性因素引起的，从而不一定会对组织活动的最终结果产生重要的影响。因此，在采取任何纠正措施以前，必须对反映偏差的信息进行评估和分析。首先，要判断偏差的严重程度，是否足以构成对组织活动效率的威胁，从而值得去分析原因，采取纠正措施；其次，要探寻导致偏差产生的主要原因。

纠偏措施的制订是以偏差原因的分析为依据的。同一偏差则可能由不同的原因造成。如销售利润的下降既可能是因为销售量的降低，也可能是因为生产成本的提高。前者既可能是因为市场上出现了技术更加先进的新产品，也可能是由于竞争对手采取了某种竞争策略，或是企业产品质量下降；后者既可能是原材料、劳动力消耗和占用数量的增加，也可能是由于购买价格的提高。不同的原因要求采取不同的纠正措施。要通过评估反映偏差的信息和对影响因素的分析，透过表面现象找出造成偏差的深层原因，在众多的深层次原因中找出最主要的，为纠偏措施的制订指导方向。

（二）确定纠偏措施的实施对象

需要纠正的可能是企业的实际行动，也可能是组织这些活动的计划或衡量这些活动的标准。如大部分员工没有完成劳动定额，可能不是由于全体员工的抵制，而是定额水平太高；又如承包户企业经理的兑现收入可高达数万、甚至数十万，可能不是由于经营者努力数倍或数十倍于工人，而是由于承包基数不恰当或确定经营者收入的挂钩方式不合理;再如企业产品销售量下降,可能并不是由于质量劣化或价格不合理,而是由于市场需求的饱和或周期性的经济萧条等。在这些情况下,首先要改变的不是或不仅仅是实际工作,而是衡量这些工作的标准或指导工作的计划。

预定计划或标准的调整是由两种原因决定的:①原先的计划或标准制订得不科学,在执行中发现了问题;②原来正确的标准或计划,由于客观环境发生了预料不到的变化,不再适应新形势的需要。负有控制责任的管理者应该认识到,外界环境发生变化以后,如果不对预先制订的计划和行动准则进行及时的调整,那么,即使内部活动组织得非常完善,企业也不可能实现预定的目标;如果消费者的需求偏好转移,这时,企业的产品质量再高、功能再完善、生产成本的价格再低,仍然不可能找到销路,不会给企业带来期望利润。

(三)选择恰当的纠偏措施

针对产生偏差的主要原因,就可能制订改进工作或调整计划与标准的纠正措施和方案。纠偏措施的选择和实施过程要注意以下几点:

1. 使纠偏方案双重优化

纠正偏差,不仅在实施对象上可以进行选择,而且对同一对象的纠偏也可采取多种不同的措施。所有这些措施的实施条件与效果相比,其经济性都优于不采取任何行动,使偏差任其发展可能给组织造成的损失。如果行动的费用超过偏差带来的损失。有时最好的方案也许是不采取任何行动,这是纠偏方案选择过程中的第一重优化。第二重优化是在此基础上,通过对各种经济可行方案的比较,找出其中追加投入最少、解决偏差效果最好的方案来组织实施。

2. 充分考虑原先计划实施的影响

由于对客观环境的认识能力提高,或者由于客观环境本身发生的重要变化而引起的纠偏需要,可能会导致对原先计划与决策的局部甚至全局的否定,从而要求企业活动的方向和内容进行重大的调整。这种调整有时被称为“追踪决策”,即“当原有决策的实施表明将危及决策目标的实施或实现时,对目标或决策方案所进行的一种根本性修正”。

追踪决策是相对于初始决策而言的。初始决策是所选定的方案尚未付诸实施,没有投入任何资源,客观对象与环境尚未受到人的决策的影响和干扰,因此是以零为起点的决策。进行重大战略调整的追踪决策则不然,企业外部经营环境或内部的经营条件已经由于初始决策的执行而有所改变,是“非零起点”。因此,在制订和选择追踪决策的方案时,都要充分考虑到伴随着初始决策的实施已经消耗的资源,以及这种消耗对客观环境造成的种种影响。

3. **注意消除人们对纠偏措施的疑虑**

任何纠偏措施都会在不同程度上引起组织结构、关系和活动的调整,从而会涉及某些组织成员的利益,不同组织成员会因此而对纠偏措施持不同的态度(特别是纠偏措施属于对原先决策和活动进行重大调整的追踪决策时):一些原先反对初始决策的人会幸灾乐祸,甚至夸大原先决策的失误,反对保留其中合理的成分;更多的人(包括原先决策的制定者和支持者)因为害怕改变决策标志着自己的失败而对纠偏措施持怀疑和反对的态度;执行原决策、从事具体活动的基层工作人员则会因为对自己原先参与的活动怀有感情,或担心调整会使自己失去工作的机会,影响自己的既得利益而极力抵制制订和执行任何重要的纠偏措施。因此,控制人员要充分考虑到组织成员对纠偏措施的不同态度,特别是要注意消除执行者的疑虑,争取更多人的理解、赞同和支持,以避免在纠偏方案实施过程中可能出现的人为障碍。

第三节　控制技术和方法

一、预算控制

企业的所有活动都可以利用预算来进行控制。所谓预算,就是用数字、特别是用财务数字的形式来描述企业未来的活动计划。它预估了企业在未来时期的经营收入或现金流量,同时也为各部门的各项活动规定了在资金、劳动、材料、能源等方面的支出不能超过的额度。预算控制就是根据预算规定的收入与支出标准来检查和监督各个部门的生产经营活动,以保证各种活动或各部门在充分达成既定目标、实现利润的过程中对经营资源的利用,从而使费用支出受到严格有效的约束。

(一)预算的种类

1. **收支预算**

这是以货币来表示的组织经营管理的收支计划。由于企业收入主要来源于产品销售,因此,最基本的是销售预算,它是销售预测的详细正式说明。由于销售预测是计划工作的基石,因而销售预算是预算控制的基础。

2. **时间、空间、原材料和产品产量预算**

这是一种以实物单位来表示的预算。因为在计划和控制的某个阶段可能采用实物数量单位比采用货币更有意义。常用的实物预算单位是:直接工时数、台时数、原材料的数量、占用的平方米面积和生产量。此外,用工时或人时来预算所需要的劳动力也是很普遍的。

3. 现金预算

现金预算是对企业未来生产与销售活动中现金的流入与流出进行预测。现金预算只能包括那些实际包含在现金流程中的项目,因此,现金预算并不需要反映企业的资产负债情况,而只要反映企业在未来活动中的实际现金流量和流程。虽然企业的销售收入使利润相当可观,但大部分尚未收回,或收回后被大量的库存材料或制品所占用,那么它也不可能在目前为企业带来现金上的便利。通过现金预算,可以帮助企业发现现金的不足或闲置,从而指导企业及时利用暂时过剩的现金,或及早筹齐维持正常营运所短缺的资金。

4. 投资预算

如果企业的收支预算被很好地执行,企业有效地组织了资源的利用,那么利用这些资源得到的产品销售以后的收入,就会超出资源消耗的支出,从而给企业带来盈余,企业可以利用盈利的大部分来进行生产能力的恢复和扩大。这些支出由于具有投资的性质,因此对其计划安排通常被称为投资预算或资金支出预算。投资预算的项目包括:用于更新改造和扩充包括厂房、设备在内的生产设施的支出;用于增加品种、完善产品性能或改进工艺的研究与开发支出;用于提高职工和管理队伍素质的人事培训与发展支出;用于广告宣传、寻找顾客的市场发展支出等。

5. 资产负债预算

资产负债预算是对企业会计年度末期的财务状况进行预测。它通过将各部门和各项目的分预算汇总在一起,表明如果企业的各种业务活动达到预先规定的标准,在财务期末企业资产与负债会呈现何种状况。作为各分预算的汇总,管理人员在编制资产负债预算时虽然不需做出新的计划或决策,但通过对预算表的分析,可以发现某些分预算的问题,从而有助于采取及时的调整措施。比如,通过分析流动资产与流动债务的比率,可以发现企业未来的财务安全性、偿债能力等,可能要使企业在资金的筹措方式、来源及其使用计划上做相应的调整。另外,通过将本期预算与上期实际发生的资产负债情况进行对比,还可以发现企业财务状况可能会发生哪些不利的变化,从而指导事前控制。

(二)预算的作用及其局限性

由于预算的实质是用统一的货币单位为企业各部门的各项活动编制计划,因此它使得企业在不同时期的活动效果和不同部门的经营绩效具有可比性,可以使管理者了解企业经营状况的变化方向和组织中的优势部门与问题部门,从而为调整企业活动指明了方向;通过为不同的职能部门和职能活动编制预算,也为协调企业活动提供了依据;更重要的是,预算的编制与执行始终是与控制过程联系在一起的;编制预算是为企业的各项活动确立财务标准;用数量形式的预算标准来对照企业活动的实际效果,大大方便了控制过程中的绩效衡量工作,也使之更加客观可靠。在此基础上,很容易测量出实际活动对预期效果的偏离程度,从而为采取纠正措施奠定了基础。

由于这些积极作用,运算手段在组织管理中得到了广泛的应用。但在预算的编制和执行中,也暴露了一些局限性,主要表现在:

(1)它只能帮助企业控制那些可以计量,特别是可以用货币单位计量的业务活动,而不能促使企业对那些不能计量的企业文化、企业形象、企业活力的改善予以足够的重视。

(2)预算编制时通常参照上期的预算项目和标准,从而会忽视本次活动的实际需要,因此会导致这样的错误:上期有的而本期不需要的项目仍然沿用,而本期必需但上期却没有的项目会因缺乏先例而不能增设。

(3)企业活动的外部环境是在不断变化的,这些变化会改变企业获取资源的支出和销售产品实际的收入,从而使预算变得不可思议。因此,缺乏弹性、非常具体,特别是涉及较长时期的预算可能会过度束缚决策者的行动,使企业经营缺乏灵活性和适应性。

(4)预算、特别是项目预算和部门预测,不仅对有关负责人提出了要求,而且也为他们的有效开支规定了限度。这种规定可能使管理者们在活动中精打细算,遵守不得超过支出预算的准则,而忽视了部门活动的本来目的。

只有充分认识了上述局限性,才能有效地利用预算这种控制手段,并辅之以其他工具。

二、审计控制

审计是对反映企业资金运行过程及其结果的会计记录及财务报表进行审核、鉴定,以判断其真实性和可靠性,从而为控制和决策提供依据。

(一)外部审计

外部审计是由外部机构(如会计事务所)选派的审计人员对企业财务报表及其反映的财务状况进行独立的评估。外部审计实际上是对企业内部虚假、欺骗行为的一个重要而系统的检查,因此起着鼓励诚实的作用。

外部审计的优点是审计人员与管理当局不存在行政上的依附关系,不需看企业经理的眼色行事，只需对国家、社会和法律负责，因而可以保证审计的独立性和公正性。但是，由于外来的审计人员不了解内部的组织结构、生产流程和经营特点，在对具体业务的审计过程中可能产生困难。此外，处于被审计地位的内部组织成员可能产生抵触情绪，不愿积极配合，这也可能增加审计工作的难度。

（二）内部审计

内部审计是由企业内部的机构和财务部门的专门人员来独立地进行的。内部审计兼有许多外部审计的目的。它不仅要像外部审计那样核实财务报表的真实性和准确性，还要分析企业的财务结构是否合理；不仅要评估财务资源的利用效率，而且要检查和分析企业控制系统的有效性；不仅要检查目前的经营状况，而且要提供改进这种状况的建议。

内部审计是企业进行控制的一个重要手段，其作用主要表现在：①内部审计提供了检查现有控制程序和方法是否有效地保证达到既定目标和执行既定政策的手段；②根据对现有控制系统有效性的检查，内部审计人员可以提供有关改进公司政策、工作程序和方法的对策建议，以促使公司政策符合实际，工作程序更加合理，作业方法被正确掌握，从而更有效地实现组织目标；③内部审计也有助于推进分权化的管理。

虽然内部审计为经营控制提供了大量的有用信息，但在使用中也存在着不少的局限性，主要表现在：

（1）内部审计可能需要很多的费用，特别是要进行深入详细的审计。

（2）审计工作容易使被审计对象在心理上产生抵触情绪，从而给组织活动带来负面影响。

（三）管理审计

外部审计主要是核对企业财务记录的可靠性和真实性；内部审计在此基础上对企业政策、工作程序与计划的执行程度进行测定，并提出必要的改进企业控制系统的对策建议；管理审计的对象和范围则更广，它是一种对企业所有管理工作及其绩效进行全面系统地评价和鉴定的方法。管理审计虽然也可以组织内部有关部门进行，但为了保证某些敏感领域得到客观的评价，企业通常聘请外部专家来进行。

管理审计的方法是利用公开记录的信息，从反映企业管理绩效及其影响因素的若干方面将企业与同行业其他企业或其他行业的著名企业进行比较，以判断企业经营与管理的健康程度。

反映企业管理绩效及其影响因素主要有：

(1)经济功能　检查企业产品或服务对公众的价值,分析企业对社会和国民经济的贡献。

(2)企业组织结构　分析企业组织结构是否能有效地达到企业经营目标。

(3)收入合理性　根据盈利的数量和质量来判断企业盈利状况。

(4)研究与开发　评价企业研究与发展部门的工作是否与企业的未来发展进行了必要的新技术和新产品的准备;管理当局对这项工作的态度如何。

(5)财务政策　评价企业的财务结构是否健全合理,企业是否有效地运用财务政策和控制来达到短期和长期目标。

(6)生产效率　保证在适当的时候提供符合质量要求的必要数量的产品,这对于维持企业的竞争能力是相当重要的。因此,要对企业生产制造系统在数量和质量方面的保证程度以及资源利用的有效性等方面进行评估。

(7)销售能力　销售能力影响企业产品能否在市场上顺利实现。这方面的评估包括企业商业信誉、代销网点、服务系统以及销售人员的工作技能和工作态度。

(8)对管理当局的评估　即对企业的主要管理人员的知识、能力、勤劳、正直、诚实等素质进行分析和评价。

管理审计在实践中也遇到了许多批评,其中一个重要的意见是,此种审计过多地评价组织过去的努力和结果,而不预测和指导未来的工作,以至于有些企业在获得极好评价的管理审计后不久就遇到了严重的财政困难。尽管如此,由于管理审计不是在一两个容易测量的活动领域进行比较,而是对整个组织的管理绩效进行评价,因此,可以为企业在未来改进管理系统的结构、工作程序和结果等方面提供有用的参考。

三、损益控制

整个企业的损益表之所以能为重要的控制目的服务,主要在于它能测定表明企业成败的各项收益和成本因素。由于一个企业的生存通常取决于利润,而利润则是衡量企业成功的明确标准,所以许多公司都利用损益表来对分公司和重要部门进行控制。执行损益控制,要求每一个主要部门或分公司都要详细列具收入和费用,并定期计算其损益状况。

损益控制法通常适用于组织中对主要部门或分公司的控制。一个组织单位越是完整和全面,就越有可能准确地实行损益控制法。因此,一般来说产品分公司或地区分公司实行损益控制法的效果远比在公司所属部门的一个生产车间实行效果要好。有时,一些按职能组织的公司也用此法。但大多数情况下,损益控制一般不适用于公司的参谋机构和服务部门，对于这类部门最好的办法是执行诸如可变预算这一类的控制方式。

损益控制方法也有一定的局限性：①其统计计算工作量大，使控制成本和所花费的时间与精力过大；②这种方法对于全面业绩考核存在不足；③损益控制使用过头会使企业部门的独立性增强而引起竞争，无助于企业的协调。

四、投资报酬率控制

使用最成功的控制技术之一，便是以资本投资与收益的比率，从绝对额和相对额两方面来衡量某家公司或公司内某单位的成效。许多公司都采用投资报酬率衡量方法作为全面业绩衡量的手段。报酬率是衡量一家公司或分公司从所投入的资本上能够赢得的收益的尺度。因此，这个工具不把利润看成是绝对的，而是视之为企业营运资本的所得。于是，企业的目标未必是追求利润的极大化，而是从奉献于企业宗旨的资本运用所取得的报酬极大化。这种观点认为：资本对任何企业而言，都是一个关键要素，因为资本的稀缺足以限制企业的发展。运用这一方法也就强调：管理人员的职责就是要尽可能最佳地运用托付给他们的资产。

（一）投资报酬率系统

从图7-3投资报酬率计算系统（以杜邦公司为例）可以看出，投资报酬率受多种因素影响。

投资报酬率＝资本周转率（总销售额除以资本）×销售盈利率

这一公式表明：按投资报酬率来说，一个资本周转率高而销售盈利率低的分公司，有可能比另一个销售盈利率高而资本周转率低的分公司更有利可图。

用图7-3对报酬率变化做出的分析可以掌握企业各方面的财务状况，报酬率是用来比较各分公司业绩的共同标准，并且能易于追查造成差别的原因。使用投资报酬率的控制方法，不能忽视衡量标准基数所代表的各种比率和对比数。虽然报酬率的提高可能来自较高的销售利润率，也可能来自于降低价格并减少销售收益而使周转率所得到的提高。此外，投资报酬率的提高可能因做了一定的厂房投资而取得更多产品（和销售额）所致，或因一定的产品销售费用减少所致。

（二）优点与局限性

使用投资报酬率控制全面业绩的主要优点是：

（1）把管理者的注意力集中在企业经营的主要目标上，即从现有资本上争取最大限度的利润。

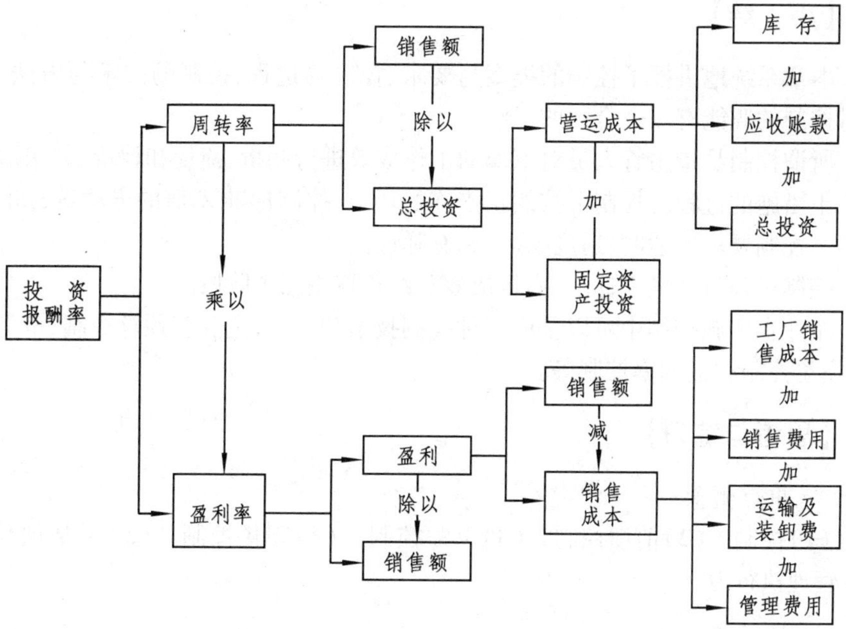

图 7-3 投资报酬率计算中诸因素间的相互关系

(2)该种方法在职权分散的情况下也是有效的。

(3)它一方面能够全面表明对收益有关的所有因素,另一方面也能使主管人员找出弱点所在,并为考虑补救措施指明方向。

这一方法虽有上述各项优点,并被广泛使用,但它并非十全十美。

(1)要取得现成的关于销售、成本及资产信息,和共同出售产品方面的资本合理配置与收益合理分配的信息是很困难的,因此组建起投资报酬率控制系统并非是轻而易举的事。

(2)要确定合理的报酬率是较为困难的。

(3)确定的最低报酬率会导致对新的风险资本投资缺乏必要的灵活性。

(4)投资报酬率控制方法有可能导致在一个企业内或产业部门内过分地关注财务因素,过分注意比率和财务数据会促使公司忽视诸如社会发展和技术开发等环境因素,也可能会使公司忽视这样的事实:即资本并非是一家企业能够得以成长、繁荣和持久存在的唯一稀缺资源。

【小　结】

本章系统地讲授了控制的类型与要求、控制的过程、控制的技术与方法，以便对控制的职能有一个全面的了解。

所谓控制是指主管人员对下属的工作成效进行测量、衡量和评价、并采取相应纠正措施的过程。控制可按纠正措施的环节、控制标准 Z 值的方法等标准来分类。控制要求要适时、适度、客观和有弹性。

控制过程包括确立标准、衡量成效和纠正偏差三个阶段。

企业在实施控制中可以采取多种控制技术和方法，主要有预算控制、审计控制、损益控制和报酬率控制等。

【思考与练习】

一、重点概念

(1)控制　(2)前馈控制　(3)反馈控制　(4)现场控制　(5)零基预算　(6)管理执行力

二、填空题

(1)要搞好管理控制，控制要符合(　　)、(　　)、(　　)和(　　)的要求。

(2)控制的核心是(　　)。

(3)控制的过程分为(　　)、(　　)和(　　)三个阶段。

三、选择题

(1)将工作执行的结果与计划相比较，风险偏差，采取纠偏措施，这种控制是(　　)。

A. 现场控制　B. 反馈控制　C. 前馈控制

(2)不考虑过去的预算项目和收支水平，以零为基点编制的预算属(　　)。

A. 零基预算　B. 统计预算　C. 审计预算

(3)对正在进行的活动所给予的指导与监督属(　　)。

A. 现场控制　B. 反馈控制　C. 前馈控制

四、判断正误

(1)搞好预测与计划这属于前馈控制。(　　)

(2)以上年经济活动情况为基础来编制预算属零基预算。(　　)

五、复习思考题

1. 控制有哪些主要的类型？在管理中控制的作用是什么？

2. 一个有效的控制系统应该具备哪些条件?

3. 什么叫前馈控制?为什么它对管理人员有重要的作用?你能否提出有哪些业务领域可以使用前馈控制?

4. 描述控制过程。

5. 为希望行使有效控制并且使你感兴趣的业务领域制订一份控制标准。

6. 控制的技术与方法有哪些?各有哪些优点与局限性?

7. 理解计划评审法,并用它制订你在大学的学习计划。使用这种方法有哪些优点,哪些不足?

8. 同商业性企业中的两位经理交谈,向他们询问公司采用哪种衡量全面业绩的控制方法。他们的回答有哪些相同点?哪些不同点?

六、案例思考题

成本控制乏力,大本营失守

2004 年,北京市场的乳业格局已经发生巨大变化。2004 年 10 月,北京三元牛奶已经在大本营北京市场上退居第三,排在蒙牛、伊利之后,而在巅峰时期,三元曾占据了北京市场的 8 成,即使是 2003 年,三元也有超过 50% 的市场份额。大本营失守以及成本控制乏力,使得三元利润大幅下滑。三元股份第三季度的季报披露,2004 年 1—9 月,该公司的营业利润为负 5 439 万元。2004 年 12 月 22 日,郭维健因业绩原因,辞去三元股份董事总经理职位。三元为何陷入如此困境,其中一个重要原因是成本控制乏力。

2004 年,各种原材料都出现了不同幅度的涨价。与 2003 年相比,最高时,玉米价格涨幅为 33%,大豆涨幅为 73%,而与此同时,奶价却下跌了近四成。这虽然是全行业性的困难,但与它的主要竞争对手相比,三元的成本控制能力明显较弱。

2004 年 1—9 月,伊利主营业务成本占主营业务比例为 70.34%,而三元的比例为 79.11%。这直接导致了三元的主营业务利润率低于伊利 8 个多百分点。三元的管理费用占主营业务收入比例也是伊利的好几倍。

三元成本高于对手,除了地处北京,土地、原材料、环保以及奶源建设投入大,人工成本几乎要高于某些竞争对手两倍以上等客观原因外,还有一些主观的失误。前几年,三元为了降低奶源成本,曾跑到北疆去办了一个奶源生产基地,但因那里风沙太大、缺乏优质牧草,造成牛奶的杂质超标而卫生、生化指标不达标,最后不得不放弃原定的液态奶基地计划。

2003 年,三元又跑到澳大利亚建立奶源基地。当时三元认为:“澳大利亚和新西兰是传统的乳品出口国,占世界出口总量的40%左右。澳大利亚产奶量的50%用于出口。由于天然的资源优势,澳大利亚的鲜奶价格低于我国16%至18%,而且鲜奶质量明显好于我国。”但令三元意想不到的是,由于汇率变化及澳大利亚干旱,三元澳大利亚基地生产的鲜奶的价格没有它预计的那么低。无奈之下,2004年年初,三元不得不放弃这个基地。

最近,面临窘境的三元不得不走一步险棋——产品涨价,原本卖0.95元的三元加钙奶现在卖到了1元,原本卖1元的三元纯鲜奶卖到了1.15元。很明显,三元希望通过涨价摆脱亏损的困境。但,这只是企业的一厢情愿。据报道,涨价后,北京一些社区的牛奶批发点减少了三元牛奶的进货数量。北京之外部分省市的终端上,三元的产品也已经没了踪影。不知道涨价是否会成为三元新一轮市场份额下滑的开端?

(ask.dichan.com/show-1468.html)

案例思考:

三元公司为何陷入如此困境?应从哪些方面加强成本控制?

【案例分析】

邯钢的“模拟市场核算,实行成本否决”制

邯钢是1958年建设的老厂。1990年,邯钢与其他钢铁企业一样,面临内部成本上升、外部市场疲软的双重压力,经济效益大面积滑坡。当时生产的28个品种有26个亏损,总厂已到了难以为继的状况。然而各分厂报表中的所有产品却都显示出盈利,个人照发奖金,感受不到市场的压力。造成这一反差的主要原因,是当时厂内核算采用的“计划价格”严重背离市场,厂内核算反映不出产品实际成本和企业真实效率,总厂包揽了市场价格与厂内核算用的“计划价格”之间的较大价差,职责不清,考核不严,干好干坏一个样。为此,邯钢从1991年开始推行了以“模拟市场核算,实行成本否决”为核心的企业内部管理体制改革,当年实现利润5 000万元。1991—1995年共实现利润21.5亿元,是“七五”期间的5.9倍,钢产量在5年内翻了1倍以上,使邯钢由过去一个一般的地方中型钢铁企业跃居全国11家特大型钢铁企业行列。

邯钢在实行管理体制改革的5年时间,实现的效益和钢产量已经超过了前32年的总和。巨大的力量来自何处?邯钢的职工喜欢用“当一份家,理一份财,担一份责任,享受一份利益”四句话来概括他们的作用。而使邯钢人体验到由“当家理财”而“当家作主”的新型主人翁地位的,正是“模拟市场核算,实行成本

否决”这一体制的成功发明与实践。据统计资料分析，邯钢这 5 年实现的 21.5 亿元利润中，有 8 亿元(占 5 年利润总额的 37.2%)是 2.8 万名邯钢职工靠挖潜降本增效而得来的。5 年来，邯钢在原材料涨价的情况下，吨成本以平均每年 4%强的速度在下降。邯钢通过将成本责任和每个职工紧紧捆在一起，使大家树立了高度的成本意识，就像居家过日子一样精打细算，人人为成本操心，个个为增效出力。充分体现出与社会主义市场经济适应的成本中心责任体制的威力。

邯钢“模拟市场核算”的具体做法：一是确定目标成本，由过去以计划价格为依据的“正算法”改为以市场价格为依据的“倒算法”，即：将过去从产品的原材料进价开始，按厂内工序逐步结转的“正算”方法，改变为从产品的市场售价减去目标利润开始，按厂内工序反向逐步推的“倒推”方法，使目标成本各项指标真实地反映市场的需求变化。二是以国内先进水平和本单位历史最好水平为依据，对成本构成的各项指标进行比较，找出潜在的效益，以原材料和出厂产品的市场价格为参数，进而对每一个产品都定出“蹦一蹦能摸得着”的目标成本和目标利润等项指标，保证各项指标的科学性、合理性。三是针对产品情况确定相应的目标利润，原来亏损、没有市场的产品要做到不赔钱或微利，原来盈利的产品要做到增加盈利。对成本降不下来的产品，停止生产。四是明确目标成本的各项指标的刚性，执行起来不迁就、不照顾、不讲客观原因。如邯钢二炼钢分厂，1990 年按原“计划价格”考核，该分厂完成了指标，照样拿了奖金，但按“模拟市场核算”实际亏损 1 500 万元。1991 年依据“倒推”方法确定该分厂吨钢目标成本要比上年降低 24.12 元，但分厂认为绝对办不到，多次要求调整。总厂厂长指出：这一指标是根据市场价格“倒推”出来的，再下调就要亏损，要你们吨钢成本降低 24.12 元，你们降低 24.11 元也不行，不是我无情，而是市场无情。于是，该分厂采用同样的“倒推”方法，测算出各项费用在吨钢成本中的最高限额，将构成成本的各项原材料、燃料消耗，各项费用指标等，大到 840 元一吨的铁水，小到仅占吨钢成本 0.03 元的印刷费、邮寄费，逐个进行分解，形成纵横交错的严格的目标成本管理体系，结果当年盈利 250 万元，成本总额比上年降低了 2 250 万元。1994 年，该分厂的总成本比目标成本降低 3 400 万元，超创内部目标利润 4 600万元。

邯钢“实行成本否决”的具体措施：一是将产品目标成本中各项指标层层分解到分厂、车间、班组、岗位和职工个人，使厂内的每个环节都承担降低成本的责任，把市场压力及涨价因素消化于各个环节。实行新管理体制的第一年，总厂 28 个分厂、18 个行政处室分解承包指标 1 022 个，分解到班组、岗位、个人的达 10 万多个。目前全厂 2.8 万名职工人人身上有指标，多到生产每吨产品担负上千元，少到几分钱，人人当家理财，真正成为企业的主人。二是通过层层签订承包协议、联利计酬，把分厂、车间、班组、岗位和职工个人的责权利与企业的经济效益紧紧地结合在一起。三是将个人全部奖金与目标成本指标完成情况直接挂钩，凡目标成本指标完不成的单位或个人，即使其他指标完成得再好，也一律扣发单位或个人的当月全部奖金，连续3个月完不成目标成本指标的，延缓单位内部工资升级。四是为防止成本不实和出现不合理的挂账待摊，确保成本的真实可靠，总厂每月进行一次全厂性的物料平衡，对每个单位的原材料、燃料进行盘点。以每月最后一天的零点为截止时间，次月2日由分厂自己核对，3日分厂之间进行核对。在此基础上总厂召开物料平衡会，由计划、总调、计量、质量、原料、供应、财务等部门的负责同志参加，对分厂报上来的数据与盘点情况进行核对，看其进、销、存是否平衡一致，并按平衡后的消耗、产量考核各分厂目标成本指标的完成情况，据此计发奖金。除此之外，每季度还要进行一次财务物资联合大检查，由财务、企管部门抽调人员到分厂查账。账物不符的，重新核算成本和内部利润；成本超支、完不成目标利润的否决全部奖金。5年来，全厂先后有79厂次当月奖金被否决，有69个分厂和处室被延缓工资升级时间。

问题1　邯钢是如何加强成本控制的？

问题2　邯钢在成本控制中采用了什么方法？

问题3　你认为邯钢依据“市场成本”指标，对有关单位和人员实行“成本对全部奖金的一票否决制”的合理性如何？

第八章 AS 管理的目的

管理格言:管理的最高境界就是利润的最大化!

【学习目的与要求】

- **知识点**

1. 掌握经济效益的概念;
2. 弄懂经济效益评价的指标内涵,理解管理控制的要点或要求;
3. 明确企业提高经济效益的途径。

- **技能点**

学会利用经济效益指标对企业经济效益进行评价。

【案例导入】

青岛海晶化工集团有限公司在1999年改制初期是青岛市特困企业,如今发展到今天的销售收入近16亿元,利税超过1亿元的成绩,公司2007年位列中国化工企业500强第176位,专用化学品制造业100强第23位。公司能够发展到今天与公司在信息化建设方面的重大举措是分不开的。公司对企业的信息化建设进行了总体的规划,对于生产型企业,工业生产控制的信息化建设尤为重要,它在产品质量、生产成本、稳定生产及环保安全方面起着决定性的作用,公司确定在生产过程控制方面,凡新建、在建、扩建项目应最大限度地采用先进控制手段,确保生产装置的先进水平,并对现有的DCS控制系统中不能满足要求的进行调整升级,为节能降耗和提高产品质量奠定基础。

累计投入资金约1 380万元改进和完善生产工艺,提高装置能力和劳动生产率,降低原材料消耗成本,以PVC产品为例,海晶集团利用自己的技术力量,开发出45 m^3 聚合釜及其配套技术,采用国内外十几项先进技术,使公司生产装置水平得到显著提高,提高了产品质量,改善了工作环境。

热电联产项目的信息技术改造,实现 220 m^3/h 蒸汽生产能力和 2.4 万 kW 的发电能力,成本降低额约为 1 000 万元/年左右。乙炔站、合成和聚合 DCS 系统的升级改造,使整套装置的水平有了极大的提高,产品质量显著提高,主导产品 PVC 从 2005 年销售量 11.696 1 万吨,销售额为 68 679 万元,2007 年产量 14.2万吨,增加经济效益 2.6 亿元;产品质量不断提高,一等品率从实施信息技术改造前的 67.4%,到 2007 年优、一等品率达到 97.96%,按 100 元价格差计算,2007 年仅因为产品质量的提高就可带来经济效益约 433 万元。

通过对生产装置 DCS 控制系统的建设和升级,使公司生产装置水平得到显著提高,提高了产品质量,改善了工作环境,降低了环境污染,使公司的核心竞争力得到显著的提高。数据采集系统及中央控制室项目使公司各 DSC 系统得到整合,数据实现共享,极大地方便了操作和信息传递。通过公司一系列的信息化建设,显著的提高了公司的形象,提高了产品质量,改善了公司的管理手段,提高了企业核心竞争力,取得了良好的经济效益和社会效益。

从此案例可以看出,企业要提高经济效益必须要加强管理,重视技术革新,不断降低成本,才能稳步提高效益。

管理是有目的的活动。人们从事经济活动总是要有资源的投入,而投入必须有更大的产出,这就是效益。因此,管理的根本目的是提高经济效益。

第一节　管理的根本目的

一、管理的根本目的是提高经济效益

管理是一种有意识有组织的集体活动,而不是盲目的、自发式的本能活动。也就是说,管理是有目的的。美国著名管理学家唐纳利曾说过:“管理就是由一个或几个人来协调他人的活动,以便收到单个人独立活动所不能收到的效果而进行的各项活动”。这段话充分地说明,管理活动的根本目的就是提高活动的效果。

管理来源于社会实践,其目的在于通过管理有效地组织和运用各种资源,以实现预期的目标,取得最佳的效果。

当今世界,各国经济水平的差距很大,这一方面反映了各国科学技术水平的

差异，另一方面反映了各国管理水平的差异。

第二次世界大战之后，英国曾派出专家组到美国学习工业方面的经验。但是，他们很快发现自己拥有的技术水平与美国相差不大。然而，美国的生产率水平却远远高于英国。通过进一步地深入调查，他们发现：主要原因在于英国的组织管理水平远远落后于美国。

日本从1945年到1960年短短的15年时间，从一个经济处于崩溃边缘的国家一跃成为世界第二经济大国，其中的主要原因是由于他们建立了一套特殊管理系统。管理成为他们的第四生产要素，且产生了巨大作用。

美国某信用分析公司在研究管理的作用方面做了大量的工作，他们对美国破产企业进行了大量调查研究后证明：近90%左右的企业是由于管理不善而导致破产的。

随着我国社会主义市场经济的发展，"短缺经济"时代已离我们远去，加之我国加入了世界贸易组织，企业不仅面临国内企业间的竞争，更面临经济实力强大、管理水平高、技术先进的跨国公司的强大竞争压力。正如有识之士指出的那样，中国企业做大不难，关键在效益有十分巨大的差异。究其原因就是经济管理体制不合理，管理水平低下。因此，要增强我国经济实力，迅速发展国民经济，提高管理水平，充分发挥管理的作用是至关重要的。

二、经济效益的内涵和分类

（一）经济效益的内涵

经济效益就是经济活动中产出与投入之间的比例关系。讲求经济效益，就是要尽量减少劳动消耗和资源占用，提高产出。经济效益的概念一般可以用简单的公式表示如下：

$$经济效益=\frac{有用成果}{劳动消耗+资源占用}$$

式中，劳动消耗包括物化劳动消耗和活劳动消耗。物化劳动消耗是指经济活动中实际消耗的燃料、原材料、机器设备的磨损，等等。活劳动消耗是指在劳动力使用过程中，脑力劳动和体力劳动消耗的总和。

资源占用是指生产过程中所占用的各种人力、物力、财力等各种资源，主要是物化劳动的占用，如使用的房屋、机器设备以及为保证劳动正常进行所需要的其他劳动条件和必要的物资储备、土地和自然资源等。

明确区分劳动消耗和资源占用，有利于分析各种因素对经济效益的影响，避免忽视资源占用和资源优势的作用。

经济效益中所指的有用成果,在物质生产部门表现为符合社会需求的各种产品和劳务。

(二)经济效益的分类

1.按照体现经济效益的范围,分为宏观经济效益和微观经济效益

宏观经济效益是指全社会的经济效益;微观经济效益是指企业的经济效益,它们是全局与局部的关系。

2.按照确定效益的范围,分为内部经济效益和外部经济效益

体现在一个企业范围内的经济效益,称为内部经济效益。与该企业相关的经济实体得到的经济效益,称为外部经济效益。例如,在一个大型煤矿区内建立一个火力发电站,火电站本身实现的经济效益是其内部经济效益,煤矿直接得到充足的电力资源,会取得更大的经济效益,这就表现为该火力发电站的外部经济效益。

3.按照经济效益能否计量,分为直接经济效益和间接经济效益

直接经济效益是指一项活动本身直接体现出来的经济效益,它是可以直接计算的。间接经济效益是指通过某一经济活动间接反映在其他方面的经济效益,它的计量往往比较困难。

例如,在某地区新建一个企业,新建企业投入生产后所实现的效益(即内部经济效益)和以该企业生产的产品为原材料或零部件的企业所实现的效益(即外部经济效益),都是可以直接计算的,称为直接经济效益。但是,随着新建企业的投产,企业所在地区的工商企业,随着企业的繁荣,其原、辅材料供应厂家增加了产量,厂区附近的服务业增加了营业收入以及增加该地区就业机会,等等,从而取得了间接经济效益。它的涉及面较大,计量比较复杂,要准确计量也比较困难。

(三)经济效益评价标准

评价企业经济效益的标准一般有以下四种:

1.计划标准

即以能否完成国家、企业计划指标为评价依据。但计划指标不一定是最优标准,能完成国家计划或企业计划,只说明企业生产经营符合国家或企业的起码要求。

2.历史标准

(1)以本企业上年实际水平为标准。

(2)以本企业历史最高水平为标准。

在实际工作中应根据具体情况选择,以本期实际指标的达到程度进行评价。但本企业历史最高水平,不一定是同行业先进水平,能超过本企业历史最高水平,只说明企业经济效益比以前已有提高。

3. 同行标准

(1)以国内同行业实际先进水平为标准。

(2)以国内同行业的平均水平为标准。

超过此水平,表明达到同行先进水平或平均水平,表明企业经济效益水平在同行业中的位置更加提高,企业的竞争能力增强。

4. 国际标准

以世界经济发达国家同行企业已达到的先进水平为标准,以企业实际指标与国际水平的差异评价。如达到或超过国际先进水平,表明企业经济效益已跃居世界领先地位。

(四)企业经济效益评价的方法

经济效益分析可采用某些统计、数学等具体方法,这些方法是多种多样的,企业应该依照分析的目的、企业的特点以及掌握资料的性质和内容来决定。

1. 因素分析法

把综合性指标分解为各个原始因素,以便确定影响经济效益的原因,这种方法称为因素分析。

因素分析法的每一层次分析计算也称为连锁替代法,这种方法就是把影响一项指标的几个相互联系的因素,按顺序把其中一个因素作为可变因素,暂时把其他因素当作不变因素,逐个进行替换,以测定此因素对该项指标的影响程度。根据测定的结果,可以初步分清主要因素和次要因素,从而抓住关键性因素,有针对性地提出改进经营管理的措施。因素的排列顺序要根据因素的内在联系加以确定。

2. 结构分析法

结构分析法又称比重分析法。这种方法就是计算某项经济指标的各个组成部分占总体的比重,分析其内容构成比例的变化,从而掌握事物的性质,区分主要矛盾和次要矛盾、矛盾的主要方面和次要方面。

3. 动态分析法

为了分析一定时期内事物发展规律性的变化趋势,可以采用动态分析法。它是将不同时期同类指标的数值进行对比,计算动态相对数,借以分析指标反映的事物发展方向和增减速度及其发展趋势。例如,利用计算定基速度与环比速度的方法,可以分析产品销售收入增减变化趋势。

在分别计算了反映经营的各方面指标后,最后应对企业经营状况进行综合,即将反映经营的各种性质的指标,综合在一起进行总结性地分析评价,以弥补单项指标对比的片面性、倾向性。

在综合分析评价时,应首先将企业实际数与标准数进行对比考察。企业的生产、财务等各种经营计划是企业在一定时期的经营目标,也是考核评价的标准。企业经营分析的最终目的是要通过分析控制现在,规划未来。因此对企业的各种指标还需与同行业平均水平和先进水平相比,找出企业存在的差距和潜力,以进一步提高经营管理的综合水平。

在实际综合分析评价时,要从实际出发,选择能综合反映企业经营状况的主要指标,还应考虑到行业、企业的特点和不同时期企业的情况。综合评价方法常用的有综合评分法和雷达图法。这里不做介绍。

三、制定经济效益评价指标应处理好几个关系

(一)微观效益与宏观效益

企业的效益是局部效益,是微观效益;国民经济的效益,是整体效益,是宏观效益。企业微观效益,应该服务国家宏观效益;国家宏观效益,应充分考虑企业微观效益。从时间上看,企业效益往往是短期效益,国家效益是长期发展效益。企业短期效益,应以不损害国家的长远发展利益为前提。只要不违反国家相关法律制度和相关产业政策,企业可以不考虑宏观经济效益问题。

(二)社会效益与经济效益

社会主义企业不应该只是谋取经济上的收益,而且还应该给社会带来多方面的效益。如生产高、精、尖、稀缺产品以代替进口产品,填补本国产品的空白,节省外汇。又如,在生产中注重环保,维护人类生态平衡等。这些活动都会产生较大的社会效益。

企业经济效益的取得有时对社会是无益的,如仅仅为追求产值高而造成产品积压,不能说有社会效益。再如利用广告欺骗等,可能使企业取得一定的经济效益,但却损害了消费者利益,也谈不上社会效益。所以,企业经济效益的好与坏,是与社会效益紧密相连的。

(三)短期效益与长期效益

企业在投入时期往往要更多地考虑长远利益,因而有可能导致近期经济效益欠佳。如为长期占领市场,提高产品质量而加大质量投入,使成本高于同行业水平,从而影响企业短期经济效益,但企业的长远利益会非常明显地增加。这时

如过分强调短期经济效益，有可能损害长远的经济效益，造成企业不可挽回的损失。又如只注意盈利产品的生产，不注意投入人力、物力、财力开发新产品，等等，都可能在短期内表现出"经济效益"，但这是以牺牲长远利益为代价的，是不可取的。所以在评价企业效益时，一定要考虑长远经济效益，不能只注重短期经济效益。

第二节　企业经济效益的评价指标

企业经济效益的评价要对企业的生产经营状况和经济成果进行综合分析。主要包括财务效益状况、资产营运状况、偿债能力状况和发展能力状况四个方面的内容。

一、财务效益状况评价指标

企业财务效益是企业在生产经营活动中所取得的重要经济成果。主要包括企业利润和资产保值增值等内容。主要指标有：净资产收益率、资产报酬率、所有者权益报酬率、销售利润税率、资产保值增值率、毛利率、每股利润、每股股利等。

（一）净资产收益率

净资产收益率是指企业在一定时期内的净利润与平均净资产的比率。计算公式为：

$$净资产收益率=\frac{净利润}{平均净资产}\times 100\%$$

净资产收益率充分体现了投资者投入企业的自有资本获取净收益的能力，突出反映了投资与报酬的关系，是评价企业资本经济效益的核心指标。净资产收益率越高，企业自有资本获取收益的能力越强，经营效益越好。

（二）总资产报酬率

又称为总资产收益率或投资报酬率。它是指企业运用全部资产的收益率，它反映企业对所有经济资源的运用效率。其计算公式为：

$$总资产报酬率=\frac{净利润}{资产总额}\times 100\%$$

总资产报酬率表示企业资产的总体获利能力，能全面地反映企业的获利能力和投入产出情况,是评价企业资产经营效益的重要指标。总资产报酬率越高,表明企业投入产出的水平越好,企业的资产营运越有效。

(三)销售利润率

销售利润率是销售净利润与销售净收入的比率,表明企业每一元销售收入可实现的净利润是多少。其计算公式为:

$$销售利润率 = \frac{净利润总额}{销售净收入额} \times 100\%$$

该指标反映了企业销售成果的收益能力,是评价收益性的常用指标。由于成本费用的影响,销售收入提高,利润并不一定都会同步提高。销售利润率越低,说明企业盈利能力越低,利润在整个销售收中所占比例越低;反之,说明销售成果的效益越高。

(四)所有者权益报酬率

所有者权益报酬率是反映企业终极所有者权益获利水平。其计算公式为:

$$所有者权益报酬率 = \frac{净利润}{所有者权益} \times 100\%$$

该指标用来反映企业每投入一元资本所赚取的净收益。该指标越高,说明企业的投资回报越高。

(五)毛利率

毛利率是企业的毛利与销售净收入的比率。这一比率反映了企业的销售成本与销售净收入的比例关系。其计算公式为:

$$毛利率 = \frac{毛\quad 利}{净销售收入} \times 100\%$$

式中,毛利是企业净销售收入与销售成本的差额。毛利率越大,说明在净销售收入中销售成本所占比重越小,企业通过销售获取利润的能力越强。

(六)成本费用利用率

它是企业利润总额与成本费用总额的比率。通过这个比率不仅可以评价企业获利能力的高低,也可以评价企业对成本费用的控制能力和经营管理水平。其计算公式为:

$$成本费用利润率 = \frac{利润总额}{成本费用总额} \times 100\%$$

式中,利润总额代表了企业生产经营活动的总产出,成本费用是企业为了取得利润而付出的代价,成本费用总额则代表了总投入。该比率综合反映了企业一定时期内投入与产出的关系。成本费用利润率越高，说明企业为获取收益而付的代价越小，企业的获利能力越强。

（七）资产保值增值率

资产保值增值率是年末所有者权益与年初所有者权益的比率。其计算公式为：

$$资产保值增值率=\frac{年末所有者权益}{年初所有者权益}\times 100\%$$

资产保值增值率反映投资者投入权益资本的保全性和增长性。该指标越高，表明企业的资本保全状况越好，所有者权益增长越快，债权人的债务越有保障，企业发展后劲越强。

（八）销售利润率

销售利润率是净利润与销售净收入的比率。其计算公式为：

$$净利润率=\frac{净利润}{销售净收入}\times 100\%$$

销售利润率表明企业每一元销售收入可实现的净利润是多少。销售利润率越高，说明企业的获利能力越强。

（九）每股利润

也称每股收益，主要是针对普通股股东而言的。每股利润是指股份公司发行在外的普通股每股所取得的利润。它可以反映股份公司获利能力的大小。其计算公式为：

$$普通股每股利润=\frac{净利润-优先股股利}{普通股发行在外股数}$$

（十）每股股利

又称每股股息。是指普通股每股获得的现金股利。其计算公式为：

$$每股股利=\frac{支付普通股的现金股利}{普通股发行在外股数}$$

（十一）股利报酬率

股利报酬率是普通股每股股利与每股市价的比率。它可以反映股票投资者在股利方面所获得的报酬。其计算公式为：

$$股利报酬率=\frac{每股股利}{每股市价}\times 100\%$$

二、企业资产营运状况评价指标

企业的资产是企业拥有或者控制的以货币计量的经济资源，包括各种财产、债权和其他权利。企业资产的营运状况直接反映了企业的经济效益或经营绩效。通过对企业营运状况的分析，不仅可以正确评价企业的经济效益，而且能够及时地反映企业资产营运的问题和不足之处，为企业合理使用资产，增强资产营运效果和提高经济效益指明方向。资产营运状况指标分析的目的在于观察企业在一定时期内资金的周转状况，是对企业资金活动的效率分析。为此，要计算出各种资产的周转率或者周转期，分别讨论其运用效率。这是对企业资金的动态分析。

企业生产经营活动是从现金开始的。用现金购买原材料、支付工资及管理费用，通过生产过程制造出半成品与成品，成品销售出去后转换为现金或应收账款。这一过程周而复始、循环不已，形成了资金的周转过程。这一周转过程的快慢，带来盈利的多少，说明了企业营运能力的强弱。最常用的评价指标有：总资产周转率、流动资产周转率、应收账款周转率、存货周转率和固定资产周转率等。

（一）总资产周转率

总资产周转率是销售收入与平均资产总额的比率。这一比率反映的是企业全部资产的流动速度与营运效率。它不仅反映了企业收益能力大小，而且还反映出企业经营安全程度高低。其计算公式为：

$$总资产周转率=\frac{销售收入}{平均资产总额}$$

总资产周转率越大，反映企业资产营运状况越好，资金停留在生产经营过程中时间越短，就可以越早收回投入的资金。

（二）流动资产周转率

流动资产周转率是企业的销售收入与流动资产平均总额的比率。流动资产周转率越高，说明企业资产营运状况越好。其计算公式为：

$$流动资产周转率=\frac{销售收入}{平均流动资产总额}$$

（三）应收账款周转率

应收账款周转率是企业赊销净额与平均应收账款的比率。这一比率反映应收账款转变为现金的速度，也说明收账效率。其计算公式为：

$$应收账款周转率=\frac{赊销净额}{平均应收账款余额}$$

式中，应收账款是指企业在正常经营条件下，由于客户赊销产品所欠的货款。平均应收账款余额是指期初应收账款余额与期末应收账款余额之和的平均数。赊销净额是指销售收入扣除现金销售收入与销货退回、折让与折扣后的净额。

（四）存货周转率

存货周转率是企业销货成本与平均存货的比率。是衡量企业存货数量是否合理以及销售能力强弱的一个重要比率。存货周转得快，说明存货数量合理，产品销售得越快，盈利必然也越多。其计算公式为：

$$存货周转率=\frac{销货成本}{平均商品存货}$$

式中，存货指原材料、辅料等物资存货、产品存货与产成品存货的总和。平均商品存货是指期初商品存货余额与期末商品存货余额的平均数。根据存货周转率可以进一步计算存货周转天数。其计算公式如下：

$$存货周转天数=\frac{365天}{存货周转率}$$

（五）固定资产周转率

该指标是固定资产平均价值与年折旧费的比例。如果平均价值按原值计算，该指标说明固定资产投资的回收周期；如果按净值计算，说明固定资产的有效程度。固定资产周转率小，说明资产投资过大，流动程度不高。其计算公式为：

$$固定资产周转率=\frac{销售收入}{固定资产净值}$$

三、企业偿债能力状况分析

企业偿债能力是指企业偿还本身所欠债务的能力。企业偿债能力状况是反映企业经济效益的主要内容，通过对偿债能力的分析可以了解企业的资金实力、负债和投资状况，掌握企业的支付能力，从而正确评价经营效益。企业偿债能力状况的评价主要是通过资产负债率、已获利息倍数、流动比率、速动比率等计算分析来实现。

（一）资产负债率

资产负债率是指企业在一定时期内负债总额与资产总额的比率。计算公式为：

$$资产负债率=\frac{负债总额}{全部资产总额}$$

资产负债率表示企业资产总额中有多少是通过负债形成的,是评价企业负债水平的综合指标。用来衡量企业负债水平及风险程度。

(二)已获利息倍数

已获利息倍数是指企业的息税前利润除以利息支出的倍数。计算公式为:

$$已获利息倍数=\frac{税前利润}{利息支出}$$

已获利息倍数反映了企业偿付债务利息的能力,如果已获利息倍数适当,表明企业偿付债务利息的风险小。一般情况下,该指标如大于1,则表明企业负债经营能够赚取比资金成本更高的利润;如小于1,则表明企业无力赚取大于资金成本的利润,企业债务风险很大。该指标越高,企业的债务偿还越有保证,偿债能力越强;反之,就越弱。

(三)流动比率

流动比率是指在一定时期内企业流动资产与流动负债的比率。流动比率说明企业需要偿还的资金比例,它反映了现有流动资产依赖于流动负债的程度。这一比率用来评价企业流动资产在短期债务到期以前可以变为现金,用于偿还流动负债的能力。其计算公式为:

$$流动比率=\frac{流动资产}{流动负债}$$

由于用于担保支付短期负债的来源只能是现金及在短期内能变成现金的流动资产,所以流动比率越高,表明日常偿债能力越大,企业信用状态越好。但也不能认为流动比率越高越好。在西方国家,一般认为流动比率保持在2∶1左右,表明企业财务状况稳妥可靠。假如这个比率为1,表明企业日常周转的流动资金全部依赖于流动负债,这是不够安全的。流动比率一般在1.5~2.0比较安全。

(四)速动比率

速动比率是企业的速动资产与流动负债的比率,反映企业对日常经营债务支付能力的迅速性。这一比率用来评价企业流动资产可以立即用于偿付流动负债的能力。与流动比率相比,更能反映企业流动资产的变现能力。其计算公式为:

$$速动比率=\frac{速动资产}{流动负债}$$

式中,速动资产 = 流动资产 - 存货。存货不包括在速动资产中,因为它是变现能力最差的流动资产。这一方面是因为存货变现所需时间较长,同时存货可能出现过时、变质、破损等情况,给变现造成困难和损失。进行速动比率分析时最好与应收账款周转率结合起来分析。

四、企业发展能力状况的评价指标

企业总是在发展中求生存的,企业的发展集中表现为收入的扩大及利润和资产的增长,这是企业经济效益的重要组成部分。通过对企业发展能力状况的分析,可以了解企业的发展现状和预测前景,为企业的不断发展打好基础。企业发展能力状况的评价是通过销售增长率、资本积累率、总资产增长率、固定资产成新率等指标来分析。

(一)销售增长率

销售增长率是指企业本年销售增长额与上年销售总额的比率。

其计算公式为:

$$销售增长率 = \frac{本年销售增长额}{上年销售总额} \times 100\%$$

销售增长率是评价企业增长状况和发展能力的重要指标。它是衡量企业经营状况和生产占有能力,预测企业经营业务拓展趋势的重要标志。该指标越高说明企业销售增长速度越快,市场前景好。

上述指标越高,说明企业发展能力越强。

(二)资本积累率

资本积累率是指本年所有者权益增长额与年初所有者权益额的比率。

其计算公式为:

$$资本积累率 = \frac{本年所有者权益增长额}{年初所有者权益额} \times 100\%$$

资本积累率表示企业当年资本的积累能力,是评价企业发展潜力的重要指标,同时反映了投资者投入企业资本的保全性和增长性。该指标越高,表明企业的资本积累越多,企业资本保全性越好,应付风险、持续发展的能力越大。

(三)总资产增长率

总资产增长率是指企业本年总资产增长额同年初资产总额的比率。

其计算公式为:

$$总资产增长率 = \frac{本年总资产增长额}{年初资产总额} \times 100\%$$

总资产增长率是考核企业发展能力的重要指标,它从总资产扩张方面来分析企业的发展能力,用来衡量企业本期资产规模的增长情况,评价企业经营规模总量上的扩张程度。

(四)固定资产成新率

固定资产成新率是指企业当年平均固定资产净值同平均固定资产原值的比率。

其计算公式为:

$$\text{固定资产成新率}=\frac{\text{平均固定资产净值}}{\text{平均固定资产原值}}\times 100\%$$

固定资产成新率反映了企业拥有固定资产的新旧程度,体现了企业固定资产更新的快慢和持续发展能力。

除了以上几个指标以外,还可以通过计算近年来企业利润的平均增长率和企业资本平均增长率等指标来说明企业的发展潜能。

第三节　提高企业经济效益的途径

提高经济效益,是不同社会形态的共同要求。社会主义生产的目的决定了社会主义经济效益的实质,即用尽可能少的劳动消耗(包括活劳动消耗和物化劳动消耗)和劳动占用(包括活劳动占用和物化劳动占用),生产出尽可能多的满足人们需要的产品。

企业的经济效益受外部因素和内部因素的影响和作用,是内外部因素综合作用的结果。

提高企业经济效益的途径是多方面的。除了要在宏观上处理好经济效益与经济发展速度的关系,加强对企业的宏观指导和经济约束,协调、配套运用各种经济杠杆,促进生产发展,为企业提高经济效益创造必要的外部条件以外,企业内部还应挖掘现有人力、物力、财力的潜力,增加生产,为企业提高经济效益创造必要的内部条件。

提高企业经济效益的途径即在生产经营活动中研究投入产出间的对比关系,以谋求最大的经济效益。通常从增加产出和减少投入两方面入手。

一、增加生产，加快科技进步，提高经济效益

（一）扩大生产规模

生产是获得经济效益的基础，企业要提高经济效益，首先必须扩大生产。但是，企业扩大生产不是无限制的，它要受到两个方面的制约：一是市场对企业产品的需求，二是企业的生产能力。

1. 满足市场对企业产品的需求

企业必须搞好市场调查和市场预测，正确选择产品方向；努力扩大产品品种，增加适销对路产品的生产；引导消费，努力培育市场；同时还要加强新产品开发，不断研制和推出新产品，满足多方面用户的需要；调整、建立合理的产品结构等。这些都是企业赖以生存和发展、保持企业活力的重要条件。

随着生产力的不断发展，人们的消费水平不断提高，需求变化日益频繁，产品生命周期日趋缩短，产品更新换代越来越快。企业如果不能及时开发新产品以适应市场需求的变化，就会失去竞争能力，举步维艰，最终被挤出市场。因此，企业必须把开发新产品的工作摆在首位，切不可懈怠。要把重点放在分析掌握老产品生命周期的变化情况上，努力开发新产品，扩大市场占有率，做到品种以“新”取胜，质量以“优”取胜，价格以“廉”取胜。

2. 扩大企业的生产能力

企业在现有的资源配置和生产力水平条件下，要积极采取有效措施，实现人、财、物三者的科学配置和有机结合，充分发挥这三个要素的效用，使供、产、销各个环节紧密衔接，协调发展。企业应处理好需要和可能之间的矛盾，必须进行革新挖潜，搞好技术改造等。只有这样，才能在原有基础上提高生产力水平，实现企业的内涵扩大再生产，增加产量，获得更大的经济效益。

3. 搞好资产重组，把优势企业做大做强

要提高我国企业的竞争力，实现优势企业低成本扩张是一条有效途径，通过兼并、强强联合、破产重组等多种方式，增强优势企业的经济实力，为企业进行研究开发、科技投入提供强大的物质基础。

（二）提高产品质量

产品质量是工业企业的重要经济效益指标之一。产品质量高低是企业能否占领市场和扩大生产的前提条件。只有产品质量好，有销路，才有可能扩大生产，增加产量。否则，就会陷入生产越多产品积压越多的困境。同时，在实行优质优价的情况下，产品质量好，价格就可能提高，同样多的产品可能取得的销售

收入就更多,从而增加企业的经济效益。

全面提高产品质量,是提高经济效益的必由之路。只有提高产品质量,降低成本,增强产品竞争能力,企业才能赢得市场,促进生产发展,不断提高经济效益。否则,会在激烈的市场竞争中被淘汰。因此,每一个企业都应坚持"以质量求生存,以效益求发展"的经营方针,把提高产品质量作为首要的工作来抓。要健全质量保证体系,实行全面质量管理,千方百计提高产品质量,确保企业在市场竞争中立于不败之地。

(三)加快科学技术进步

企业的发展必须依靠科学技术进步,因为"科技是第一生产力"。要提高企业的经济效益除了科学的管理外,还必须要求企业增加科技投入,努力开发具有自主知识产权的核心技术,提高企业核心竞争能力。当务之急,企业必须加大科技投入,加快企业的技术改造,建立企业的科技创新体系,不断开发新产品,才能更好地满足消费者的需要,提高企业的经济效益。

【补充阅读资料】

三个和尚——管理创新,技术创新

三个和尚的故事大家都很熟悉,是说"一个和尚挑水吃,两个和尚抬水吃,三个和尚没水吃",说明人多反而不如人少。老方丈为此十分懊恼,三个和尚意见也很大。一天,老方丈把一个徒弟叫来说:"我们立下了新庙规,你们三个都去挑水,谁水挑得多,晚上吃饭加一道菜;谁水挑得少,吃白饭,没菜"。三个和尚便拼命挑水,一会儿缸就满了。过了一段时间,三个和尚凑在一起开始嘀咕,庙离河这么远,一天下来不停地挑太累,咱们得想个办法。唉,咱们搞接力赛,每人挑一段,第一个从河边挑到半路,停下来休息,第二个继续挑,传给第三个,挑到缸边灌上去,空桶回来再接着挑。这样一搞接力赛,尽管从早到晚不停地挑,但大家都不算太累,水很快就挑满了。这种协作的办法真不错。又过了一段时间,三个和尚凑在一起商量,天天挑水还是很累,咱们还得想个办法。对,山上有竹子,把竹子砍下来连在一起,竹子中心是空的。然后买一个辘轳,第一个和尚摇辘轳,水从竹管中流过来,第二个和尚专管倒水,第三个和尚在地上休息。三个人轮流换班,一会儿水就灌满了。这个办法,又快又省力,更好。

三个和尚要喝水,由过去的没水喝到现在的喝不完,靠的是什么?靠的是创新。引进竞争机制、协作机制是管理的创新,由挑水改为输水是技术创新。办法在变,观念也在变,效益自然就上去了。

二、降低产品成本，提高企业经济效益

降低产品成本，是提高企业经济效益的一条重要途径。一方面，在产品产量和产品价格一定的情况下，产品成本直接决定着企业的盈利水平；另一方面，在商品经济条件下，企业之间必然存在着激烈的竞争，这种竞争，既包括产品质量的竞争，又包括产品价格（成本）的竞争。我国企业的经济效益不高，从某种意义上讲是在于成本过高，劳动生产率太低。要应对跨国公司的挑战，必须在减员增效上下功夫。企业要在竞争中立于不败之地，就必须在努力提高产品质量的同时，最大限度地降低产品成本。降低产品成本，可从以下两方面入手：

（一）降低物化劳动消耗

主要是节约各种物资和管理费用，提高固定资产利用率等。从我国产品成本的构成看，绝大多数产品成本中工资费用所占的比重都比较低，物化劳动消耗则比较高。特别是原材料、燃料两项，一般都占总成本的70%左右。因此，企业降低产品成本的主要潜力，在于降低物化劳动消耗。只有较大幅度地降低了物资消耗，企业的经济效益才能明显提高。

企业生产经营活动离不开生产资料，即必须拥有一定数量和质量的原材料、能源和机器设备。生产资料的数量、质量以及利用程度，对企业生产物质产品的经济效益影响很大。在生产经营过程中，原材料、能源及设备的供应与储备、消耗和利用情况，都会对整个生产经营过程及效益发生影响。搞好原材料、能源及设备的供应和储备，节约消耗，提高利用率，是提高企业经济效益不可忽视的重要方面。

1. 降低原材料消耗

企业生产成果的大小不仅与原材料供应的数量、质量、及时性、齐备性密切相关，而且直接与原材料的消耗和利用程度密切相关。降低消耗，提高利用率，便可以在供应、储备不变的情况下，增加生产，提高经济效益。

原材料消耗，一般在产品生产过程中占劳动消耗总量的60%左右。原材料消耗的变化与单位产品生产消耗、原材料利用率、回收利用情况及综合利用相关，其中任何一个因素的变化都会引起原材料消耗量的变化。分析原材料消耗与利用程度的变化，找出存在问题的原因，采取措施，减少单位产品生产消耗，提高利用率，搞好回收利用与综合利用，便可节约消耗量，用同样多的原材料，生产出更多的满足社会需要的产品。降低原材料消耗，提高原材料利用率，是提高经济效益的重要途径。

2. **加强能源管理，节约能源**

能源供应与消耗的情况对生产影响极大。提高企业生产经济效益，必须把节能工作放在重要位置来抓。除了建立健全节能管理机构和相应的制度，革新生产工艺与设备，提高操作管理水平外，重要的是加强对能源消耗情况的分析，及时发现和解决高能耗问题。

3. **提高设备利用率**

生产设备是企业进行生产经营活动的重要物质技术基础。提高设备利用率，可以在既定的装备水平下，生产出更多的产品，完成更多的生产经营工作量，获得更大的经济效益。

设备利用包括设备数量利用、设备台时利用、设备能力利用三方面内容。只有从实际出发，针对设备利用中存在的问题，从三方面采取措施，提高设备数量、台时、能力利用率，才能最大限度地提高设备利用率。这就需要从分析设备利用情况入手，弄清现状，查明原因，明确改进方向，才能有的放矢地加强设备管理，提高设备利用率。

（二）降低产品成本中的活劳动消耗

企业是人和物两种基本要素有机组成的。物的要素无疑是很重要的，但人是经济活动的主体，劳动者是社会生产力的首要因素。企业生产经营结果的好坏，人是决定性的因素。企业职工的素质如何，归根结底是影响企业经济效益的首要因素。企业要想取得较好的综合经济效益，必须把企业广大职工的社会主义积极性、创造性充分调动起来，重视发挥人的主观能动作用，最大限度地挖掘人力潜力。这就需要搞好劳动组织，使人尽其才，才尽其用，节约劳动时间，提高劳动生产率，这是提高企业经济效益的根本途径。

劳动生产率是企业的一项重要的工作质量指标，是指劳动者在生产劳动中的效率，也就是劳动者在一定时间内所能创造的产品数量。它反映劳动者的劳动成果与劳动耗费之间的对比关系。劳动者在单位时间内生产的产品数量越多，创造的产品产量越大，劳动生产率就越高。提高劳动生产率，意味着节约劳动时间，表明劳动者在生产中提高了劳动效率。提高劳动生产率，对发展生产，节约人力，降低生产成本，提高经济效益具有重要的意义。

工时利用的好坏，直接影响劳动生产率的提高。节约劳动时间，提高工时利用率，便可提高劳动生产率，降低单位产品生产过程中的活劳动耗费，从而降低工资成本，提高经济效益。因此，工时的控制是至关重要的。分析工时利用情况，主要是了解劳动工时利用的程度以及未被充分利用的原因，揭示工时浪费的现象及原因，以便从提高工时利用方面采取措施来挖掘人力利用的潜力。

要注意的是,降低活劳动消耗,不是要降低职工的工资水平,而是要节约活劳动本身,提高劳动生产率,从而降低单位产品成本中的工资费用,提高企业经济效益。

三、调整产品结构,实施品牌战略

产品结构是否合理,对企业经济效益的影响很大。有些产品物资消耗多,费工费时,但价格低廉;而有些产品物资消耗少,加工简单,价格却比较高。要提高经济效益,就应该多生产高附加值产品。当然,增加这类产品的生产,也必须从企业自身情况和市场需要出发。对那些因为种种原因企业必须生产的低附加值产品,则应努力改进产品设计和工艺流程,尽量降低原材料消耗,节约加工工时,提高劳动生产率,提高企业经济效益。

要提高企业的经济效益,对企业来讲更重要的一点就是要大力实施名牌战略,实施形象战略,通过品牌的创立,提升档次,增加产品的附加值。

四、挖掘财力潜力,提高经济效益

人力、物力、财力是从事生产经营活动的必备条件。要搞好企业的生产经营活动,不仅要用好人力、物力,充分挖掘其潜力,而且,在社会主义市场经济条件下,更要重视用好财力,挖掘财力潜力,这是提高企业经济效益的重要一环。

企业的财力是企业拥有的物质资产和金融资产总量的货币表现。企业的生产经营活动是物质运动过程和资金运动过程的统一。资金通过循环和周转,从货币资金形态开始,依次通过采购、生产、销售过程,又回到原来的货币资金形态,使价值得到增殖。这是实现价值补偿与积累,保证企业再生产顺利进行的重要前提条件。如果资金运动不能带来增殖,就无法在扩大的规模上周转,企业也就不能依靠自身的力量求得发展。企业必须拥有相应数量的资金,并调配使用好资金才能保证企业生产经营活动正常进行,取得好的经济效益。资金不足或是使用不当,都会对企业的生存和发展带来不利的影响。在拥有足量资金的情况下,企业生存和发展的能力,主要取决于管好、用好资金的程度。因此,企业应从各个方面采取措施,加速资金周转,这是挖掘财力潜力,提高企业经济效益的有效途径。

(一)加速资金周转,节约资金占用

加速资金周转,就可以减少资金占用,节省利息开支,降低生产成本,获得更多的利润。或是以同样的资金占用,扩大生产销售规模,提高经济效益。实现这一目标的主要途径有:

1. 调整固定资产配置,提高固定资产使用效果

固定资产是企业经营资金的重要组成部分,其利用率的高低对企业资金的周转速度影响很大。

2. 加强流动资金管理

应加强流动资金管理,减少资金占用,将存货降到最低限度,减少在制品、半成品储存量。

3. 加强销售管理

采取各种促销手段,扩大市场占有量,搞好售后服务工作,及时发货,及时结算,及时收回货款,把库存成品降到最低限度;加强对销售部门和销售人员的管理,促使他们千方百计提高销售率。只要不断提高销售率,就能相应降低产成品存货量,把存货所占用的资金控制在最低限度。

(二)提高建设项目建成率,加速产出

企业为求得自身的不断发展,增强竞争实力,必须大力开发新产品,调整产品结构,提高产品质量,以新取胜,以优取胜。这就需要相应地采取技改措施,进行基本建设。而技改项目和基建项目,一般都占用较大量的资金。提高这部分资金的利用效果,是充分发挥企业财力效用的重要方面。

以上几个方面概括起来,就是增加生产、加强管理。但这只是就一个既定的企业而言的。如果从投资的角度看,还应当从企业的建立时就开始重视经济效益问题。企业在建立时是否考虑和重视了经济效益,对企业建成投产后的经济效益影响极大。

我国企业的经济效益较低,有很多是由于先天不足造成的。如对企业建设地点和厂址的选择、工厂的设计、产品方向的确定、设备的购置、原材料的供应等缺乏周密的可行性研究;对产品的成本、价格和销路缺乏科学的预测等。特别是个别引进国外成套设备的企业,往往只注意了技术上的先进性,而没有注意到经济上的合理性。其结果就造成了一批救不活、养不起,砍掉是浪费、背着是包袱的企业。对这样的企业,是很难经营好的。从根本上讲,要提高企业的经济效益,必须从企业建立开始就重视经济效益问题。

五、搞好经营决策,加强经营管理

企业的经营活动,主要包括确定经营目标与企业发展战略、市场调查、市场预测、进行科学的经营决策、筹措资金、组织材料和能源的供应、销售产品、售后服务以及组织企业之间的协作、开展企业之间的竞争等内容。这些经营活动开展得好坏,从不同角度和不同方面影响企业经济效益的提高。搞好经营决策,是为了正确处理各种错综复杂的社会经济关系，以科学的经营决策指导企业，使企业具有较强的应变能力，以适应市场的变化和经营环境的变化。而企业经营活动的核心，在于科学的经营决策，它是企业经济活动的先导，对经济效益起着决定性的作用。

【小 结】

管理的根本目的是提高经济效益。经济效益就是经济活动中产出与投入之间的比例关系。讲求经济效益，就是要尽量减少劳动消耗和资源占用，提高产出。企业进行经济效益评价必须处理好微观效益与宏观效益、社会效益与经济效益、短期效益与长期效益的关系。

评价企业经济效益主要从财务效益、资产经营状况、偿债能力状况和发展能力状况四个方面进行，因此有这四个方面的不同评价指标。

企业要提高经济效益应从增产和降耗两个方面入手，具体可采取增加生产、加快科技进步、降低成本、调整产品结构、挖掘企业各方潜力、加强经营管理等具体的措施。

【思考与练习】

一、重点概念

(1)经济效益　(2)总资产报酬率　(3)销售利润率

二、填空题

(1)经济效益是经济好的中(　　)与(　　)的比例关系。

(2)(　　)表示企业资产的总体回来努力，能全面反映企业回来努力和投入产出情况。

(3)速动资产 =(　　) -(　　)

(4)提高企业经济效益通常可以从增加(　　)和减少(　　)两个方面入手。

(5)企业经济效益评价主要可以从(　　)、(　　)、(　　)和(　　)四个方面来进行。

三、选择题

(1)评价企业经营规模从总量上有无扩张的指标是(　　)。

A. 销售增长率　　B. 资本积累率　　C. 总资产增长率

(2)反映企业固定资产更新快慢的指标是(　　)。

A. 销售增长率　　B. 固定资产成新率　　C. 总资产增长率

(3)评价企业负债总体情况的指标是(   )。

A. 速动比率　　B. 流动比率　　C. 资产负债率

(4)反映销售能力是否强,存货数量是否合理的指标是(   )。

A. 销售增长率　　B. 应收账款周转率　　C. 存货周转率

(5)综合反映企业投入与产出关系的指标是(   )。

A. 毛利率　　B. 销售利润率　　C. 成本费用利润率

四、复习思考题

1. 什么叫经济效益? 为什么管理的根本目的是提高经济效益?

2. 评价企业经济效益应处理好哪些关系?

3. 经济效益的评价指标有哪几类?

4. 提高企业经济效益主要从哪些方面入手?

5. 某企业注册资金为250万元,2000年利润总额为50万元,试计算资金利润率为多少? 该企业投入资本金1元可获利多少元?

6. 某企业2000年利润总额为150万元,同期成本和费用300万元,试计算成本费用利润率为多少? 该企业投入1元的成本和费用可获利多少元?

7. 某企业2000年销货净额为200万元,全部资产总额为1 000万元,试计算总资产年周转率为多少?

8. 某企业2000年度销货成本总额为90万元,平均商品存货为30万元,试计算存货周转率为多少? 这表明企业的存货一年内周转了多少次? 该企业存货周转天数为多少天?

9. 某企业全部资金为1 000万元,其中:借入资金750万元,投资人资金250万元,若全部资金利润率为15%,借入资金利率为10%,则投资人的资金获利总额为多少? 投资人的资金利润率为多少?

五、管理寓言分析题

自相矛盾新说

楚国人在集市上出售矛和盾,因自夸其盾是世上最坚固的盾牢不可破,其矛是世上最锐利的矛无坚不摧,而被人以"以子之矛攻子之盾,何如?"责问。终因理屈,无言以对,使所有在场的新老顾客都萌生了一种被欺诈的感觉。客户们一传十,十传百,从此便信誉大跌。之后,订货者越来越少,在激烈的竞争中,虽勉强惨淡经营,但效益不佳,每况愈下。时隔不久,他在小作坊的关门声中忧愤而死。这时,他的儿子已经长大。子承父业,儿子把父亲经营兵器的烂摊子接了过来。上任伊始,儿子并未急于求成忙于生产,而是跑市场搞调研,走访过去父亲的客户，终于弄清了父亲破产的重要原因是父亲不注重产品质量，言过其实失去了顾客的信任。根源找到了，于是儿子在生产中狠抓产品质量，改进生产工艺，层层检验，严格把关，制定严明的质量奖惩措施；面向全社会诚聘质量监督员，随时可以对生产、经营所有环节进行监督，同时向广大客户做出庄严承诺：先试货，后付款；不满意，不付款。结果又是用户一传十，十传百，老客户蜂拥而至，新客户不断增加。儿子生产的矛和盾声名远播，销量剧增。两年后，儿子终于把过去一个关门停产的兵器小作坊奇迹般地变成了一个远近闻名效益可观的兵器制作集团，还年年被楚国评为“重合同守信用”的明星企业。

寓言分析：

为什么小作坊焕发了青春？从中可以悟出哪些道理？

第九章 管理方法

管理格言:管理方法没有最先进,只有最合适。

【学习目的与要求】

• 知识点

1. 了解管理方法的概念;
2. 弄懂行政方法、经济方法、法律方法的概念,对其特点要有所了解;
3. 明确行政方法、经济方法、法律方法如何发挥作用。

• 技能点

学会行政方法、经济方法、法律方法如何在管理中合理运用。

【案例导入】

微软能够发展成为国际巨头,与微软公司采取的管理方法有关,微软的管理方法,最主要的有以下几个方面:

(1)公司支持人人平等

在微软即使再资深的人员基本上也没有“特权”,依然要自己回电子邮件,自己倒咖啡,自己找停车位,每个人的办公室基本上都一样大。微软就是这样一个崇尚技术、人人平等的公司。

(2)公司主张施行“开门政策”

任何人可以找任何人谈任何话题,当然任何人也都可以发电子邮件给任何人。一次,有一个新的员工开车上班时撞了比尔·盖茨停着的新车。她吓得问老板怎么办,老板说:“你发一封电子邮件道歉就是了。”她发出电子邮件后,在一小时之内，比尔不但回信告诉她，别担心，只要没伤到人就好，还对她加入公司表示欢迎。一个平等的公司可以降低公司内部的信息阻塞，增加所有员工的主人翁精神，还能更早地发现公司在发展中遇到的问题。平等的公司可以说是微软发展的必备平台。

(3)自我批评、追求卓越

微软文化的一大特色就是自我批评。在科技呈指数趋势飞跃发展的今天，不愿意批评自己，不承认自己的错误，不追求卓越的公司将面临灭亡。

我认识一个刚加入微软的市场经理，他代表我们的产品去参加一个商品展。回来后，他兴高采烈地发了一封电子邮件给整个产品小组。他说："我很高兴地告诉大家，我们在这个展览中获得了令人振奋的成绩。十项大奖中我们囊括了九项。让我们去庆祝吧！"但是，他没想到，在一个小时内，他收到了十多封回信。大家问他："没得到的是哪一个奖？为什么不告诉我们？为什么没得到那个奖？我们得到什么教训？明年怎么样才能得到这第十个奖？"他告诉我，在那一刻，他才理解了微软为什么会成功。

自我批评在公司早已被系统化。每一个产品推出后，会有一段特别时间空出来给产品团队做"post-mortem"，也就是系统化的"自我批评"。所有小组成员都会被询问，什么地方可以做得更好，每一个动作和决定都会被分析，结果将在公司公布，以帮助别的小组避免同样的问题，让公司的项目能越做越好。

比尔·盖茨鼓励员工畅所欲言，对公司的发展、存在的问题，甚至上司的缺点，毫无保留地提出批评、建议或提案。他说："如果人人都能提出建议，就说明人人都在关心公司，公司才会有前途。"

1995年，当比尔·盖茨宣布不涉足Internet领域产品的时候，很多员工提出了反对意见。其中，有几位员工直接发信给比尔说，你这是一个错误的决定。当比尔·盖茨发现有许多他尊敬的人持反对的意见时，又花了更多的时间与这些员工见面，最后写出了《互联网浪潮》这篇文章，承认了自己的过错，扭转了公司的发展方向。同时，他把许多优秀的员工调到Internet部门，并取消或削减了许多产品，以便把资源调入Internet部门。

(4)责任至上、善始善终

公司和领导者有了关注的目标之后，还要有足够的责任心，才能把事情做好。微软公司要求每一个部门、每一个员工都要有自己明确的目标，同时，这些目标必须是"SMART"的，也就是：

S-Specific(特定的、范围明确的，而不是宽泛的)

M-Measurable(可以度量的，不是模糊的)

A-Attainable(可实现的,不是理想化的)

R-Result-based(基于结果而非行为或过程)

T-Time-based(有时间限制,而不是遥遥无期的)

只有每个人都拥有了明确的目标,并可以随时检查自己是否达到了预先设定的目标,公司员工才能在工作中体现出强烈的责任感和工作热情。

(http://info.service.hc360.com/2009/02/19072548269-3.shtml)

从以上案例可以看出,一个组织管理是否有成效与之出色的科学管理方法是密不可分的,学习与掌握科学的管理方法并把它结合企业实际、灵活运用,就能产生良好的效果。

管理主体作用于管理客体,必须借助于一定的媒介,这就是管理的方法。管理的方法有多种多样,为此,管理者必须根据管理环境、管理对象等因素的不同采取不同的或综合运用的管理方法,以有效地实现管理目的。

第一节　管理的方法体系

一、管理方法的意义和种类

(一)管理方法的意义

管理方法是在管理活动中为实现管理目标、保证管理活动顺利进行所采取的工作方式。

管理原理必须通过管理方法才能在管理实践中发挥作用。管理方法是管理理论、原理的自然延伸和具体化、实际化,是管理原理指导管理活动的必要中介和桥梁,是实现管理目标、保证管理活动顺利进行的途径和手段,它的作用是一切管理理论、原理本身所无法代替的。

管理实践的发展促进了管理方法的深化。管理科学的发展不但直接依赖于人们的社会实践,而且更依赖于现代科学技术理论的发展。管理科学发展的历史表明,现代科学的系统论、控制论、信息论、协同论、网络技术和电子计算机技术等等,均渗透于管理理论和实践活动中,有的甚至成为管理学本身的一个重要组成部分。同时,心理学、语言学、社会学、逻辑学、美学、艺术和战略学等也日益进入管理科学领域,构成了当代管理方法体系的框架和主要内容。在吸收和运用多种学科知识的基础上,管理方法已逐渐形成一个相对独立、自成体系的研究领域。

(二)管理方法的分类

管理方法一般可分为:管理的法律方法、管理的行政方法、管理的经济方法、管理的教育方法。随着现代科学技术日新月异的发展,以现代科学为基础的数量分析方法应运而生,它们构成了一个完整的管理方法体系。

此外,也有从别的特定角度出发来对管理方法进行分类的。如,按照管理对象的范围可划分为宏观管理方法、中观管理方法和微观管理方法;按照管理方法的适用普遍程度可划分为一般管理方法和具体管理方法;按照管理对象的性质可划分为人事管理方法、物资管理方法、资金管理方法、信息管理方法;按照所运用方法的量化程度可划分为定性方法和定量方法,等等。

二、管理的法律方法

(一)法律方法的内容

法律是由国家制定或认可的,体现统治阶级意志,以国家强制力保证实施行为的总和。法律方法是指国家根据广大人民的根本利益,通过各种法律、法令、条例和司法、仲裁工作,调整社会经济的总体活动和各企业、单位在微观活动中所发生的各种关系,以保证和促进社会经济发展的管理方法。

法律方法的内容,不仅包括建立和健全各种法规,而且包括相应的司法工作和仲裁工作。这两个环节是相辅相成、缺一不可的。只有法规而缺乏司法和仲裁,就会使法规流于形式,无法发挥效力;法规不健全,司法和仲裁工作则无所依从,造成混乱。

(二)法律方法的实质

法律方法的实质是实现全体人民的意志,并维护他们的根本利益,代表他们对社会经济、政治、文化活动实行强制性的、统一的管理。法律方法既要反映广大人民的利益,又要反映事物的客观规律,调动和促进各个企业、单位和群众的积极性、创造性,使社会主义事业在改革开放中不断发展壮大。

(三)法律方法的特点

1. 严肃性

法律和法规的制定必须严格地按照法律规定的程序和规定进行,一旦制定和颁布后,就具有相对的稳定性。法律和法规不可因人而异,滥加修改,必须保持它的严肃性。司法工作更是严肃的行为,它必须通过严格的执法活动来维护法律的尊严。

2. 规范性

法律和法规是所有组织和个人行动的统一准则,对他们具有同等的约束力。法律和法规都是用极严格的语言,准确阐明一定的含义,并且只允许对它作出一种意义的解释。法律与法规之间不允许互相冲突,法规应服从法律,法律应服从于宪法。

3. 强制性

法律、法规一经制定就要强制执行,各个企业、单位以至每个公民必须毫不例外地遵守,否则,要受到国家强制力量的惩罚。

(四)法律方法的作用

法律方法的运用,对于建立和健全科学的管理制度和管理方法,有着十分重要的作用。

1. 保证必要的管理秩序

管理系统内外存在着各种社会经济关系,只有通过法律方法才能客观、公正、合理、有效地加以调整,及时排除各种不利因素的影响,保证社会经济秩序的正常运行,为管理活动提供良好的外部环境。

2. 调节管理因素之间的关系

根据对象的不同特点和所给任务的不同,规定不同管理因素在整个管理活动中各自应尽的义务和应起的作用。这是管理法律方法所具有的一定的自动调节功能。

3. 使管理活动纳入规范化、制度化轨道

法律方法的运用,有助于使符合客观规律、行之有效的管理制度和管理方法用法律的形式规范化、条文化、固定化,使人们有章可循。严格执行这些制度和方法,管理系统便能自动有效运转。这样既可保证管理效率,又可提高管理效益。

最后要指出的是,有些管理学教材在谈到管理的基本方法时,认为将法律方法称之为管理方法,容易引起歧义,不太恰当。我们认为管理必须有制度,并且管理者在制定、执行、维护、完善制度和规则方面有着不可替代的作用。从这个意义上讲,将法律从广义上理解为制度或规则,每个组织可以将其作为一种基本的管理方法。

三、管理的行政方法

（一）行政方法的内容和实质

行政方法是指在一定的组织内部，以组织的行政权力为依据，运用行政手段（如命令、指示、规定等），按照行政隶属关系来执行管理职能，实施管理的一种方法。

行政方法具有一定的强制性，它是管理的一种基本方法。因为任何一个组织都是一个人造系统，都具有一定的目的性、相关性和矛盾性。所谓目的性是指组织是为某一特定的目的而存在的；相关性是指组织内部各结构之间都是相互依存、相互作用的，其中任何一个部分发生变化，其他部分也要进行调整；矛盾性是指将组织作为整体和组织成员作为个体之间总是相互矛盾的，组织要求个人群体化，而个人则要求组织个性化。为了在这种组织中保证行为的协调统一，目标一致，行政方法就必不可少。毛泽东在论述社会管理时就指出："人民为了有效地进行生产，进行学习和有秩序地过生活，要求自己的政府，生产的领导者，文化教育相关的领导者发布各种适当的带强制性的行政命令，没有这种命令，社会秩序就无法维持，这是人们的常识所了解的。"（《毛泽东选集》甲种本下册，人民出版社 1965 年版，第 455-456 页）

行政方法的实质是通过行政组织中的职务和职位来进行管理。它特别强调职责、职权、职位，而并非个人的能力或特权。任何部门、单位总要建立起若干行政机构来进行管理，它们都有着严格的职责和权限范围。由于在任何行政管理系统中，各个层次所掌握的信息绝对是也应当是不对称的，所以，才有了行政的权威。上级指挥下级，完全是由于高一级的职位所决定的。下级服从上级是对上级所拥有的管理权限的服从。

（二）行政方法的特点和作用

行政方法实际上就是行使政治权威，它的主要特点如下：

1. 权威性

行政方法所依托的基础是管理机关和管理者的权威。管理者权威越高，其所发出的指令接受率就越高。提高各级领导的权威，是运用行政方法进行管理的前提，也是提高行政方法有效性的基础。管理者必须努力以自己优良的品质、卓越的才能去增强管理权威，而不能仅仅依靠职位带来的权力来强化权威。

2. 一定的强制性

行政权力机构和管理者所发出的命令、指示、规定等，对管理对象具有不同程度的强制性。行政方法就是通过这种强制性来达到指挥和控制管理活动过程的目的。但是,行政强制与法律强制是有区别的:法律的强制性是通过国家机器和司法机构来执行的,只准许人们可以做什么和不可做什么;而行政的强制性是要求人们在行动的目标上服从统一的意志,它在行动的原则上高度统一,但允许人们在方法上灵活多样。行政的强制性是由一系列的行政措施(如表扬、奖励、晋升、任务分配,工作调动及批评、记过、降级、撤职等处分直至开除等)作为保证来执行的。它以组织的行政权力为基础,以下级服从上级为原则,下级如果不执行上级的指示和命令,必将付出沉重的代价。

3. 垂直性

行政方法是通过行政系统、行政层次来实施管理活动的。因此基本上属于"条条"的纵向垂直管理。行政指令一般都是自上而下,通过纵向直线下达的。下级组织和领导人只接受一个上级的领导和指挥,对横向传来的指令基本上不予理睬。因此,行政方法的运用,必须坚持纵向的自上而下,切忌通过横向传达指令。

4. 具体性

相对于其他方法而言,行政方法比较具体。不仅行政指令的内容和对象是具体的,而且在实施过程中的具体方法上也因对象、目的和时间的变化而变化。所以,任何行政指令往往是在某一特定的时间内对某一特定对象起作用,具有明确的指向性和一定的时效性。

5. 无偿性

行政管理方法是以组织的权力为基础,以服从为天职的。因此,上级组织对下级组织发出的命令,如对人、财、物等的调动和使用不讲等价交换的原则。下级在执行中不能以利益或者是其他方面的要求为代价,一切根据行政管理的需要,不考虑价值补偿问题。

6. 稳定性

行政方法是对特定组织行政系统范围内适用的一种管理方法。由于行政系统一般都具有严密的组织机构,统一的目标,统一的行动以及强有力的调节和控制,对于外部因素的干扰具有较强的抵抗作用,所以,运用行政方法进行管理可以使组织具有较高的稳定性。

(三)行政方法的作用

由于行政方法具有以上特点,采用它就会产生一些独特的作用。

1. 有利于有效控制全局活动

行政方法的运用有利于对全局活动实行有效的控制,有利于组织内部统一目标,统一意志,统一行动,能够迅速有力地贯彻上级的方针和政策。尤其是对于需要高度集中和适当保密的领域,更具有独特作用。

2. 是实施其他各种管理方法的必要手段

在管理活动中,经济方法、法律方法、教育方法要发挥作用,必须经由行政系统的中介,才能具体地组织与贯彻实施。

3. 可以强化管理作用,便于发挥管理职能

使全局、各部门和各单位密切配合,前后衔接,并不断调整它们之间的进度和相互关系。

4. 能对具体问题快速反应

行政方法时效性强,见效快,能及时地针对具体问题发出命令和指示,较好地处理特殊问题和管理活动中出现的新情况。

四、管理的经济方法

(一)经济方法的内容

经济方法是指以人们对物质利益的需要为基础,按照客观经济规律的要求,运用各种经济手段来执行管理职能,实现管理目标的方法。这里所说的各种经济手段,主要包括价格、税收、信贷、工资、利润、奖金、罚款以及经济合同等。不同的经济手段在不同的领域中,可发挥各自不同的作用。

经济方法是现代管理中最主要的管理方法之一。因为即使在经济发展到一个较高水平的国家里,物质利益仍然是人们的基本利益,对物质利益的追求是决定人们行为取向的最重要的动力。这就是马克思主义的历史唯物主义观。在我国这样一个生产力不够发达,人民的收入水平还不高,物质利益还是人们行为的主要驱动力的国家,运用好经济方法有着更加重要的意义。

要注意的是,经济方法虽然具有多方面的积极意义,但是也有一定的局限性。因为决定人们行为的并非只有对经济利益的追求。在一些具体的环境中就更是要注意这一点。否则会导致"一切向钱看"的倾向。

(二)经济方法的实质

经济方法的实质是围绕着物质利益,运用各种经济手段正确处理好国家、集体与劳动者个人三者之间的经济关系,最大限度地调动各方面的积极性、主动性、创造性和责任感,促进经济的发展和社会的进步。

(三)经济方法的特点

与管理的其他方法相比,经济方法具有如下特点:

1. **利益性**

经济方法是通过利益机制引导被管理者去追求某种利益,间接影响被管理者行为的一种管理方法。

2. **关联性**

经济方法的使用范围十分广泛,影响面宽,与各个方面都有着直接或是间接的影响。不但各种经济手段之间的关系错综复杂,而且每一种经济手段的变化都会影响到社会多方面经济关系的连锁反应。有时,它不仅会影响当前,而且会波及长远,产生一些难以预料的后果。

3. **灵活性**

一方面,经济方法针对不同的管理对象,如企业、职工个人,可以采用不同的手段。另一方面,针对同一管理对象,在不同情况下,可以采用不同方式来进行管理,以适应形势的发展。例如,税收的增减可分别鼓励或限制某一产业的发展,增减的幅度越大,作用越明显。

4. **平等性**

经济方法承认被管理的组织或个人在获取自己的经济利益上是平等的。社会按照统一的价值尺度来计算和分配经济成果;各种经济手段对于相同情况的被管理者产生同样的效力,不允许有特殊。

5. **交换性**

与法律方法、行政方法的无偿性相比较,经济方法实际上是一种以一定的交换为前提的,管理者运用一定报酬的方法,使被管理者去完成所承担的任务。

(四)经济方法的意义

经济方法是现代管理中最主要的管理方法之一,运用好经济方法有着重要的意义。

1. **促进企业加强经济核算**

在存在着商品货币关系的社会中,价格是计量和评价劳动的社会标准,国家运用经济方法中的价格这一经济杠杆来调节生产和供求,调整一部分国民收入的分配,可以促进企业加强经济核算,从而提高经营管理水平。

2. **使社会经济结构趋于合理**

税收是国家取得经济收入的重要来源,也是国家管理社会生活的重要手段之一。国家根据宏观控制的需要,合理制定不同的税种和税率,来调节生产和流通,调节一部分企业的利润水平,控制消费基金的过快增长,使社会经济的内部结构、发展趋势、活动规模等趋于合理。

3. 协调社会经济活动

信贷是最为灵活、有效的经济杠杆，银行信用活动以吸收存款和储蓄形式，集中社会闲散资金；同时，按照社会经济发展的需要，以贷款形式发放给生产经营单位，满足其资金周转和扩大流通的需要，达到协调社会经济活动的目的。

4. 刺激企业和劳动者的积极性

在社会主义制度下，工资和奖金是实现按劳分配原则的一种劳动报酬形式。这一经济手段对于刺激企业和劳动者的劳动积极性，有着直接的促进作用。

五、管理的教育方法

（一）教育方法的含义

教育是按照一定的目的、要求对受教育者从德、智、体诸方面施加影响，使受教育者改变行为的一种有计划的活动。

教育的目的是提高人的素质，教育的内容涉及与人的素质完善有关的各方面。如人生观及道德教育，爱国主义和集体主义教育，民主、法制、纪律教育，科学文化教育，组织文化建设等。其中组织文化建设对企业的推动作用是有目共睹的，文化的优越性和内聚力已成为成功企业的优秀品质。所谓组织文化是指在组织系统中居主导地位的价值观体系、管理哲学、道德观念、科学技术、文化水平等意识形态以及表现这些意识形态的规章制度。

管理的人本原理认为，管理活动中人的因素第一，管理最重要的任务是提高人的素质，充分调动人的积极性、创造性。而人的素质是在社会实践和教育中逐步发展、成熟起来的。通过教育，不断提高人的政治思想素质、文化知识素质、专业水平素质，是管理工作的主要任务。现代社会科学技术的迅猛发展导致了人的知识更新速度的加快。因此全面提高人的素质，对组织成员不断进行培养教育，就必然成为管理者管理活动的一项重要内容。

（二）教育方法的特点

与其他的管理方法相比，教育方法具有如下特点：

（1）教育是以转变人的思想、价值观为特征，以提高人的素质为目的，是一个较缓慢的过程。虽然教育产生作用所需的时间较长，但是产生了作用之后，所维持的时间要比其他的方法持久得多。

（2）教育是一个互动过程　在教育的过程中，授教者和受教者都在提高，是一种相互学习、相互影响的活动。因此，教育不是教训、不是灌输。教育要起作用，授教者必须以身作则、身体力行。否则，教育方法是无效的，至少会是低效的。

(3)教育的形式是多样的　教育的具体方法很多,如思想政治工作、企业文化建设、工作岗位培训、对员工的感情投资等都是行之有效的教育方法。管理的发展史表明,虽然教育的方法不是万能的,但是缺少教育的管理也是不能的。因为人们在任何一个社会组织中,除了谋求一定的物质利益、社会归属、自我价值的实现之外,还包括自身的成长、自我的完善。这些方面的要求,是报酬、职位所不能满足的。

(三)教育方法的作用

教育是管理的基本方法之一。正确运用它,可以发挥其独特的作用。

(1)是劳动群众自我完善和发展的一种有计划的活动,是加强社会主义精神文明建设的客观需要。

(2)能适应和满足社会主义建设事业的需要,培养有理想、有道德、有文化、有纪律的劳动者,提高人的思想道德素质和科学文化素质。

(3)对员工进行教育,成为提高管理效率、增强组织的凝聚力、调动员工积极性的重要方法。

六、以现代科学为基础的数量分析方法

(一)数量分析方法的概念

随着电子计算机等现代科学技术的发展及其在管理中的运用,管理的技术和方法也在不断发展。这不仅仅是企业的现象,也可以说是管理在科学技术影响下的一个普通的现象,是很有代表性的。

以现代科学为基础的数量分析方法指的是建立在现代的系统论、信息论、控制论等科学基础上的一系列数量分析、决策方法,如排队论、投入产出论、线性与非线性规划等。例如,线性规划方法可以使管理者改进资源分配的方案;关键路线分析可以使工作进度计划更有效;经济订货批量模型可以辅助企业决定应维持的最佳库存水平。

(二)数量分析方法的特点

1. 模型化

是指在假定的前提条件下,运用一定的数理逻辑,就需要解决的问题建立起一定的模型。

2. 客观性强

在使用这些方法时,除了假定前提条件和选择分析的数量分析方法之外,在

建立模型和进行推导过程中,基本上不受人为因素的影响,具有较强的客观性。

3. 科学化

将科学方法运用于管理问题或管理环境,将电子计算机等现代科学技术应用于决策及其管理领域,主要考虑如何改进管理者的决策技能,并高度重视经济效益。

第二节 管理方法的综合运用

管理的法律方法、行政方法、经济方法、教育方法以及以现代科学技术为基础的数量分析方法,构成了一个完整的管理方法体系。在运用这些管理方法时,既要充分发挥各种管理方法各自的作用,又要重视整体上的协调配合。如果忽视综合运用,孤立地运用单一的管理方法,往往不能取得预期的效果。例如,单纯运用经济方法,易助长个人主义、拜金主义思想;单纯依靠行政方法,易助长官僚主义作风,不利于充分调动各方面的积极性;单纯实施教育方法,易造成形式主义、教条主义的做法。特别是随着改革开放的深入与现代科学技术的迅猛发展,要不断完善各种管理方法,在运用这些管理方法时,一定要坚持从实际出发,将各种管理方法有机结合使用,以充分发挥管理的综合效能,适应经济发展的需要。

一、法律方法的正确运用

法律方法从本质上讲是通过上层建筑的力量来影响和改变社会活动的方法。这里就有双重作用问题,既可以起促进作用,也可以起阻碍作用。如果各项法律、法规的制定和颁布符合客观规律的要求,就会促进社会、经济的发展;反之,也可能成为社会、经济发展的严重障碍。法律方法由于缺少灵活性和弹性,易使管理僵化,而且有时会不利于基层单位发挥其主动性和创造性。

政治气候、法律尺度和法律环境对企业组织的管理至关重要。法律尺度包括竞争的促进、环境的控制、工会与管理的关系以及某些行业的管制。在不发达国家和社会主义国家中,政治和法律对企业的影响更大一些。尼甘迪指出,在许多不发达国家中引进先进的管理方法的主要障碍是政府控制和限制。在一些国家,过多的政府干预限制了企业的发展。在这样的环境下,管理者不得不放弃许多自己的决策,而接受一些他人强加给他们的决策。厂址的选择、扩张、有时甚至是某道特殊的工序，都要由政府而不是由管理者来决定。举例来说，如果在化学工业中有某道特殊工序会造成污染，但从组织的角度来看，这个工序却可能提高效率，那么考虑到政府的法规，公司是不会选择建立这一工序的。

在管理活动中，各种法规要综合运用，相互配合，因为任何组织的关系都是复杂的、多方面的。就企业管理而言，法律方法不仅要求企业掌握和运用"企业法"以及与企业生产经营活动直接相关的经济法律，而且也要掌握和运用民法赋予的权利和义务。企业作为法人，一方面其权利地位受到法律保护，可以自觉地抵制和克服当前改革中出现的各种"乱摊派"、"多方向企业伸手"等不正之风；另一方面企业的义务和责任也严格化了。这样，就要求企业进行整顿和加强内部的经济责任，建立和健全各种条例和规章制度，克服瞎指挥、不负责任的现象。企业的最高领导人是企业法人代表，企业的每个职工是享有公民权的自然人。有关法律对企业法人和公民的权利和义务都有明确规定，法律是企业管理的基础和前提。企业应根据国家、政府的有关法律、法规制订自己的管理规范，保证必要的管理秩序，有效地调节各种管理因素之间的关系，使宏观法规在本单位得以顺利地贯彻执行，避免与法律、法规有悖而造成不必要的损失。

当然，不能企望法律方法解决所有的问题，它只是在有限的范围之内发生作用。而在法律之外，还有各种大量的经济关系、社会关系需要用其他方法来管理和调整。所以，法律方法应该和管理的其他方法综合使用，才能达到最理想最有效的管理目标。

二、行政方法的正确运用

行政方法是实现管理功能的一个重要手段，但只有正确运用，不断克服其局限性，才能发挥它应有的作用。运用行政方法，必须注意按照客观规律办事，切忌长官意志；特别要注意从实际出发，注意与其他方法相结合；正确地运用行政方法，还需要有一个完善的信息系统，需要管理者具有正确地使用行政权力的意识和能力。

（一）管理者必须充分认识行政方法的本质是服务

服务是行政的根本目的，这是由管理的实质、生产的社会化以及经济的基本特征决定的。行政不以服务为目的，必然导致官僚主义、以权谋私、玩忽职守等行为；而没有行政方法的有效管理，同样达不到服务的目的。服务，就企业管理的行政方法来说，是为基层、为生产和科研第一线、为单位职工服务。

（二）行政方法的管理效果为领导者水平所制约

因为它更多的是人治，而不是法治。管理效果基本上取决于领导者的指挥艺术和心理，取决于领导者和执行者的知识、能力。所以行政方法的运用对领导者各方面的素质提出了很高的要求。

（三）信息在运用行政方法过程中至关重要

首先，领导者驾驭全局、统一指挥，必须及时获取组织外部有用的信息，才能做出正确决策，避免指挥失误。其次，上级要把行政命令、规定或指示迅速而准确地下达，还要把收集到的各种反馈信息和预测信息发送给下级领导层，供下级决策时使用。总之，行政方法要求有一个灵敏、有效的信息管理系统。

（四）不能单纯依靠行政方法

行政方法的运用由于借助了职位的权力，因此，对行政下属来说有较强的约束力，较少遇到下属的抵制，这种特点可能使得上级在使用行政方法时忽视下属的正确意见和合理的要求，从而容易助长官僚主义作风，不利于充分调动各方面的积极性。所以，不可单纯依靠行政方法，要在客观规律的基础上，把行政方法和管理的其他方法，特别是和经济方法有机地结合起来使用。

例如，日本夏普公司创建于 1912 年，到 1992 年已是一家拥有销售额15 180 亿元、净收入 390 亿元的日本大型制造业公司。当时，该公司大约有 20 名高级董事。他们除了自己的分管业务外，还要协调集团间的职能活动。这些高级主管每月碰头两次，参加上午召开的一次主管人员委员会会议和下午召开的一次管理会议，以批示关键性决策和讨论公司的未来。与具有自下而上形成共识的决策方式的其他日本大公司相比，夏普公司具有一种自上而下的决策传统。最关键的决策是由一组最高决策层做出的。公司创立者 Hayakawa 的技术创造性和企业家精神与 Akira Saeki 的行政管理能力相得益彰。这得益于夏普公司正确运用了管理的行政方法。

三、经济方法的正确运用

经济方法与管理的其他方法一样，必须正确运用才能充分发挥其价值。

（一）将经济方法和教育等方法有机结合

人们除了物质需要以外，还有更多的精神和社会方面的需要。在现代生产力迅速发展的条件下，物质利益的刺激作用将逐步相对缩小，人们更需要接受教育，以提高知识文化水平和思想修养。再者，如果单纯运用经济方法，易导致讨价还价、"一切向钱看"的不良倾向,易助长本位主义、个人主义思想。所以,必须结合教育方法,搞好精神文明建设。

(二)综合运用并不断完善各种经济方法

既要发挥各种经济杠杆各自的作用,更要重视整体的协调配合。如果忽视综合运用,孤立地运用单一杠杆,往往不能取得预期的效果。例如,价格杠杆对生产和消费同时有方向相反的调节作用,提高价格可以促进生产,却抑制消费。但在经济生活中有些产品具有特殊的性质。如农业用生产资料,国家既要鼓励生产,又要鼓励消费,以促进农业生产和技术进步。因而,仅凭单一的价格杠杆就难以奏效,必须综合运用一组杠杆。此外,随着改革开放的深入,要不断完善各种经济手段和杠杆,使之趋于合理,以适应经济发展的需要。

经济方法对企业组织结构与功能的影响是巨大的。经济体系的类型、竞争和经济稳定性极大地影响着公司的日常运作。企业在计划活动中要用到经济预测数据。货币政策和财政政策是影响企业的两个重要经济因素。货币政策决定货币的供应,财政政策决定价格的稳定性与税率。

1. 货币政策

在经济困难时期,政府会力求让银行放宽信贷。为达到这样的目的,国家储备系统会降低对储备的要求,从而使银行不必始终保留太高的储备。储备的减少导致贷款的增加;同时,货币供应的增加引起利率下降。于是经济体系中的贷款和资金就增多。这样,企业会使用借来的资金,消费者会购买商品和服务,就业机会也会增加。

2. 财政政策

当处在高通货膨胀时期,政府会运用财政政策来努力减缓通货膨胀的势头。这种政策中采取的形式有冻结价格、增加税收、限制开支和减少流通中的资金、促使消费者减少消费。在一些国家,政府计划有助于解决问题。

当然,这些经济办法并不总是有效的,这是因为一个国家经济体系所固有的极端复杂性。但是了解一般的经济方法对于实施权变管理是十分必要的,管理者必须花费一定的时间和精力预测经济的未来状况与价格变化。

四、教育方法的正确运用

根据教育的内容和教育的对象,可采取灵活多样的教育方式。在我国的企业中实施教育方法,一定要注意必须从实际出发,采取合适的具体方式,将教育的内容融会在各种员工喜闻乐见、愿意接受并积极参加的健康活泼的形式中,避免形式主义、教条主义的做法。

我国企业在长期进行的思想政治工作中积累了丰富的经验,近年来行为科学在我国企业中的应用和发展,又给教育方法增添了新的经验,教育方式正在发生着深刻的变化。人们普遍认识到,对于思想性质的问题,必须采取讨论的方法、说理的方法、批评和自我批评的方法进行疏导,而不应依靠粗暴的训斥、压制和简单的惩罚来解决问题。对于传授知识和技能方面的教育,也不宜全部采用以讲授为中心的教育方法。因为在讲授方式中,受教育者处于被动状态,接受知识的效率并不高,所以应当减少讲授方式,而较多地采用有目的、有指导的小组讨论、现场实习和体验学习等方法,让受教育者按他们自己创造的学习方法去学习,这样,会取得更好的效果。国内外许多企业在这种新的教育思想指导下创造了多种行之有效的教育方式,诸如,案例分析法、业务演习法、事件过程分析法、角色扮演法、敏感性训练法等等,都有较好的效果,可供企业选择使用。总之,教育的方式应灵活方便,讲求实效。

在组织文化建设的指导思想上,必须突出管理的人本原理,坚持"以人为本"的指导原则。组织文化的主体是组织员工,组织员工是物质财富和精神财富的创造者,坚持把人作为第一因素,把尊重人、关心人、理解人、培养人、合理使用人、全方位地提高组织员工的素质,作为组织文化建设的主要内容。采用教育、启发诱导、吸引、熏陶和激励等多种方式来培养员工的命运共同感、工作责任感、事业开拓感和集体荣誉感,在员工中形成正确的价值观念、道德规范和行为准则,促使每个人都把其内在潜力和创造力最大限度地发挥出来。一个具有独特而优秀组织文化的组织,必然充满生机和活力。

众所周知,海尔集团是我国家电行业的特大型企业,海尔成功的重要原因之一就是由于海尔文化的张力作用。海尔文化可分为三个层次,企业物质文化作为表层,制度文化作为中层,观念文化作为核心层。总裁张瑞敏对海尔文化做了这样的概括:企业文化就是一种企业的价值观。海尔的企业文化就是一种氛围,这个氛围是指,把个人奋斗同企业发展结合起来,你在实现个人价值观的同时,也实现了企业的价值观。在人力资源的管理中,海尔文化孕育的机制是"赛马制",而不是"相马制",由此形成"人人是人才"的人才观;对海尔的运行模式,海尔文化孵化出"联合舰队"的理念。正是由于将企业文化与生产经营实践相结合,才产生出独特的海尔文化,构成了海尔独有的管理学思想魅力。

五、数量分析方法的运用

数量分析方法在现代管理中的运用越来越普遍。现代管理理论体系中的管理科学学派就是以这些方法为主导的学派。这种方法最直接的贡献是在管理决策方面,特别是计划与控制决策。如运用得当,可以提高管理的科学性、决策的准确性,将这种定量分析的方法与定性分析的方法相互结合,可以大大提高管理的效率。数量分析方法在组织的物力资源和财力资源的管理中运用的空间极其广阔,在人力资源的管理中也有一定的使用范围。例如,Sin-Tec 企业是生产产品印刷板的大型企业,总经理乔治·谭每天看到邮件箱中堆满的信件,却苦于没有时间浏览这些信件并处理相关问题,由于厌倦了"一无所知",要求工厂经理和财务经理制订一个系统使其能持续得到信息。于是,两位经理设计了一个管理信息系统,以及时、有效、高效的方式收集、综合整理、对比、分析和发送组织内外部信息,以满足乔治对信息的使用需要。这是数量分析方法在管理中的一个典型案例。

不过要注意的是,这种方法从没有达到像经济方法等对管理实践的影响程度。虽然这种方法在模型建立起来之后的分析不受人的主观偏好的影响,但是在对复杂的环境进行前提条件假定、数量分析方法的选择上仍然受人的主观因素的影响,也可能出现带长官意志的数量分析结果。其次,即使没有人为因素的影响,由于管理的环境复杂多变,许多的因素很难量化,以包含的变量有限的模型来代替现实的管理环境,二者之间显然存在一定的差异,如果差异过大,就会影响数量分析结论的可信性。再次,这种方法对管理人员的专业化水平要求较高,许多管理者不熟悉数量工具。行为问题面太广而又很直观,绝大多数管理者可以直接了解组织中现实的、每天发生的人的问题,诸如激励下级和减少冲突等,而无须借助建立定量模型这种更抽象的活动。

【小　结】

管理方法是在管理活动中为实现管理目标、保证管理活动顺利进行所采取的工作方式。管理的法律方法、行政方法、经济方法、教育方法以及以现代科学为基础的数量分析方法,构成了一个完整的管理方法体系。

由于任何组织的关系包括经济关系和社会关系等,都是复杂的、多方面的,因此在运用这些管理方法时,一定要坚持从实际出发,注重各种方法间的综合运用,整体上的协调配合,以达到最理想最有效的管理目标。

【思考与练习】

一、重点概念

(1)管理方法　(2)行政方法　(3)法律方法　(4)经济方法

二、填空题

(1)管理方法是在管理活动中为了实现(　　)保证管理活动顺利进行的(　　)。

(2)管理方法最主要包括(　　)、(　　)和(　　)三种。

(3)速动资产=(　　)-(　　)

(4)提高企业经济效益通常可以从增加(　　)和减少(　　)两个方面入手。

(5)企业经济效益评价主要可以从(　　)、(　　)、(　　)和(　　)四个方面来进行。

三、选择题

(1)评价企业经营规模从总量上有无扩张的指标是(　　)。

A.销售增长率　B.资本积累率　C.总资产增长率

(2)反映企业固定资产更新快慢的指标是(　　)。

A.销售增长率　B.固定资产成新率　C.总资产增长率

(3)评价企业负债总体情况的指标是(　　)。

A.速动比率　B.流动比率　C.资产负债率

(4)反映销售能力是否强,存货数量是否合理的指标是(　　)。

A.销售增长率　B.应收账款周转率　C.存货周转率

(5)综合反映企业投入与产出关系的指标是(　　)。

A.毛利率　B.销售利润率　C.成本费用利润率

四、复习思考题

1.管理的基本方法可分为哪几种?各有何特点和作用?

2.管理的各种基本方法构成了一个完整的管理方法体系,试举例说明应如何正确地加以综合运用。

五、案例分析

齐鲁石化公司的"信得过"管理

齐鲁石化公司是一个进行现代石油化工生产的企业,由于现代石化生产本身所具有的危险性和特殊性,齐鲁石化公司从一开始就实行从严从实管理,主要依靠制订严格的岗位操作要求,实行公司、厂两级严格的检查和奖罚来实现的。

1990年7月,公司所属烯烃厂裂解一班工人由于不满意被动管理的地位,主动提出"自我管理,让领导放心"的口号,并提出"免检"申请。齐鲁石化公司抓住了这一契机在全公司推广开展创"免检"活动,提出以增强职工主人翁意识为主要内容的“免检”标准，把各项规章制度进一步细化，形成更加具体的可操作的行为准则。

(1)工作职责标准化。针对管理岗位和操作岗位，明确职责范围，制订工作标准。

(2)专业管理制度化。以生产管理、设备管理等专业管理为对象，将管理组织体系、职责任务、工作标准和工作程序等，以内部立法的形式固定下来，依法进行管理。

(3)现场管理定量化。对操作现场的一切可移动物品均规定了摆放位置和标志。

(4)岗位培训星级化。鼓励操作工在训练掌握岗位的操作技术后，向邻近的岗位延伸，经过严格考核，取得其他岗位的操作证。掌握一个岗位技术为一星，多掌握一个相邻岗位技术增加一星，并给予相应的精神物质鼓励。

(5)工作安排定期化。对车间常规性工作的进度做出规定。

(6)工作过程程序化。对生产和管理过程建立常规性工作程序，加强对工作过程的控制。

(7)经济责任和管理责任契约化。要求车间建立严格的经济责任制，将车间的生产技术经济指标层层分解，签订经济责任合同，明确每个人的经济责任和管理责任。

(8)考核奖惩定量化。把考核中的定性评价因素转化为定量评价因素，用完整的考核数据，反映各层次人员的工作质量和效果。

(9)台账资料规格化。本着简化、效能的原则，对确有必要的台账资料及现场管理统一格式，并规范车间档案资料管理工作和各种报表、台账的填报工作。

(10)管理手段现代化。主要是应用计算机辅助管理。

齐鲁石化公司开展“信得过”活动，使企业基层以及整个企业的管理水平有了显著提高。主要表现在：

(1)职工的主人翁意识普遍增强，实现了职工从“我被管理”到“我来管理”，群众性的自觉自愿的从严管理蔚然成风。

(2)基层建设更加制度化、体系化。公司明确了车间制度体系由专业管理制度、管理人员职责范围和工作标准、班组岗位十项规章制度等三方面构成，规范了管理行为和工作行为，使基层管理水平有了明显提高。

(3)职工学习技术、技能的自觉性提高。星级管理使职工主动学技术、学技能，努力成为多面手，对管理装置工艺流程全面了解，提高了处理本岗位系统突发事件的应变能力，使事故发生率大幅度降低。

(4)企业经济效益显著提高。企业生产安全过程各环节得到更加严格的控制,保证了装置长期安稳运行。

1995年,该公司完成工业总产值、实现销售收入、实现利税,按可比口径,分别比上年增长2%,30.7%和68.3%。1996年,在原材料价格上涨,化工、塑料产品市场价格下降,减利因素大大增加的不利形势下,10多亿元的减利因素已经全部消化。

问题1　齐鲁石化的“信得过”管理采用了哪些管理的基本方法?

问题2　以齐鲁石化公司为例,分析企业应如何坚持以人为中心的管理。

第十章 企业文化

管理格言：一个没有自己文化的企业，只能侥幸发展，决不会长久。

【学习目的与要求】

- **知识点**

1. 了解企业文化的概念，明确企业文化的结构；
2. 了解企业文化的分类、作用；
3. 知晓企业文化的建设过程。

- **技能点**

懂得如何利用企业文化的相关原理进行组织文化的建设。

【案例导入】

海尔集团创业近二十年，逐渐从一个街道小厂发展成为国内最大的家电企业之一，这与它独特著名的发展方式分不开，就是"吃休克鱼"理论。

企业间的兼并经常被比作"鱼吃鱼"，按照这种说法，国际上的企业间兼并重组的模式可以用这种方式描述成三种方式。第一种是"大鱼吃小鱼"，企业间是以企业的规模和实力作为兼并的决定因素，技术含量很少，资本的作用很大，是比较初级的方式；第二种是"快鱼吃慢鱼"，技术已成为企业成败的关键因素，谁拥有更新更好的技术谁就在市场上占有优势，谁的技术领先谁就是竞争的强者，技术的作用超过资本，新技术企业兼并传统技术的企业；第三种是"鲨鱼吃鲨鱼"，这种兼并不是一般意义上的吞并，而是目前最流行的"强强联合"，也是目前最高形式的企业兼并重组，它的目的是让强者共某发展。

然而，海尔提出别具一格的兼并理论，引起了举世睹目，那就是"吃休克鱼"理论。张瑞敏说："我们的国情决定了中国的企业搞兼并重组不可能照搬国外的模式。由于体制的原因,小鱼不觉其小,慢鱼不觉其慢,各有所倚,自得其乐,缺乏兼并重组积极性、主动性。所以大鱼不可能吃小鱼,也不可能吃慢鱼,更不能吃鲨鱼。活鱼不会让你吃,吃死鱼你会闹肚子,因此只有吃休克鱼”。张瑞敏还对休克鱼作出了解释,休克鱼的肌体没有腐烂,比喻企业的硬件很好;而鱼正处于休克状态,比喻企业的思想、观念有问题,导致企业停滞不前。这种企业一旦注入新的管理思想,有一套行之有效的管理办法,很快就能够被激活起来。因此,海尔看重的不是兼并对象现有的资产,而是潜在的市场、潜在的活力、潜在的效益。

而要将休克鱼激活,必须要有行之有效的企业管理模式,海尔人形象地将其称为“克隆海尔鱼”,这种克隆的文化基因就是海尔“敬业报国,追求卓越”的企业文化精神。在搞好自身企业的基础上,探索出成功的文化管理的内涵,总结出一套具有可操作性的、可以转用的管理模式,将其用在兼并来的企业上,让企业重新焕发活力。

从海尔的企业兼并理论来看,海尔能有今天的发展是与海尔的企业文化密不可分的,企业发展到一定程度,文化的竞争就表现出来了。企业必须重视文化建设,并以此激励与规范组织成员,才能促进组织发展。

企业间最高层次的竞争是企业文化的竞争。没有企业文化的企业不可能实现可持续发展。因此,现在世界各国企业都在研究企业文化,以增强企业的核心竞争力。

第一节　企业文化概述

中外企业管理的历史大致经历了经验管理、科学管理和文化管理三个阶段。从经验管理到科学管理是企业管理的第一次飞跃,从科学管理到文化管理是企业管理的第二次飞跃。20 世纪 80 年代兴起的企业文化,就是第二次飞跃的最新成果。因为它完整地提出了与科学管理不同的管理思想和管理框架,成为世界管理的大趋势。国外学者在一本《企业文化与经营业绩》的著作中,高瞻远瞩地指出:“企业文化在下一个 10 年内很可能成为决定企业兴衰的关键因素。”21 世纪是知识经济的时代,也将是文化制胜的时代。因此,企业文化越来越受到学术界、企业界的普遍重视。

随着我国的改革开放,国外企业管理思想、企业文化理论被陆续引进来。研究企业文化理论、搞好企业文化建设,是推动我国企业健康、高速发展的客观要求,是发展市场经济、促进我国全面建设小康社会的客观要求。

一、企业文化的含义

尽管企业文化热已经在全球范围内产生了深刻的影响,但许多人并不十分了解什么是企业文化,即便是企业界和学术界也还没有形成完全一致的看法。综合国内外的研究,对企业文化大致有两种看法。

第一种是狭义的,认为企业文化是意识范畴的,仅仅包括企业的思想、意识、习惯、感情等领域。例如美国学者迪尔和肯尼迪认为,企业的文化应该有别于企业的制度,它有自己的一套要素、结构和运行方式。他们认为,企业文化包括四个要素,即价值观、英雄人物、典礼及仪式、文化网络。这四个要素的地位及作用分别是:价值观是企业文化的核心;英雄人物是企业文化的具体体现者;典礼及仪式是传输和强化企业文化的重要形式;文化网络是传输企业文化的通道。

第二种是广义的,认为企业文化是指企业在创业和发展过程中形成的物质文明和精神文明的总和,包括企业管理中的硬件和软件、表层文化和深层文化两部分。这种观点的理由是,企业文化是同企业的物质生产过程和物质成果联系在一起的,即企业文化既包括非物质文化,又包括物质文化。该观点认为,企业人员的构成状况、企业生产资料状况、企业的物质生产过程和物质成果特色、工厂的厂貌等都是企业文化的重要内容。

综合以上两种看法,我们认为可以把企业文化简单地表述为:企业文化是企业全体员工在长期的创业和发展过程中培育形成并共同遵守的最高目标、价值标准、基本信念及行为规范。它是企业理念形态文化、物质形态文化和制度形态文化的复合体。

二、企业文化的结构

对企业文化的结构划分有多种观点。一种是将其分为两个层次,如有形文化和无形文化、表层文化和深层文化、“硬”S 和“软”S 等;另一种是分为四个层次,即物质文化、行为文化、制度文化和精神文化。这些不同的结构划分都有其各自的合理性,使用不同的结构划分对认识企业文化并无大碍。为科学准确,我们把企业文化划分为三个层次,即精神层、制度层和物质层。

(一)精神层

主要指企业的领导和员工共同信守的基本信念、价值标准、职业道德及精神风貌。精神层是企业文化的核心和灵魂,是形成物质层和制度层的基础和原因。

企业文化中有无精神层是衡量一个企业是否形成了自己的企业文化的标识和标准。企业文化精神层包括以下六个方面。

1. 企业最高目标

它是企业全体员工的共同追求。有了明确的最高目标就可以充分发动企业的各级组织和全体员工,增强他们的积极性、主动性和创造性,使广大员工将自己的岗位工作与实现企业奋斗目标联系起来,把企业的生产经营发展转化为每一位员工的具体责任。因此,企业最高目标是企业全体员工凝聚力的焦点,是企业共同价值观的集中表现,也是企业对员工进行考核和实施奖惩的主要依据。企业最高目标又反映了企业领导者和员工的追求层次和理想抱负,是企业文化建设的出发点和归宿。长期目标的设置是防止短期行为,促使企业健康发展的有效保证。

2. 企业哲学

它在有的企业又被称为企业经营哲学,它是企业领导者为实现企业目标而在整个生产经营管理活动中的哲学思考。企业哲学是处理企业生产过程中发生的一切问题的基本指导思想和依据,只有以正确的企业哲学为先导,企业的资金、人员、设备、信息等资源才能真正发挥效力。企业哲学的形成首先是由企业所处的社会制度及周围环境等客观因素决定的,同时也受企业领导者思想方法、政策水平、科学素质、实践经验、工作作风以及性格等主观因素的影响。企业哲学是企业在长期的生产经营活动中自觉形成的,并为全体员工所认可和接受,具有相对稳定性。

3. 企业精神

它是企业有意识地提倡、培养员工群体的优良精神风貌,是对企业现有的观念意识、传统习惯、行为方式中的积极因素进行总结、提炼及倡导的结果,是由全体员工有意识的实践所体现出来的。因此,企业文化是企业精神的源泉,企业精神是企业文化发展到一定阶段的产物。

4. 企业风气

它是指企业及其员工在生产经营活动中逐步形成的一种带有普遍性的、重复出现且相对稳定的行为心理状态,是影响整个企业生活的重要因素。企业风气是企业文化的直观表现,企业文化是企业风气的本质内涵,人们总是通过企业全体员工的言行举止感受到企业风气的存在,并透过它体会出企业全体员工所共同遵守的价值观念,从而深刻地感受到该企业的企业文化。企业风气一般包括两层含义:一是指许多企业共有的良好风气,如团结友爱之风、开拓进取之风等;二是指一个企业区别于其他企业的独特风气,即在一个企业的诸多风气中最具特色、最突出和最典型的某些作风，它体现在企业活动的方方面面，形成全体员工特有的活动方式，构成该企业的个性特点。

企业风气是约定俗成的行为规范，是企业文化在员工的思想作风、传统习惯、工作方式、生活方式等方面的综合反映。企业风气一旦形成就会在企业中造成一定的氛围，并形成企业员工群体的心理定势，促成多数员工一致的态度和共同的行为方式，因而成为影响全体员工的无形的巨大力量。企业风气所形成的文化氛围对一切外来的信息具有筛选作用：良好的社会风气在具有良好风气的企业里将引起共鸣、产生共振；不良的社会风气则会在企业里产生抵触、遭到抵制。同样，不良社会思潮在企业文化贫乏、企业风气差的企业很容易造成劳动积极性下降、人际关系紧张、凝聚力减弱、离心力加大等灾难性后果；而在企业文化完善、企业风气健康的企业，比较容易促使全体员工与企业同呼吸、共命运、同舟共济、战胜困难、度过难关。

5. 企业道德

道德指人们共同生活及其行为的准则和规范。企业道德是指企业内部调整人与人、单位与单位、个人与集体、个人与社会、企业与社会之间关系的行为准则。

道德和制度虽然都是行为准则和规范，但制度具有强制性，而道德却是非强制性的。一般来讲，制度解决是否合法的问题，道德解决是否合理的问题。道德的内容包括道德意识、道德关系和道德行为三部分。道德意识是道德体系的基础和前提，它包括道德观念（人们的善与恶、苦与乐等观念）、道德情感（人们基于一定的道德观念，在处理人际关系和评价某种行为时所产生的疾恶扬善的感情）、道德意志（人们在道德观念和道德感情的驱使下形成的实现一定道德理想的道德责任感和克服困难的精神力量）和道德信念（人们在道德观念、情感、意志基础上形成的对一定道德理想、目标的坚定信仰）。道德关系是人们在道德意识支配下形成的一种特殊的社会关系；而道德行为则是人们在道德实践中处理矛盾冲突时所选择的某种行为。

企业道德就其内容结构来看，主要包含调节职工与职工、职工与企业、企业与社会三方面关系的行为准则和规范。作为微观的意识形态，它是企业文化的重要组成部分。

6. 企业宗旨

这是指企业存在的价值及其作为经济单位对社会的承诺。作为从事生产、流通、服务活动的经济单位，企业对内、对外都承担着义务。对内，企业要保证自身的生存和发展，使员工得到基本的生活保障并不断改善他们的生活福利待遇，帮助员工实现人生价值;对外,企业要生产出合格的产品、提供优质的服务,满足消费者的需要,从而为社会的物质文明和精神文明进步做出贡献。

(二)制度层

这是企业文化的中间层次,主要是指对企业组织和企业员工的行为产生规范性、约束性影响的部分,它集中体现了企业文化的物质层和精神层对员工和企业组织行为的要求。制度层规定了企业成员在共同的生产经营活动中应当遵守的行为准则。它主要包括以下三个方面:

1. 一般制度

这是指企业中存在的一些带普遍意义的工作制度和管理制度以及各种责任制度。这些成文的制度与约定及不成文的企业规范和习惯,对企业员工的行为起着约束的作用,保证整个企业能够分工协作、井然有序、高效地运转。如计划制度、人事管理制度、生产管理制度、服务管理制度、技术管理制度、设备管理制度、物资供应管理制度、产品销售管理制度、财务管理制度、岗位责任制度等。

2. 特殊制度

主要是指企业的非程序化制度,如员工评议干部制度、总结表彰会制度、干部员工平等对话制度、干部"五必访"制度(员工生日、结婚、生病、退休、死亡时,干部要访问员工家庭)、企业成立周年制度等。与工作制度、管理制度及责任制度等一般制度相比,特殊制度更能够反映一个企业的管理特点和文化特色。有良好企业文化的企业,必然有多种多样的特殊制度;企业文化贫乏的企业,则往往忽视特殊制度的建设。

3. 企业风俗

这是指企业长期相沿、约定俗成的典礼、仪式、行为习惯、节日、活动等,如歌咏比赛、体育比赛等。企业风俗与一般制度、特殊制度不同,它不是表现为准确的文字条目形式,也不需要强制执行,完全依靠习惯、偏好维持。企业风俗由精神层所主导,又反作用于精神层。企业风俗可以自然形成,又可以人为开发,一种活动、一种习俗,一旦被全体员工共同接受并沿袭下来,就成为一种企业风俗。

(三)物质层

这是企业文化的表层部分,它是企业创造的物质文化,是形成企业文化精神层和制度层的条件。从物质层中往往能折射出企业的经营思想、管理哲学、工作作风和审美意识。它主要包括下述几个方面:

(1)企业名称、标识、标准字、标准色。这是企业物质文化的外在体现。

(2)企业外貌、自然环境、建筑风格、办公室和车间的设计和布置方式、绿化美化情况等是人们对企业的第一印象,无一不是企业文化的反映。

(3)产品的特色、式样、外观和包装。产品的这些要素是企业文化载体的反映之一。

(4)技术工艺设备特性。

(5)企业的徽记、旗帜、歌曲、服装。这些因素中包含了很强烈的企业物质文化内容,是企业文化形象化的反映。

(6)企业的文化体育生活设施。

(7)企业造型和纪念性建筑,包括厂区雕塑、纪念碑、英模塑像等。

(8)企业纪念品。

(9)企业的文化传播网络。包括企业自办的报纸、刊物、有线广播、闭路电视,计算机网络、宣传册、广告牌、招贴画等。

综上所述,企业文化的三个层次是紧密联系的。物质层是企业文化的外在表现和载体,是制度层和精神层的物质基础;制度层则约束和规范着物质层和精神层的建设,没有严格的规章制度,企业文化建设无从谈起;精神层是形成物质层和制度层的思想基础,也是企业文化的核心和灵魂。

三、企业文化的作用

企业文化是企业的灵魂,是企业的活力源泉,是企业竞争力的重要因素,因此它是一个涉及企业能否高效发展的极其重要的问题。企业文化在企业中的作用,主要有以下几点。

(一)导向作用

即企业文化能把职工个人目标引导到企业目标上来。在激烈的市场竞争中,企业如果没有一个自上而下的统一目标,就不能形成强大的竞争力,也就很难在竞争中求得生存和发展。传统的管理方法都是靠各种各样的策略来引导职工去实现企业的预定目标;而如果形成了一种良好的企业文化,职工就会在潜移默化中接受共同的价值观念,不仅过程自然,而且由此形成的竞争力也更持久。

企业文化建设就是在企业具体的历史环境及条件下将人们的事业心和成功欲转化成具体的奋斗目标、信条和行为准则,形成企业职工的精神动力,为企业的共同奋斗目标而努力。因此,建设企业文化的实质就是建立企业内部的动力机制。这一机制的建立,使广大职工自觉地把个人目标融入到企业的宏大目标中来,可以使其勇于为实现企业目标而做出个人牺牲。

(二)约束作用

这是指企业文化对企业每个成员的思想和行为具有约束和规范作用。企业文化的约束功能，与传统的管理理论单纯强调制度的硬约束不同，它虽也有成文的硬制度约束，但更强调的是不成文的软约束。作为一个组织，规章制度对企业来说是必要的，但它却很难规范每个职工的一举一动。企业文化能使信念在职工的心理深层形成一种定势，构造出一种响应机制，只要外部诱导信号发生，即可得到积极的响应，并迅速转化为预期的行为。这种约束机制可以减弱硬约束对职工心理的冲撞、缓解自治心理与被治现实形成的冲突、削弱由其引起的心理抵抗力，从而产生更强大、更深刻、更持久的约束效果。这种约束作用还更直观地表现在企业风气和企业道德对职工的规范作用上。

（三）凝聚作用

当一种企业文化的价值观被该企业成员认同之后，就会成为一种粘合剂，从各方面把其成员团结起来，形成巨大的向心力和凝聚力，这就是企业文化的凝聚功能。通过这种凝聚作用，职工就把个人的思想感情和命运与企业的兴衰紧密联系起来，产生对企业强烈的"归属感"，跟企业同呼吸、共命运。"上下同欲"即指思想、信念的一致，它是深层凝聚力的主要来源。

（四）激励作用

企业文化的激励功能，指的是企业文化能使企业成员从内心产生一种情绪高昂、奋发进取的效应。

倡导企业文化的过程是帮助职工寻求工作意义、建立行为的社会动机的过程。通过这一过程，可以在职工中形成共同的价值观，在企业中形成人人受重视、受尊重的文化氛围。这种氛围一旦形成，就足以胜过任何行政命令。在这种氛围中，每个成员做出了贡献都会及时得到领导和职工的赞赏与鼓励，获得极大的心理和精神满足，并因而自觉树立对企业强烈的主人翁责任感。职工的主人翁责任感对于一个企业来说是弥足珍贵的。有了这种责任感，职工就会为企业发展而奋勇拼搏，迸发出无穷的创造力。

人是物质力量和精神力量的统一体。作为自然人，每个人都有力气，有基本的思维能力；作为社会人，每个人又都有精神需要，蕴含着巨大的精神力量。当没有获得激励时，人发挥出来的只是物质力量；获得激励之后，人的精神力量就得到了开发，激励越大，所开发出来的精神力量就越大。企业文化的作用正是通过激励来满足人的精神需要，使人产生归属感、自尊感和成就感，从而调动人的精神力量。由于它迎合了人的需要、人的本质，所以比现有的其他任何形式都有效得多。

(五)辐射作用

企业文化的辐射作用与其渗透性是一致的,就是说,企业文化不只在企业内起作用,它也通过各种渠道对社会产生影响。企业文化向社会辐射的渠道很多,主要包括传播媒体、公共关系活动等。在企业越来越重视广告、重视形象和声誉的今天,企业文化对社会的辐射作用越来越大:电视、广播里的广告越来越多,许多广告语成了人们的口头语;色彩纷呈的广告画、广告牌更是铺天盖地。企业文化在社会文化中扮演的角色越来越重要,这正是企业文化的辐射功能所造就的。

(六)陶冶作用

优秀企业通过高尚而先进的理念培养人、教育人,这样的企业文化无疑可以陶冶员工的情操。美国惠普(HP)公司树立了7个目标:利润、客户、感兴趣的领域、增长、育人、管理、好公民。对员工的教育和培养成为企业的一个主要目标,自然也就形成了尊重人、培养人、关爱人的"惠普文化"。再比如具有334年历史的北京"同仁堂"的堂训"同修仁德,亲和敬业;共献仁术,济世养生",不仅影响员工行为,更重要的是陶冶了员工的情操,培养了优秀的品质,发扬了中华民族的优良传统。

(七)创新作用

企业文化可以激发员工的创新精神,鼓舞员工开拓进取。最典型的例子就是3M公司,他们提出"3M就是创新"的理念,鼓励员工大胆尝试,成为以创新闻名的公司,保持了企业的活力和竞争力。日本的卡西欧公司提出"开发就是经营"的企业哲学,对激发员工的创新精神起到了积极的作用。可见,优秀的企业文化不是保守的,而是创新的。在变化莫测的网络时代,只有不断创新,企业才能生存。这种思想在优秀企业的企业文化中多有表现。

四、企业文化的分类

由于企业与企业之间的内部条件和外部条件往往是不相同的,因此不同的企业有不同的企业文化,这就是企业文化的企业特征。但是,企业文化也有着共同的内容,也就是说,不同的企业文化虽然在具体内容方面是不同的,但是它们有着一些共同的内容。如果按照企业文化这些共同的内容,尤其是按企业共同的价值理念,则企业文化可分为三大类内容(从不同的角度出发,也有不同的分类方法)。

(一)经营性企业文化

所谓经营性企业文化,就是指在企业经营活动中员工所应该具有的价值理念。一般来说,经营性企业文化包括主动性市场理念、内在性诚信理念、能动性创造理念、理性化双赢理念、有效性竞争理念,等等。所有这些价值理念,都是与企业的经营活动相关的,所以把这一套与经营活动有关的价值理念,就称之为经营性企业文化。

(二)管理性企业文化

所谓管理性企业文化,就是指在企业管理活动中员工所应具有的价值理念。这套与企业管理活动相关的价值理念,就被称之为管理性企业文化。管理性企业文化包括责权利对称性管理理念、内在融合性管理理念、高效率性管理理念、共享共担性管理理念,等等。所有这些价值理念,都是与企业管理活动有关的,所以在现实中把这一套与管理活动相关的价值理念,就称之为管理性企业文化。

(三)体制性企业文化

所谓体制性企业文化,就是指在企业的制度安排中员工所应具有的价值理念。也就是说,为了维系企业制度的存在和制度的充分作用,员工必须具有相应的价值理念,就是体制性企业文化。体制性企业文化包括忠诚理念、契约理念、共赢性平台理念、团队理念、等级差别理念,等等。所有这些价值理念都与企业制度的作用相关,所以称为体制性企业文化。

第二节　企业文化建设

1984 年左右,美国的企业文化理论传入我国,很快得到了我国企业界和管理学界的认可和响应,并掀起了一次又一次的"企业文化热"。一些在市场竞争中脱颖而出的企业,在建立现代企业制度的同时,也培育了催人向上的企业文化,并取得了骄人的业绩,其中的佼佼者有青岛海尔、四川长虹、深圳三九、江苏春兰、深圳康佳等。目前,我国的企业文化建设正处在一个由不自觉到逐步自觉的发展历程。虽然许多中国企业在企业文化建设上尚处在启蒙阶段或进入阶段,但重要的是:大家已认识到企业文化在企业中的重要地位和作用,认识到企业文化建设已成为企业经营管理的"牛鼻子",认识到现代企业制度必须与现代企业文化相配套。"建设优良企业文化",不仅成为大家的共识,也成为大家的迫切要求。那么,到底该如何"建设优良企业文化"呢?

一、企业文化建设的步骤

(一)企业文化盘点

建设企业文化关键在于量体裁衣,建设适合本企业的文化体系,达到这一目标的大前提就是对企业文化的全面了解。所谓企业文化的盘点,就是对企业现有文化的依次调查和分析。当一个企业尚处在创业阶段时,需要了解创业者的企业目标定位;如果是已经发展到一定阶段的企业,需要了解企业发展中的一些问题和员工广泛认同的理念。

常用的一些调查方法主要包括:访谈法、问卷法、资料分析法、实地考察法等工作方法。可以是自上而下、分层进行,也可以是大规模一次进行,这取决于企业的规模和特点。企业文化的调研,其实也是一次全体员工的总动员,因此,最好是在开展工作之前,由公司主要领导组织召开一次动员大会。在调研期间,可以采取一些辅助措施,比如,建立员工访谈室、开设员工建议专用箱等,以调动员工的积极性,增强参与意识。企业文化建设是全体员工的事情,只有员工乐于参与、献计献策,企业理念才能被更好地接受。

企业文化的调研要有针对性,内容主要围绕经营管理现状、企业发展前景、员工满意度和忠诚度、员工对企业理念的认同度几个方面。一些企业内部的资料往往能够反映出企业的文化,因此,可以对企业历史资料、各种规章制度、重要文件、内部报刊、公司人员基本情况、先进个人材料、员工奖惩条例、相关媒体报道等整理总结,以获得有用信息。为了方便工作,最好列一个清单,将资料收集完整,以便日后检阅。

在企业文化的调研当中,匿名问卷形式比较常用,它可以很真实地反映企业文化的现状和员工对企业文化的认同度。我们可以根据需要设计问卷内容,设计原则是调查目标明确、区分度高、便于统计。对价值观类型的调查,最好不说明调查目的。比如,在分析员工价值取向时,可以提问:“如果再次选择职业,您主要考虑以下哪些方面”,然后列出工资、住房、个人发展等许多要素规定最多选三个,经过结果统计,我们就不难发现员工普遍性的价值取向了。

经过一系列的企业文化调研,我们需要进行一些分析,得出初步结论。分析主要集中在以下几个方面:

(1)分析企业经营特点,搞清企业在行业中的地位和企业生产经营情况。

(2)分析企业管理水平和特色,研究企业内部运行机制。重点分析企业管理思路、核心管理链、现有管理理念和主要弊端。

(3)分析企业文化的建设情况,领导和员工对企业文化的重视程度。

(4)逐项分析企业文化各方面的内容,包括企业理念、企业风俗、员工行为规范等具体内容。

根据对以上四方面内容的综合分析,我们可以判断目前企业文化的状况,了解员工的基本素质,把握企业战略和企业文化的关系,分析企业急需解决的问题和未来发展的障碍,为下一步企业文化的设计做好准备。

(二)企业文化设计

企业文化是一个有机的整体,它包括精神层(即理念层)、制度层和物质层。理念层的设计要本着以下原则:历史性原则、社会性原则、个异性原则、群体性原则、前瞻性原则和可操作性原则。制度层和物质层设计要本着与理念高度一致的原则、系统完整性原则和可操作性原则。

企业文化设计中最重要的是企业理念体系的设计,它决定了企业文化的整体效果,也是设计的难点所在。理念体系包括以下方面:企业愿景(或称企业理想)、企业使命(或称企业宗旨)、核心价值观(或称企业信念)、企业哲学、经营理念、管理模式、企业精神、企业道德、企业作风(或称工作作风)。企业制度层主要是为了贯彻企业的理念,日常管理的每一项制度都是企业理念的具体体现,同时,有必要针对企业理念的特点制定一些独特的管理制度,尤其是对企业文化的导入期十分必要。物质层的设计主要包括标志设计、服装设计、办公用品设计等,重点是企业标识和企业标识的应用设计,这些设计都要为传达企业理念服务。

企业理念是企业的灵魂,是企业持续发展的指南针。企业理念中的各个部分有着内部的逻辑性,设计时需要保持内部的一致性、系统性。企业愿景描述了企业的奋斗目标,回答了企业存在的理由;企业哲学是对企业内部动力和外部环境的哲学思考;核心价值观解释了企业的判断标准,是企业的一种集体表态;企业经营理念回答了企业持续经营的指导思想;企业精神体现了全体员工的精神风貌;企业作风和企业道德是对每一位员工的无形约束。所有内容相辅相成,构成一个完整的理念体系。企业理念是企业文化的核心,在企业文化的设计乃至整个建设中要始终抓住这个重点。其中重中之重又是企业核心价值观,因为它表明了企业倡导什么,鼓励什么,禁止什么。正是这些核心价值观统一了企业的思想,规范了员工的行为,使人们按企业的最高目标奋发努力,推动企业不断前进。

企业制度层的设计主要包括企业制度设计、企业风俗设计、员工行为规范设计,这些设计都要充分传达企业的理念。企业制度指工作制度、责任制度、特殊制度,这些制度既是企业有序运行的基础,也是塑造企业形象的关键。所谓特殊制度是指企业不同于其他企业的独特制度,它是企业管理风格的体现,比如,“五必访”制度(在员工结婚、生子、生病、退休、死亡时访问员工)。企业风俗的设计也是不同于其他企业的标识之一,它是企业长期沿袭、约定俗成的典礼、仪式、习惯行为、节日、活动等。许多企业具有优秀的企业风俗,比如,平安保险公司每天清晨要唱《平安颂》;某公司每年举办一次“月亮节”,与员工家属联谊。员工行为规范主要包括:仪表仪容、待人接物、岗位纪律、工作程序、素质修养等方面。好的行为规范应该具有简洁、易记、可操作、有针对性等特点。

企业物质层的设计主要是指企业标识、名称及其应用。企业名称和标识如同人的名字一样,是企业的代码,设计时要格外慎重。清华同方的名称来源于《诗经》的“有志者同方”,简明易记。企业标识则是企业理念、企业精神的载体,企业可以通过企业标识来传播企业理念,公众也可以通过标识来加深对企业的印象。同时,企业标识出现的次数和频度,直接影响社会公众对该企业的认知和接受程度。一个熟悉的标识可以刺激消费欲望。如果把企业理念看成企业的“神”,那么企业标识就是企业的“形”,它是直接面对客户的企业缩影,因此,在设计和使用上要特别关注。

(三)企业文化实施

企业文化的实施阶段,实际上也是企业的一次变革,通过这种变革,把企业优良的传统发扬光大,同时,纠正一些企业存在的问题。一般来讲,企业文化的变革与实施需要有导入阶段、变革阶段、制度化阶段、评估总结阶段。

导入阶段的主要任务是从思想上、组织上、氛围上做好企业文化变革的充分准备。在此阶段内,要建立强有力的领导体制、高效的执行机制、全方位的传播机制,让企业内部所有人认识到企业文化变革的到来。为了更好地完成这一阶段的工作,可以建立领导小组负责实施,设立企业文化建设专项基金来开展工作,在人力、物力上给予支持。

变革阶段是企业文化建设工作的关键。在这个阶段内,要全面开展企业文化理念层、制度层、物质层的建设,即进行由上而下的观念更新,建立健全企业的一般制度和特殊制度,形成企业风俗,做好企业物质层的设计与应用。这一阶段可谓是一个完整的企业形象塑造工程,中心任务是企业价值观的形成和员工行为规范的落实,至少要花一年的时间。

制度化阶段是企业文化变革的巩固阶段。该阶段的主要工作是总结企业文化建设过程中的经验和教训,将成熟的做法通过制度加以固化,建立起完整的企业文化体系。在这一阶段,企业文化变革将逐渐从突击性工作转变成企业的日常工作,领导小组的工作也将从宣传推动转变成组织监控。这一阶段的主要任务是建立完善的企业文化制度，其中应包括企业文化考核制度、企业文化先进单位和个人表彰制度、企业文化传播制度、企业文化建设预算制度等。这一阶段常见的问题是新文化立足未稳、旧习惯卷土重来，尤其对于过去有过辉煌历史的企业，往往会固守旧习惯，这一点要求管理者做好足够的思想准备。

评估总结阶段是企业文化建设阶段性的总结。在企业基本完成企业文化建设的主要工作之后，总结评估以前的工作，对今后的企业文化建设具有十分重要的作用。评估工作主要围绕我们事先制订的企业文化变革方案，检查我们的变革是否达到预期的效果，是否有助于企业绩效的改善和提高。总结工作还包括对企业文化建设的反思，主要针对内外环境的变化，检查原有假设体系是否成立，具体的工作方法主要是现场考察、研讨会、座谈会等。

【补充阅读资料】

科龙企业文化的建设

一、企业文化准备

1. 确定企业文化建设共识

①科龙事前在广东省请了 10 位专家，给科龙集团的高层领导和宣传人员讲授企业文化课。

②经过反复挑选，确定由专业形象策略公司策划组织文化塑造工程，同时邀请华南理工大学工商管理学院专家做塑造企业文化工程的顾问。

2. 创建企业文化项目小组

①成立企业文化推行委员会，由总裁亲任推委会主任。

②由推行委员会导入企业文化训练课程。

3. 拟定企业文化建设计划，形成经营文化策略建议书。

4. 企业文化管理层研讨会

科龙举行了一个由 3 000 名员工参加的内部动员会。会场上 10 面绘有“万龙耕心”工程标志的彩旗上，签下了万余名职工的名字，表达了科龙众志成城、再创辉煌的巨大决心。

潘宁、王国端、李棣强等科龙高层领导当场也在旗上签了自己的名字。

5. 企业文化创建动员大会，企业文化诊断

二、企业文化现状调查

1. 针对科龙 5 000 名员工的问卷调查，其中有效问卷 4791 份，以此对文化现状进行投石问路，调查摸底

2. 建立企业文化模型

举行了一次三天两夜的文化研讨会。科龙集团的老总、各部主管部长、专业公司主管老总、分厂厂长等80人参加了会议。研讨会以沟通为旨，充分沟通各种想法，分析企业优劣势，然后开动脑筋，头脑激荡，研讨企业的基本信念、战略、市场营销战略、企业文化、企业革新战略

3. 企业文化差距分析，企业文化战略性规划

1）明确企业文化建设目标

规定科龙塑造企业文化将达成六个目标：

- 明确科龙集团的总体经营目标
- 凝聚员工的向心力
- 形成特色的企业文化
- 寻找科龙新的优势点
- 品牌形象延伸
- 提高全员素质

2）选择企业文化战略

3）企业文化结构规划

企业文化指标总结，包括企业价值观；企业行为信条。

三、企业组织管理，企业文化实施

1. 建立文化导向的管理流程

2. 制订企业文化纲领与手册

①对内行为规范，包括全体职工对内行为规范制定

②对外行为规范，包括全体职工对外行为规范制定

③行为规范手册，将行为规范制定成标准手册

3. 企业文化内部传播

①建立教育训练制度，包括全体职工教育训练制度拟定

②教育训练手册，将教育训练制定成标准手册

4. 企业文化外部传播

声势浩大的科龙集团企业文化新纲领发布暨誓师大会在容奇镇体育中心隆重举行，与会人员除科龙集团万余名干部员工外，还有省市镇领导，以及科龙企业文化专家顾问，令人瞩目的是科龙集团还请来了来自全国30个省市的近100名消费者、经销商代表以及科龙的退休员工和员工家属，使这次盛会更显得意义非常。

二、企业文化建设的方法

企业文化建设除了应按上述步骤进行以外，还应抓好以下几点：

(一)企业文化计划化

所谓企业文化计划化，就是指要在调查研究(企业文化盘点)的基础上，制订切合本企业实际的、周密可行的企业文化建设计划(包括企业文化的设计与实施)。在制订与实施计划的过程中要始终贯彻一个指导思想——企业文化不仅来自实践，而且必须指导实践、服务实践。要始终遵循一个观点——科学发展观。因为随着生产力及企业自身的发展，企业文化也必然会发展和变化，没有一个永恒不变的企业文化。就是说，企业文化建设也要体现时代精神，与时俱进。此外，还应始终抓住一个重点——企业价值观。

(二)企业文化教育化

所谓企业文化教育化，就是指要通过灌输的方式将企业所信奉和必须实践的价值理念渗透到员工的头脑中去，因此，建立企业文化的重要工作，就是要加强员工培训。企业培训不仅仅是对员工进行一种业务培训，更重要的应该是企业文化的培训。也就是用企业文化去整合与占领员工的思想，让所有的员工都认可企业的企业文化，并以此指导自己的行为。

在国外的企业中，企业不仅注重企业文化培训经费的筹措(例如，规定企业文化培训费用不能低于企业销售额的1%)，而且还注重企业文化培训教材的建设。例如，企业文化白皮书。

(三)企业文化奖惩化

所谓企业文化奖惩化，就是指遵守企业文化的人会受到很大的奖励，而违背企业文化的人则会受到很大的惩罚，通过奖惩的方式使企业文化真正能够成为企业中所有员工的价值理念。从现实状况来看，没有奖惩的办法，企业文化很难植根于企业员工的头脑之中，企业文化也很难真正形成。所以，在建设企业文化的过程中必须强调这种奖惩制度。

国外的一些企业在评选优秀职工活动中，往往注重对那些自觉遵守企业文化的员工进行奖励，对那些无视企业文化的人进行批评。这是一种强化和宣传企业文化的方式。

(四)企业文化系统化

所谓企业文化系统化，就是指企业文化的内容必须不断完善。所有企业在建设企业文化的过程中，应该不断地根据现实状况，从发展的角度去完善自身的企业文化，最终形成一个内容比较完善的系统性的企业文化。这种系统性的企业文化将会对员工有很大的约束力，因而，必然会作为一种优秀企业文化而长期存在。

三、企业文化建设的领导者

要建设强有力的企业文化，首要的因素是企业领导者。由于他们在企业中所处的特殊地位和承担的重大责任，因此他们在企业文化建设中起着至关重要的作用。

(一)是企业文化的塑造者

企业领导者们的文化素质、思想品德、价值观念以及对企业文化的认识如何，将直接影响并决定着企业文化建设。《公司文化》的作者迪尔和肯尼迪指出："是不是每个公司都能有强烈的文化？我们想是能够的，但要做到这一点，最高层管理者首先必须识别公司已经有了什么类型的文化，哪怕是很微弱的。总经理的最终成功在很大程度上取决于是否能够精确地辨认公司文化并琢磨它、塑造它以适应市场不断转移的需要。"一个企业的领导者应通过不断地学习、借鉴、总结、归纳和加工，塑造切合本企业实际的企业文化并逐步完善，使之形成体系；还要通过各种会议、各种手段大力倡导和弘扬。

(二)是企业文化的组织者

一个企业的企业文化、尤其是企业价值观能否被企业全体员工所认同、接受，并付诸实践，企业的领导者负有直接的组织责任。一是要在领导组的统一指挥下，充分调动党、政、工、妇、团的力量，形成分工合作、齐抓共管的建设局面；二是要广泛发动群众，充分调动企业员工参与企业文化建设的积极性(如果没有他们的参与，再好的企业文化也只是空中楼阁)；三是要把抓企业文化建设与抓企业经营管理统一而不是对立起来。

(三)是企业文化的示范者

"榜样的力量是无穷的。"企业领导者的一言一行都直接影响着企业文化建设。因此他们应该带头落实企业文化，成为落实企业文化的楷模。特别是企业价值观要从他们的一言一行中折射出来。就是说，企业倡导的，他们要带头实行；企业反对的，他们要坚决不做。只有这样才能团结、带领企业全体员工搞好企业文化建设，促进企业的健康持续发展。

总之，企业文化建设，是一个实践(企业经营活动)$\underset{\text{指导、服务}}{\overset{\text{总结、提高}}{\rightleftarrows}}$企业文化的循环往返的过程，每一次循环往返，都将把企业文化建设升华到一个新的高度。

【小 结】

20世纪80年代兴起并很快由美国传入我国的企业文化，是现代企业管理的科学结晶。企业文化是指企业全体员工在长期的创业和发展过程中培育形成，并共同遵守的最高目标、价值标准、基本信念及行为规范。它是企业理念形态文化、物质形态文化和制度形态文化的复合体。因此，从结构上讲，它可分为精神层、物质层和制度层，这三者是紧密相连的。

企业文化在企业中具有导向作用、约束作用、凝聚作用、激励作用、辐射作用、陶冶作用和创新作用。

按企业文化的共同内容，尤其是按共同的价值理念来划分，则企业文化可分为经营性企业文化、管理性企业文化和体制性企业文化。

企业文化建设大体应遵循以下步骤：首先搞好企业文化盘点，然后认真抓好企业文化设计，最后组织好企业文化实施。在方法上要抓好企业文化的计划化、教育化、奖惩化和系统化。企业价值理念是企业文化的核心和灵魂，在企业文化建设中要始终抓好这个重点。

企业领导者是企业文化的塑造者、组织者和示范者，是加强企业文化建设的首要因素。

【思考与练习】

一、重点概念

企业文化

二、填空题

(1)企业领导在企业文化建设中要起到(　　)、(　　)和(　　)的作用。

(2)企业文化分为(　　)、(　　)和(　　)三个层次。

(3)企业文化建设分为(　　)、(　　)和(　　)三个步骤。

三、选择题

(1)企业的名称、标识属于企业文化建设(　　)。

A.精神层　　B.制度层　　C.物质层

(2)通过企业文化建设要将职工个人引导到企业目标上，这是企业文化的(　　)作用。

A.约束　　B.激励　　C.引导

四、复习思考题

1.什么是企业文化？对企业而言，企业文化有什么重要作用？

2. 什么是企业文化建设？它有何重要意义？

3. 企业文化建设的主要步骤和方法是什么？重点是什么？

4. 企业的领导者在企业文化建设中应发挥哪些作用？

五、案例分析题

本田的安全文化建设案例

广州本田成立于1998年7月1日，现有员工总数6 600多人。广州本田目前生产的主要产品有雅阁系列轿车、奥德赛多功能系列轿车、飞度系列轿车和思迪系列轿车共四大系列18种车型，全部产品达到了欧洲Ⅳ排放标准。

广州本田的成功，除了产品、价格、服务本身的优势，以及政府、股东、用户、社会各界的支持，还在于公司一直以来坚持贯彻国家“安全第一，预防为主，综合治理”的方针，遵循“没有安全、就没有生产”的原则，建立起广州本田特有的良好的安全文化氛围。广州本田的安全文化，是广州本田企业文化的一个重要组成部分，是保障广州本田不断发展的动力。广州本田成立九年多来未发生过一般以上的生产安全事故，公司轿车生产产量逐年增长，工伤（轻伤）事故逐年下降，例如，广州本田2009年发生工伤（轻伤）事故为4宗，今年至今仅为2宗，与去年同比下降了50%。

众所周知，企业的产量、效益和发展离不开安全生产，安全生产相对做得好的企业，必须有良好的安全文化来支持，广州本田的安全文化又是一种重要的安全生产管理手段，它是广州本田的安全价值观，这些价值观构成了广州本田员工安全生产行为的规范。

广州本田安全文化建设的领导核心是公司的交通、防火、生产安全委员会（简称：交防安委会），公司的各项安全活动均由交防安委会负责策划，并由安委办具体推进，全员参与，工会协助及监督实施完成。

安全文化建设是一个包括物质的、意识的巨大的系统工程，它包含三个层次：安全观念层、安全制度层、安全物质层。“没有安全、就没有生产”是广州本田安全生产的基本理念，“以人为本，三现主义”（即现场、现物、现实）是广州本田开展企业安全文化活动的基本方针。“三现主义”将安全观念层、安全制度层、安全物质层三个层次通过公司的安全文化溶合在一起。

现场——

一个企业是否安全，首先表现在生产现场，现场管理是安全管理的出发点和落脚点。在日常的安全生产管理过程中，公司特别注重现场管理，包括现场文明生产、文明施工、作业环境的整洁、安全。公司安全生产第一责任人付守杰执行副总经理以及中、日双方副总经理、公司安全生产直接责任人、经常带队到生产现场检查安全生产工作，并对现场安全生产存在的问题给予解决或承诺。除此之外，日方总经理及副总经理也经常到现场进行安全生产及[*1]，充分体现了广州本田领导层“以人为本，三现主义”的具体行动。

另外，公司每月都会设立领导接待日，员工可以和总经理面对面直接交流，提出自己关心的问题、包括安全生产的合理化建议等，对于每个员工提出的问题，领导都会一一解答，充分体现了广州本田“以人为本”、厂务公开、民主管理的理念。

现实——

能代表一个公司的安全生产综合管理水平，其根本就是要抓好安全生产的基础建设，广州本田安全生产的基础建设具体体现在：2004 年 11 月，通过了国家《职业健康安全管理体系》(OHSAS18001)的认证；2006 年 12 月，通过了国家一级安全质量标准化企业认证，并且以 966.79 分的成绩创造了乃至目前为止全国安全质量标准化一级认证的最高分。

现物——

广州本田的机械设备、安全防护设施、劳动保护用品等硬件都已达到或力求达到本质安全的更高水平。例如，根据中国机械工业安全卫生协会安全质量标准化考评组的评价：广州本田的无障碍装配线、机械手喷涂作业，全封闭冲压线、车身焊接作业的烟尘治理及增城工厂车身水性涂料的导入均属国内先进水平；射流治理焊接烟尘、增城工厂跟随式汽车尾气收集系统的采用均属国内首创，达到了世界级汽车生产商的安全、环保水平。

在环境安全方面，广州本田把“关注安全、关注环境，让员工树立安全环保意识，设计和制造环保产品”作为经营理念，将保护环境的责任之心落实到实处，并致力于建设成为中国乃至世界都具有影响力的绿色工厂。

广州本田安全文化建设的核心是认同和共享，没有认同的安全文化就没有价值，一切手段必须在认同的前提下才能有效。在公司的许多事情当中，都可以体现出广州本田员工的高素质，例如：2008 年 6 月 2 日，广州市黄埔地区遭遇了一场 60 年未遇的特大暴雨，致使广州本田的防洪应急体系遭受到严峻的考验，在生产受到严重威胁的紧急关头，公司各级领导与生产一线的员工冒雨奋力投入抗洪抢险，最后，最大程度的降低了公司的受灾损失。另外，无论是 2004 年底印度洋海啸地震员工的义务捐款或是今年 5.12 发生的四川汶川特大地震，公司全体员工无论职位高低、年龄大小，都踊跃捐款，甚至许多还没有结婚的小青年掏出 1 000 元人民币毫不犹豫的放进捐款箱内，连名也未留下就离去。

正是有了广州本田企业文化以及安全文化这种无形的强大的精神支持，使我们的员工在生产活动中做到“安全第一、敢于创新、勇于拼搏”，并且在社会上创造了一个又一个广州本田的骄人业绩。

广州本田安全文化还体现在日常的活动当中，通过以安全文化建设为导向，围绕着如何更好地提高全员的安全意识开展工作，通过组织各种安全活动，如开展“安全生产月”活动、开展员工安全知识竞赛活动、开展厂内安全驾驶培训活动、举办各类安全生产知识讲座、举办各种类型的安全生产宣传教育橱窗展览以及举办各种社会公益方面的活动等，不断提高员工的整体素质，调动员工的积极性、主动性、创造性。

广州本田的安全文化，还体现在注重安全生产与社会责任上，例如：

1）近年来，广州本田通过媒体向社会传递安全文化理念，通过各种活动宣传安全驾驶并支持制作了30万册车主安全手册发放给车主，还在中央电视台等媒体上投放宣传安全驾驶公益广告。另外，在2007年上海车展上，广州本田向社会正式发布了广州本田最新的安全理念：“为了所有人的安全”，把原来“没有安全、就没有生产”的安全理念升华到更高的境界。

2）广州本田还将安全文化“以人为本、三现主义”的基本方针向供应商以及特约销售服务店延伸。作为环保、安全领域领先的实施者，广州本田率先提出“绿色供应商”和“绿色特约店”的概念。2007年以来，安全文化在员工中进一步普及推广，使安全理念得到不断延伸。

3）2005年全国“安全生产月”活动期间，协助广州市政府成功举办“全国安全生产万里行”启动仪式，并派出20辆新奥德赛全程支持安全生产万里行活动。另外，公司在社会上举行了一系列安全生产公益性的宣传教育活动，受到国家安监总局以及国家万里行活动组委会、记者采访团及省、市安监局领导的充分肯定和高度赞扬。

4）为保证广州本田相关方的社会安全责任，防止因各类事故的发生而给社会造成危害和不良后果，根据“广州本田环境·职业健康安全管理体系”中对相关方的要求，从2006年开始，公司对各供应商、物流商开始逐渐进行全国性的安全生产与社会责任的培训。

5）2006年初，广州本田作为广州市“强化企业安全生产主体责任试点单位”之一，收到了显著的效果。其中，广州本田的安全文化对强化企业安全生产主体责任工作起到了重要的推动作用。

6）广州本田近年来还通过各特约销售店在全国各大城市陆续开展《安全驾驶体验营》活动，旨在提高广大顾客安全驾驶技能、传播安全驾驶理念。

(http://www.aq06.com/Files/Case/201006/277.shtml)

案例思考题:

广州本田的安全文化建设是怎么形成的?对一个组织的文化建设有何借鉴意义?

海尔的核心竞争力——海尔文化

1998年的一天,中国和许多国家的报纸都报道了同一则消息:海尔集团总裁张瑞敏应邀前往哈佛大学商学院,指导那里的MBA(工商管理硕士生)讨论"海尔文化激活休克鱼"的案例。这是享誉世界的哈佛商学院第一次用中国企业作案例,也是第一次邀请中国企业家走上哈佛的讲台。

海尔是怎样创造出奇迹的?集团总裁张瑞敏把这一切归结为海尔人的奇迹,而集团长期有意识地培养和凝聚形成的独特的海尔企业文化正是激发全体海尔人创造奇迹的强大动力。

人是决定一切的因素,海尔的成功首先在于他们实施了"以人为中心"的管理。集团从总经理到一般管理人员都把人看做是企业第一位的财富,认识到"海尔的发展需要各种各样的人才来支撑和保证"。为了吸引人才,留住人才,海尔制订了一系列强有力的措施,在企业内部形成了调动和发挥每个员工积极性、创造性的良好氛围。为了人才,总裁张瑞敏不但专程赴清华大学为研究生举行专题讲座,而且专门派人为青岛大学的困难学生送去千元资助金。过年过节,张瑞敏等企业领导还分别到单身集体宿舍和青年员工座谈,到宿舍看望残疾员工。正因为海尔坚持"同心干,不分你我;比贡献,不惟文凭"的人才观,企业才能大胆起用年轻骨干挑重担,才能每年吸引大量的毕业大学生、研究生加盟,把许多旁人看来不可思议和不可能变为现实和可能。

企业作为社会最小的经济单元,获得利润当然是其存在的目的,但赚钱绝对不是企业存在的惟一目的,也不是终极的最高的目标。海尔正是这样一家不把赚钱作为主要目标的企业,他们有一个比利润要高远得多的远大理想。张瑞敏在《海尔是海》一书中这样写道:"海尔应像海……一旦汇入海的大家庭中,每一分子便紧紧地凝聚在一起,不分彼此地形成一个团结的整体,随着海的号令执著而又坚定不移地冲向同一个目标,即使粉身碎骨也在所不辞。因此,才有了大海摧枯拉朽的神奇。"海尔人悟透了这一点:用户是人民,社会主义生产的目的,就是不断满足人民群众物质文化的需求。正是有了这样的远大目标,海尔人才会用"敬业报国"四个字激励自己在占领市场的同时,不断开拓国际市场,力争在中国的制造业中率先跻身世界最大企业500强。正是有这样的远大理想,他们才会千方百计为用户着想,把用户的利益和满意放在首位。有这样一件事:在顾客购买的空调被“的士”拐走后，海尔不计自身损失马上又送去一台，并且责怪自己要是早点用公司的车为顾客送货就好了。海尔就是这样坚持“国际星级服务”，关心用户胜过关心利润，不断从用户角度开发让社会满意的新产品，最后赢得了市场，换来了自身的超常规发展。

人活着，需要一种精神；一个企业的生存发展，也需要一种精神来支撑。“无私奉献、追求卓越”就是海尔的精神，是鼓舞一个大企业全体员工奋发向上的强大精神力量。青年女工马颖从幼师职业班毕业被分到冰箱厂当焊工，她本着“没有不好干的活，只有干不好的工作”的想法，认真跟着师傅学习技术，刻苦钻研，仅两个月就可独立操作，终于创下了121万个焊点无泄漏的纪录。1995年在冰箱实行生产线无氟改造时，年轻的分厂厂长助理唐海北带领同事坚持了三天三夜，完成了德国专家认为必须两周才能完成的工作任务，最后晕倒在刚刚启动的机器旁。安装维修工毛宗良在送货车辆被扣的情况下，在38 ℃高温下背着洗衣机走了两个多小时，终于保证产品按时送到用户手中。这样为了产品质量和公司信誉的动人故事在海尔数不胜数，这些企业英雄们身上表现出来的正是海尔“无私奉献、追求卓越”的企业精神，正是这种精神使产品和服务质量不断提高，使“海尔”成为一个在中国家喻户晓、在世界上颇有影响的著名家电品牌。

企业的健康发展，离不开正确的发展战略。海尔确立并实施了“名牌国际化”战略，并以此成为中国最大的家电出口企业。海尔认为，“名牌”必须经过国际市场认证，因此他们“先难后易”，首先把重点放在发达国家的市场，再向发展中国家进行辐射。几年来，海尔人创造的战绩有：冰箱居亚洲出口德国和美国第一、洗衣机出口日本第一、空调出口欧共体第一，进而形成对发达国家规模出口的局面，大大提高了海尔品牌的国际地位和影响。为保证“名牌国际化”战略的实施，海尔坚持“技术创新，创造市场”的产品开发原则，通过提高产品质量来增强市场竞争力，通过科研开发拉开与竞争对手的差距，实现差别化经营。目前，海尔已经在全球31个国家建立了经销网，正成为一个强有力的国际品牌。

在美国《财富》杂志每年公布的世界最大500家公司中还不曾有过中国制造业企业的名字，海尔集团现任总裁杨绵绵已向新闻界明确表示：跻身世界500强是海尔既定的目标。有海尔文化的巨大力量，什么奇迹不可能发生？

问题1 你是怎样理解海尔企业文化的？它的核心价值理念是什么？

问题2 你从海尔企业文化中获得哪些有益的启发？

主要参考文献

AS 主要参考文献

[1] 周三多等. 管理学原理与方法. 上海:复旦大学出版社,2004.
[2] 韩岫岚等. 管理学基础. 北京:经济科学出版社,2001.
[3] 单凤儒. 管理学基础. 北京:高等教育出版社, 2004.
[4] 王凤彬等. 管理学. 北京:中国人民大学出版社, 2000.
[5] 杨文士等. 管理学原理. 北京:中国人民大学出版社, 2000.
[6] 王钊等. 管理学原理. 成都:电子科技大学出版社,2003.